NEGAH AMIRI

WAS
FRAUEN
DENKEN,
ABER NICHT
SAGEN

NEGAH AMIRI

WAS FRAUEN DENKEN, ABER NICHT SAGEN

YES

WARNHINWEIS

Achtung: Dieses Buch wurde von einer Frau verfasst, die es seit Jahren nicht schafft, einen Mann an sich zu binden. Liebe Leserinnen und Leser, bitte betrachtet die Ratschläge und Inhalte lediglich als ein Werk der Unterhaltung, sonst endet ihr wie die Autorin – als Dauersingle mit viel Zeit, um die eigene Umgebung zu beobachten und diese Beobachtungen in einem Buch niederzuschreiben. Die Autorin ist keine ausgebildete Therapeutin, auch wenn ihre Freunde ständig zu ihr sagen: »Hör auf mich zu therapieren und such dir selbst mal einen Kerl!«

Originalausgabe
1. Auflage 2021
© 2021 by Yes Publishing – Pascale Breitenstein & Oliver Kuhn GbR
Türkenstraße 89, 80799 München
info@yes-publishing.de
Alle Rechte vorbehalten.

Lektorat und redaktionelle Textbegleitung: Isabella Kortz,
Pageturner Production GmbH, www.pageturnerproduction.com
Umschlaggestaltung: Ivan Kurylenko (hortasar covers)
Umschlagabbildung: Harry Schnitger
Illustrationen und Layout: Sania Haschemi für Pageturner Production GmbH
Satz: Müjde Puzziferri, MP Medien, München, www.mp-medien-muenchen.de
Druck: GGP Media GmbH, Pößneck
Printed in Germany

ISBN Print 978-3-96905-070-5
ISBN E-Book (EPUB, Mobi) 978-3-96905-031-6
ISBN E-Book (PDF) 978-3-96905-032-3

FüR MEINEN
ZUKüNFTIGEN EX

INHALT

VORWORT

Hey du!

Während du beginnst, dieses Buch zu lesen, will ich dir als Erstes sagen: Ich werde dir hier nicht die perfekte Frau vorspielen, die ihr Leben voll im Griff und alles unter Kontrolle hat, sodass sie dir und anderen jetzt schlaue Tipps geben kann. Eigentlich bin ich eher die Frau, die dieses Buch als Eigentherapie schreibt, um ihr eigenes Leben ENDLICH selbst in den Griff zu bekommen, weil sie das aktuell nicht mal ansatzweise hinkriegt. Ich will auch nicht so tun, als hätte ich die weibliche Natur und unsere ganzen Frauen-Spielchen (verführen, dramatisieren, durch die Blume sprechen etc.) zu 100 Prozent durchschaut. Wer auf dieser Welt hat das schon? Aber:

Ich bin die Frau, die über ihre Fehler spricht.

Ich bin die, die ihre komischen Gedanken und Muster nicht mehr ums Verrecken verschweigen will, um bloß das perfekte Bild nach außen NICHT zu zerstören.

Ich bin die Frau, die buchstäblich auf die Schnauze fällt – und es zugibt.

Ich schreibe darüber, wie ich Männer verscheuche, noch bevor überhaupt eine Beziehung zustande kommt. Und darüber, dass ich oft überfordert bin mit mir selbst und mit meinen Freundinnen. Noch dazu bin ich die, die jeden Tag mindestens dreimal ihren Instagram-Account löschen will, weil ihr alles zu oberflächlich vorkommt. Aber ich bin eben auch die, die noch am selben Tag alles wieder hochladen würde, um die Oberflächlichkeit doch nicht zu verpassen.

Ich bin die, die nach außen sagt: »Ja, ich bin Single. Glücklicher Single. Ja, genau!« – Und die, die abends allein im Bett liegt und Depris schiebt, weil sie sich einsam fühlt.

Ich bin die, die behauptet, sie hätte sich von ihrem Ex getrennt, obwohl er eines Tages einfach nicht mehr drangegangen ist.

Ich bin die, die dir gerne den Tipp gibt, dass es dir egal sein soll, was andere von dir denken, die aber selbst nach jedem Gespräch alles zehnmal im Kopf durchgeht aus lauter Angst, etwas Falsches gesagt zu haben.

Ich bin die, die Stimmungsschwankungen hat und explodiert.

Ich bin die, die mal einen Korb kriegt.

Ich bin die, die gerade jetzt, während sie die Einleitung ihres Buchs schreibt, auf eine Nachricht von einem Typen wartet, der ihr nicht mehr antwortet, und parallel seinen Instagram-Account stalkt.

Ich bin die, die meditiert, um entspannt zu wirken, die aber 30 Minuten später in die Luft fliegt.

Dieses Buch wird nicht deine Probleme lösen, sondern dich erleichtern. Weil du merken wirst, dass deine Fehler und Macken von vielen anderen geteilt werden. Weil du dich an manchen Stellen wiedererkennen und sagen wirst: »Gott sei Dank bin ich nicht allein!«

Deine **NEGAH**

KAPITEL 1

FRAUEN SIND VERRÜCKT

DIE GROSSE FRAGE, DIE ICH TROTZ MEINES DREISSIG-JÄHRIGEN STUDIUMS DER WEIBLICHEN SEELE NICHT ZU BEANTWORTEN VERMAG, LAUTET: WAS WILL EINE FRAU EIGENTLICH?

SIGMUND FREUD

Auf viele Männer wirken Frauen wie Tornados – sie sind unberechenbar, Furcht einflößend und haben eine enorme Zerstörungskraft, wenn man ihnen zu nahe kommt. Nur dass man sie – im Gegensatz zu echten Tornados – nicht kommen sieht. Das Gute ist, dass viele Männer es mittlerweile hinnehmen, dass Frauen so sind. Es ist fast so, wie wenn man im Bundesstaat Florida lebt und akzeptiert hat, dass Naturkatastrophen zum täglichen Leben gehören. Der Unterschied zwischen Frauen und Florida ist allerdings, dass dort öfter die Sonne scheint. Genauso wie in Florida muss man sich bei Frauen immer darauf einstellen, dass nach einem Tornado mit Sicherheit der nächste kommen wird. Die Frage ist nur: Wann?

Mein Ich-glaube-DAS-ist-ER-Moment

Frauen sind nicht verrückt, sie ticken einfach nur anders. Ich selbst habe die folgende Story mit einer Urlaubsbekanntschaft erlebt. Als wir uns kennenlernten, war es einer dieser romantischen Ich-glaube-DAS-ist-ER-Momente. Das Wetter war geil, die Sehenswürdigkeiten waren gigantisch, über uns ein wunderschöner Sternenhimmel und die leuchtende Milchstraße ... und mein Frauenhirn schaltete sich trotzdem ein, um wieder mal alles zu zerstören.

In jeder Frau schlummert er, dieser fiese Zerstörungsmodus. Sogar in Momenten, die zu schön sind, um wahr zu sein, mischt sich die innere Selbstzerstörerin ein. Ja, sie mischt sich ausgerechnet dann ein, wenn gerade alles perfekt läuft. Bis vor zwei Minuten hat dein aktueller Traummann dir noch deine Tasche getragen, dir einen schönen Tag beschert und jeden Wunsch von den Lippen abgelesen. Und du dachtest: Wow, es ist perfekt! Wäre da nicht das ABER. Denn gerade in solchen Momenten des allergrößten Glücks kann eine Kleinigkeit die innere Selbstzerstörerin auf den Plan rufen und alles zerstören. Sie sucht und findet immer irgendeinen Fehler! Es ist fast wie eine Sucht ... Obwohl du deinen Traummann vor zwei Minuten noch heiraten wolltest, siehst du ihn jetzt durch den gnadenlosen und kritischen Filter deiner inneren Selbstzerstörerin.

Ich habe genau das auf der wunderschönen spanischen Insel La Gomera erlebt ... Ich bin allein dahin gereist, um einfach mal ein bisschen abzuschalten und den Alltagsstress loszulassen. Eigentlich wollte ich einfach meine Ruhe haben, aber so ist es mit den Männern, die kommen immer dann, wenn man nicht nach ihnen sucht.

Ich sitze also total in mich versunken auf den warmen Steinen am Wasser und versuche, meine Gedanken zu sortieren, indem ich meditiere.

Was ich sage:

> Oooooooommmmmmmmmmmmmmmmmm.

Was ich denke:
Fuck, was, wenn mir jemand die Tasche klaut, während ich hier so abschalte?

Was ich sage (etwas lauter):

> OMMMMMMMMMMMMMMMMMMMMMM.

Was ich denke:
Hoffentlich beobachtet mich gerade niemand, während ich hier im Schneidersitz vor mich hin meditiere, und denkt sich: Was ist das denn für eine Verrückte?

Währenddessen merke ich, dass tatsächlich jemand hinter mir steht und mich beobachtet.

Was ich denke:
Also entweder ist es jemand, der meine Tasche klauen will, oder jemand, der denkt: Was macht die alte Verrückte hier? Ich reagiere lieber mal nicht und meditiere weiter.

Was ich sage (jetzt deutlich leiser):

> Ommmmmmmmmmm.

Dann höre ich, wie mich jemand in gutem Englisch anspricht und höflich fragt, ob er mich kurz stören darf.

Was ich denke:
Einmal im Leben will ich abschalten, und selbst das ist mir nicht gegönnt.

Ich drehe mich um …

Was ich denke:
Shit, der sieht gar nicht mal so schlecht aus. Er sieht sogar sehr gut aus.

Was ich sage:

> Hey, yes of course, how can I help you?

Was ich denke:
Meine Beine sind nicht richtig rasiert, meine Fingernägel rausgewachsen und über meine Füße will ich gar nicht nachdenken. Ich habe kein Make-up drauf, aber Gott sei Dank eine riesige Sonnenbrille an. Ich muss jetzt so tun, als würde ich super Englisch sprechen.

So lernte ich also Paolo kennen … Danach verbrachten wir sechs Tage zusammen.

Er mietete ein Auto, fuhr mit mir über die Insel, erzählte mir morgens schon, welche wunderschönen Plätze wir im Laufe des Tages besuchen würden. Nach ein paar Tagen voller (überwiegend) schöner Erlebnisse wollte er mir den höchsten Berg der Insel zeigen. Alles war super organisiert und geplant. Das Auto hatte er extra vollgetankt und die beste Playlist auf Spotify zusammengestellt (während ich diese Zeilen gerade schreibe, will ich ihn auf einmal wieder heiraten!). Die Route war genauestens festgelegt und er bot mir an, in dieser Naturkulisse ein paar Fotos von mir zu machen (und wir alle wissen, dass mit »ein paar Fotos« bei uns Ladys etwa 789 934 Bilder gemeint sind). Spätestens bei diesem Angebot mit dem »Fotoshooting« hatte er mich. Nach einer perfekten Fahrt über die Insel mit geiler Musik und richtig guter Laune wanderten wir also diesen Berg hoch, hatten einen echt guten Tag zusammen und machten unzählige Fotos von mir … Hier ein kleiner Eindruck davon für dich – ein Screenshot direkt von meinem Handy (fast alle Frauen haben eine solche Ansammlung von Fotos auf ihrem Handy oder sind so gut strukturiert, dass sie die schlechten sofort rauslöschen):

Auf dem Rückweg hielt er an einem wunderschönen Aussichtspunkt an und schlug mir vor, ein spontanes Nachtpicknick zu machen und dabei den Sternenhimmel anzuschauen. Wir stiegen also aus und setzten uns auf diesen Hügel. Von dort aus konnte man den Sternenhimmel so klar sehen, als wären die Sterne nur 100 Meter entfernt. Eine beruhigende, magische Stille. Ich war so präsent in diesem schönen Moment und fühlte mich sehr angezogen von ihm. Die Weite der Landschaft, die Berge, die mit purer Energie gefüllt waren, all das ließ meine Alltagsprobleme in Deutschland klitzeklein aussehen. Ich gab mir in diesem Moment selbst ein Versprechen. Nie wieder wollte ich mich über Kleinigkeiten aufregen und davon aus der Fassung bringen lassen.

Es war zu schön, um wahr zu sein. Bis Folgendes passierte …

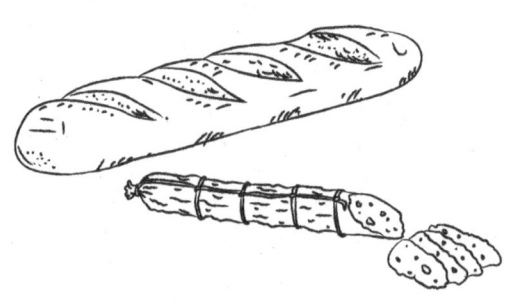

Er packte das mitgebrachte Essen aus. Ein Stück trockenes Baguette und eine halbe Salami am Stück. Ich wusste nicht, welches diese beiden Produkte trockener war. Die Salami und das Brot haben sich um den ersten Platz gebattelt:

Baguette: »Ey Bruder, ich stand schon länger draußen!«

Salami: »Nein, Bruder! Ich! Ich topp dich locker in Trockenheit.«

Baguette: »Ey, einen der beiden werde ich heute sicher vergiften!«

Salami: »Du bist Brot, du kannst die nicht vergiften. Ich bin abgestandenes Fleisch. Ich übernehme das!«

Paolo schaute mich megahappy an und fragte siegessicher: »Willst du ein Stück?«

Und ich dachte mir währenddessen: *Das ist nicht sein Ernst! Er weiß ganz genau, dass ich Vegetarierin bin, und nimmt ernsthaft Salami mit? Was soll ich damit?*

Ich: »Neee, ich habe nicht so Hunger.« Magengrummel.

Er antwortete mit nur einem einzigen Wort, das für mich alles zerstörte. Ich konnte es nicht fassen und war sprachlos.

Er: »Okay.« Und stopfte sich hungrig den Mund voll.

Ab diesem Moment war es für mich vorbei.

Was in meinem Kopf vorging: *Er nimmt es jetzt also einfach so hin, dass ich den ganzen Tag nichts gegessen habe und ihm jetzt zusehen muss, wie er genüsslich sein furztrockenes Salamibrot isst? Okay, ich meine, wir sind zwar hier mitten in der Pampa auf einer mehr oder weniger einsamen Insel und weit und breit gibt es keine Möglichkeiten, mir etwas zu holen … Aber wäre er ein richtiger Mann, würde er dafür sorgen, dass ich sofort etwas zu essen bekomme! Egal, wie weit er fahren muss. Vegetarisches Essen meiner Wahl. Und selbst wenn er irgendwo Algen für mich suchen oder Getreide für mich ernten muss. Es ist seine verdammte Aufgabe, für mich zu sorgen.*

Ich so zu ihm (passiv-aggressiv): »Lass es dir schmecken! Guten Appooooooo!« (Extra laaaaang gezogen, um meine Megawut zu überspielen.)

Er: »Ich liebe Salami und Brot!« Mampf, schmatz.

Was ich in dem Moment gedacht habe: *Hoffentlich bleibt es dir im Hals stecken!*

Was ich zu ihm gesagt habe: »Salami ist nicht so meins, weil ich ungern Tiere esse.«

Was er mir geantwortet hat: gar nichts.

Schmatzen. Pause. Schlucken.

Ich: »Du, ich bin Vegetarierin, das weißt du doch. Ich esse ja kein Fleisch – und das übrigens schon seit über vier Jahren.«

Er: keine Reaktion. Weiteressen.

Was in meinem Kopf vorging: *Du unaufmerksames Monster gehst nicht mal darauf ein und denkst darüber nach, wie du deinen Fehler wiedergutmachst oder wie die armen Tiere für deine Salami gequält wurden, und frisst einfach weiter. Du bietest mir nicht mal etwas von deinem Brot an, obwohl das Brot vegetarisch ist.*

Mit jedem Bissen, den er nahm, wurde ich wütender auf ihn. Dass er davor den ganzen Tag dafür gesorgt hatte, dass es mir supergut ging, war plötzlich so was von egal und unbedeutend.

Im Nachhinein sitze ich jetzt hier und checke beim Schreiben wieder mal, dass der arme Kerl einfach nicht so kompliziert dachte wie ich als Frau. Er ging ja davon aus, dass, wenn ich »Neee, ich habe nicht so Hunger« sage, das auch wirklich bedeutet, ich bin nicht hungrig. Ich habe ihm keine klare Ansage gemacht wie:

> Gib mir was von dem Brot, auch wenn es total trocken ist.

Oder:

> Das mag ich nicht, aber ich habe Riesenhunger. Meinst du, du kannst mir etwas anderes besorgen?

Wie dem auch sei, danach habe ich ganze zwei Tage gebraucht, um mich von seiner Brot-Aktion zu erholen, und ihn von meiner Er-könnte-der-Richtige-sein-Liste gestrichen. Wir sind Freunde geworden. Die Idee mit dem Picknick war ja wirklich total süß, der Sternenhimmel dazu wunderschön und auch das Fotoshooting superspaßig.

So geht es mir leider viel zu oft als Frau: Tausende Dinge können passen und dann ist da eine einzige Kleinigkeit, die mir den Moment versaut, weil meine Gedanken nur noch um diesen einen Fehler kreisen. Danke, innere Selbstzerstörerin!

Frauen sagen nicht, was sie wollen

Wir Frauen sagen nicht, was wir wollen. Wir deuten es höchstens an und erwarten dann vom Gegenüber, dass es unsere Wünsche errät. Damit können wir es Männern so was von schwer mit uns machen!

Müssen wir, wenn wir etwas wollen, es auf eine derart verschlüsselte Art und Weise codieren, dass nicht mal die Geheimdienstmitarbeiter der CIA dahinterkämen? Warum können wir es den Männern nicht einfacher mit uns machen?

Ein klassisches Beispiel, das jede Frau (und vermutlich inzwischen auch jeder zweite Mann) kennt, ist: Wenn es draußen kalt ist, sagen wir Frauen nicht: »Kannst du mir bitte deine Jacke geben? Ich friere!« Wir wollen, dass er es selbst spürt! Wenn er das nicht schafft, frieren wir lieber und nehmen eine Blasenentzündung in Kauf. Wir sagen nicht, was wir brauchen. Wir deuten es oft noch nicht mal an! Aber dann sind wir stinksauer, weil der Mann nicht checkt, was mit uns los ist. Wieso kann eine Frau nicht einfach sagen, dass ihr kalt ist und sie seine Jacke haben möchte?

Wir sagen eher so was wie: »Krass, es wird ja immer frischer!«

Was wir dabei denken: *Der soll mir seine Jacke anbieten.*

Was der Typ denkt: *Ja, ist echt kälter geworden.*

Was der Typ sagt: »Ja, ist echt kälter geworden.«

Was wir denken: *Wenn er ein richtiger Mann wäre, würde er mir seine Jacke anbieten. Er würde für mich frieren. Wenn er nicht einmal für mich frieren kann, wie kann er dann nachts einen Einbrecher in die Flucht schlagen?*

Ich weiß, das ergibt keinen Sinn, aber so sind wir Frauen eben.

Wenn wir eines Tages mit dem Mann zusammengezogen sind, ein Einbrecher uns gefesselt und alles geklaut hat, platzt es aus uns heraus: »Ich hätte es wissen müssen, als du mich damals hast frieren lassen!«

DER VERSUCH, EINE FRAU ZU VERSTEHEN, IST SO, WIE EINE SPRACHE ZU LERNEN, BEI DER SICH ALLE ZWEI MINUTEN DIE GRAMMATIK VERÄNDERT.

Wir Frauen vergessen nichts. Wir sammeln Erinnerungen und stauen Emotionen an. Bis wir irgendwann komplett explodieren und alles an den Männern auslassen. Und die denken sich dann: Die Alte ist verrückt!

Doch sind wir das? Sind wir wirklich »verrückt«? Ich behaupte: Nein, sind wir nicht, wir ticken einfach völlig anders. Ich habe tatsächlich mal irgendwo gelesen, dass der Grund für unsere Verschiedenheit in unserer unterschiedlichen Gehirnstruktur liegt. Dieselben Bereiche des Gehirns sind bei Männern und Frauen unterschiedlich ausgeprägt. Bei uns Frauen sind einige etwas größer als beim anderen

Geschlecht. Zum Beispiel ist bei Frauen der Teil im Gehirn stärker ausgeprägt, der dafür zuständig ist, dass wir uns an bestimmte Dinge bis ins Detail zurückerinnern können (Hippocampus). Anscheinend hat die Natur uns damit vor bestimmten Dingen bewahren wollen. Zum Beispiel, dass der Mann uns mit fehlerhaften Informationen über die Vergangenheit bescheißen kann. Wir erinnern uns an alles!

Wenn eine Frau in der Umkleidekabine eines Ladens aus heiterem Himmel sauer wird, während sie ein Kleid anprobiert, das ihr super steht, denkt der Mann, sie muss verrückt geworden sein. Ist sie aber nicht! Ganz im Gegenteil: Sie erinnert sich bloß dank ihrer brillanten Gehirnstruktur auf einmal daran zurück, dass er bei einer Shoppingtour vor drei Jahren und vier Monaten einer wildfremden Schönheit in der Fußgängerzone viel zu lange hinterhergeguckt hat. Warum ihr das ausgerechnet jetzt wieder einfällt? Ist doch klar, weil die Haarspange dieser fremden Schönen eine ähnliche Farbe hatte wie das Kleid, das sie gerade anprobiert. Sie zieht das Kleid aus, verlässt fluchtartig mit ihm den Laden und redet stundenlang kein Wort mehr mit ihm. Und wir alle wissen, dass das nichts Gutes bedeutet, wenn eine Frau länger als fünf Minuten schweigt. Denn das heißt immer, dass irgendetwas ganz und gar nicht in Ordnung ist.

Vielleicht sind wir doch ein kleines bisschen verrückt. So ein bisschen verrückt ist doch ganz süß. Das mögen ja viele Männer sogar. Es kommt halt auch hier auf das Maß an.

Ob eine Frau nur ein bisschen verrückt ist oder ihre Verrücktheit jegliche Grenzen sprengt, können Männer mithilfe dieser praktischen Tabelle rechts erkennen.

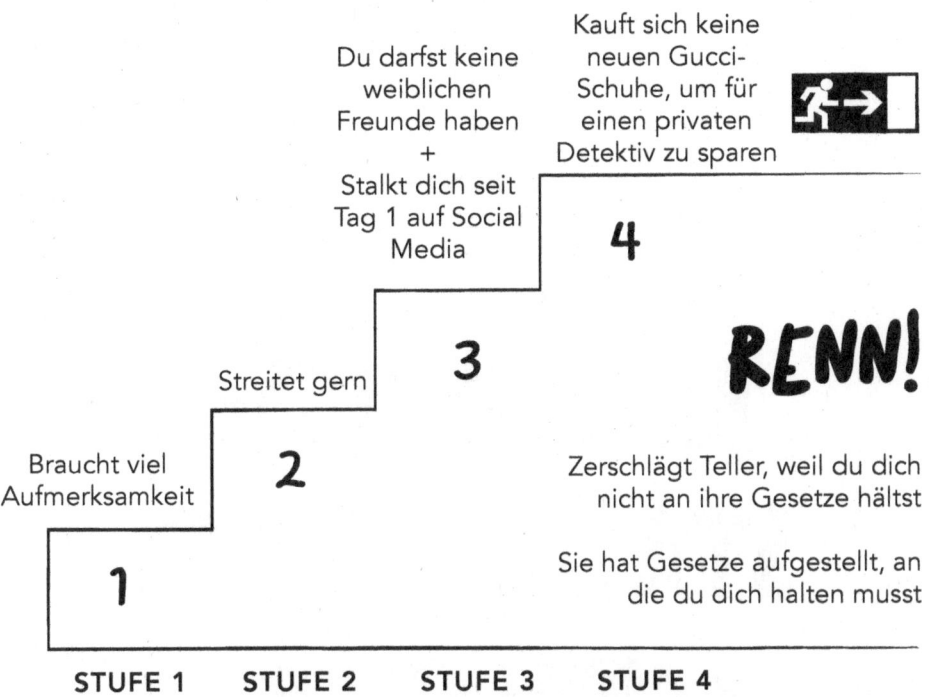

Kauft sich keine
neuen Gucci-
Schuhe, um für
einen privaten
Detektiv zu sparen

Du darfst keine
weiblichen
Freunde haben
+
Stalkt dich seit
Tag 1 auf Social
Media

Streitet gern

Braucht viel
Aufmerksamkeit

4

3

2

1

RENN!

Zerschlägt Teller, weil du dich
nicht an ihre Gesetze hältst

Sie hat Gesetze aufgestellt, an
die du dich halten musst

STUFE 1   STUFE 2   STUFE 3   STUFE 4

Frauen sind verrückt

KAPITEL 2

BEZIEHUNGS-STATUS: ES IST KOMPLIZIERT

I LIKE BEING SINGLE, I'M ALWAYS THERE WHEN I NEED ME.

ART LEO

> Was macht die Liebe?

Ich hasse sie mittlerweile, diese Frage! Und erst recht die nach meinem Beziehungsstatus. Vielleicht liegt es daran, dass es mir schwerfällt, meinen Beziehungsstatus zu definieren. Wie nennt man denn eine Frau, die seit über 3,5 Jahren Single ist? In meinem Freundes- und Bekanntenkreis nennen mich sehr viele »Negah, Ms. Dauersingle«. Na gut, um ehrlich zu sein, auch meine Eltern und Verwandten sagen das zu mir. Letztens habe ich, und das ist kein Scherz, als ich mit meiner besten Freundin Alina unterwegs war, meinen Onkel auf der Straße getroffen. Wir hatten uns länger nicht gesehen. Gleich zur Begrüßung schrie er mit seinem persischen Akzent:

»Negah, bist du immer noch asexuell?«

Ich wusste echt nicht, was ich am schlimmsten finden sollte:

* dass dies der erste Satz war, der ihm zu mir einfiel,
* dass dieser Satz laut durch das gut besuchte Frankfurter Viertel Sachsenhausen hallte (und ich von ganz schön vielen fremden Menschen angestarrt wurde) oder aber
* dass sich mein Onkel ganz offensichtlich für meine Sexualität interessierte.

Ach, was soll ich sagen. In meinem Leben läuft einfach NICHTS normal! Nach meiner letzten Beziehung habe ich tatsächlich über drei Jahre lang auf jeglichen engeren Kontakt mit Männern verzichtet. Ich wollte einfach zu mir selbst finden. Ich habe viele spirituelle Ratgeberbücher verschlungen, mir Videos über Selbstliebe reingezogen, bin allein gereist. Ich muss dazu sagen, dass all diese Dinge für mich früher unvorstellbar gewesen wären. Mit 17 bis etwa 24 war ich eher die Partymaus, die auf fünf Hochzeiten gleichzeitig getanzt hat und sich am liebsten stundenlang über Männer und Beziehungen unterhalten wollte. Ich war diese Frau, die man anruft, um sie nach Beziehungstipps zu fragen. Um genauer zu sein, hat sich mein Leben eigentlich nur um Beziehungen und Partys gedreht. Nebenbei natürlich auch ein bisschen um Studium und Arbeit. Dann plötzlich hatte ich das Bedürfnis, die Beziehung zu mir selbst zu stärken und mich besser kennenzulernen. Ich habe mich zurückgezogen und nach stolzen 3,5 Jahren Singlesein kann ich sagen:

Ich habe mich noch lange nicht gefunden.

Ich glaube, niemand kann jemals zu 100 Prozent zu sich selbst finden. Was ich aber in mir selbst entdecken konnte, sind jede Menge wiederkehrende Gedanken, Gefühle und Verhaltensweisen, die mir immer wieder Stolperfallen stellen und mich scheinbar völlig irrsinnige Dinge tun lassen. Vom Männervergraulen bis hin zu perfekte Beziehungstipps geben, aber selbst keine Beziehung hinbekommen, mich für einen Tag in einen Mann verlieben und nach 24 Stunden wieder vollkommen entlieben, extreme Eifersucht, obwohl ich beim Kennenlernen sage, dass ich überhaupt nicht eifersüchtig bin, und so weiter und so fort ... Ich habe begonnen, in Videos darüber zu sprechen und sie hochzuladen. Tausende andere Frauen haben meine Videos kommentiert und geteilt, weil sie anscheinend dieselben Ängste, Muster und Emotionen von sich selbst kennen.

Ich habe meine Probleme zwar nicht gelöst, aber ich kenne sie jetzt ganz genau! Und meine vielen Erkundungen und Nachforschungen haben mich darin bestätigt, dass ich damit ganz und gar nicht allein bin. Im Gegenteil!

Ich bin nicht die Einzige, die ...

* ... Konflikte in sich trägt und damit vor allem viele Männer verscheucht.
* ... nachts am Handy sitzt und durchdreht, weil ihr Typ sich nicht meldet.
* ... jeden Tag daran feilt, das Leben ihrer Träume zu leben.
* ... damit herausgefordert ist, alles (Liebe, Beruf, Gesundheit und Partnerschaft) vollständig unter einen Hut zu bekommen.

Egal, wie unabhängig, erfolgreich und selbstbewusst eine Frau nach außen ist (oder tut), der Beziehungsstatus spielt in der Gesellschaft immer noch eine große Rolle. Das merkst du, weil jedes Aufeinandertreffen dieses Thema beinhaltet.

Die meisten Begegnungen starten mit einem Small Talk. Menschen, die sich zum ersten Mal treffen, stellen sich doch fast immer dieselben Fragen. Und das sind meistens diese:

1. »Wie heißt du?«
2. »Was machst du beruflich?«

Wenn das Gegenüber Interesse zeigt, folgt bei privaten Begegnungen auf diese beiden ersten Fragen oft als dritte:

3. »Bist du vergeben oder Single?«

Der Unterschied zwischen einem Small Talk unter zwei Frauen und einem Gespräch zwischen Frau und Mann ist:

♂ Männer stellen diese dritte Frage, weil sie wissen wollen, ob sie die Frau daten können.

♀ Frauen stellen diese dritte Frage, weil sie dich in eine der folgenden Kategorien einordnen wollen:

Kategorie 1: noch Single
Wenn du antwortest, dass du Single bist, denken sich die Single-Mädels:
Ah, die ist auch Single. →Mit ihr kann ich Pferde stehlen und Männer jagen.

Die vergebenen Mädels denken sich aber:
Ah, die ist Single. →Mit wem kann ich sie verkuppeln? Nicht, dass sie mir noch meinen Freund ausspannt.

Kategorie 2: vergeben
Wenn du antwortest, dass du vergeben bist, denken sich die Single-Mädels:
Ah, die ist vergeben. →Ich will wissen, wie lange schon und wie sie es geschafft hat, einen Typen zu finden, der sich im 21. Jahrhundert noch ernsthaft und monogam binden will.

Die vergebenen Mädels denken sich aber:
Ah, die ist vergeben. →Vielleicht mal Doppeldates?

oder

An wen? Nicht dass wir noch denselben Freund haben. Heutzutage weiß man ja nie.

Es läuft meistens gleich ab ... Irgendwann kommen sie immer, diese vorhersehbaren Fragen (und ich hasse vorhersehbare Dinge).

> Uuuuund? Was macht das Liebesleben? *(aufgeregt)*

Was ich denke:
OKAY. Unangenehm. Jetzt geht DAS schon wieder looooos. Negah, stell um auf Modus »Ich bin ein glücklicher Single!« und versuch, dabei so wenig verbittert wie möglich zu klingen.

Was ich sage:

> Ich bin Single. Yes. Genau. Single.

(Ich nicke immer mehrfach dabei, füge das Wort »genau« hinzu und lache hysterisch, manchmal auch einfach nur künstlich ...)

Was die andere Person sagt:

> Ach, dann hast du den Richtigen noch nicht gefunden?

Was ich denke:
»Der Richtige«. Bla, bla, bla. Ich kenne sehr viele Freundinnen, die in einer Beziehung sind. Ganz weit weg vom »Richtigen«. Wahrscheinlich weiter weg als ich.

»Der Richtige«
oder wie es im 21. Jahrhundert heißt:
Scheidung nach vier Jahren

Was ich sage:

> Nee, leider ist der Richtige noch nicht da. Ich warte noch auf den Richtigen.

Was ich denke:

Ob »der Richtige« überhaupt Bock auf mich und meine Launen hat, sei mal dahingestellt. Selbst wenn es »den Richtigen« gäbe, würde er spätestens dann abhauen, wenn ich meine Tage bekomme.

Dann kommt mein Lieblingspart in dieser Art von Unterhaltung!

Die Person sagt:

> Aber wieso ist denn eine Frau wie DU noch Single? Bei dir müssen die Männer doch Schlange stehen!

Was ich jedes Mal denke:
ERROR. $$%&#+*$$%&!!!!!
WIESO TICKEN SO VIELE MENSCHEN GLEICH UND STELLEN DIESELBE FRAGE??? ERROR. ERROR. Explosion.

Ich muss jetzt einen auswendig gelernten Satz sagen, mit dem ich so schnell wie möglich aus dieser Situation herauskomme.

Was ich sage:

> Ich muss erst mal zu mir selbst finden. Nur wer sich selbst liebt, kann auch einen anderen Menschen lieben.

Was ich währenddessen denke:
BLA, BLA, BLA, du laberst wieder mal nur Mist.

Was sich die andere Person denkt:
BLA, BLA, BLA, die labert doch nur Mist. Sie ist bestimmt ein Psycho.

Und die Person hat recht. Denn wenn ich die **WAHRHEIT** sagen würde, wäre das:

»Ich bin eine bindungsunfähige, mit Vaterkomplexen behaftete, in einer Beziehung unerträgliche Person, die ganz weit davon entfernt ist, zu sich selbst zu finden. Und noch weiter davon, *den Richtigen* zu finden. Ich meditiere dreimal am Tag, habe etwa 700 Bücher zum Thema Selbstliebe und Spiritualität gelesen und habe meine vier unglücklichen Beziehungen noch lange nicht verarbeitet. Wenn es so weitergeht, bin ich mit dem Verarbeiten meiner Kindheit fertig, wenn ich 90 Jahre alt bin, und kann erst dann eine gesunde Beziehung führen. Sobald ich mit einem Mann zusammenkomme, werde ich zu einem unerträglichen und irren Biest, das nichts mehr mit der Person zu tun hat, die er kennengelernt hat.«

Ich sabotiere alles. Wie genau, werde ich dir später noch erzählen …

Meine Einstellung zum Thema Beziehung

Meine Einstellung zum Thema Beziehung ist zwiespältig. Einerseits sage ich mir: Ich brauche keinen Mann. Ich verdiene mein eigenes Geld. Ich schlafe allein ein und wache allein auf, ohne mir dabei Sorgen machen zu müssen, wie ich für meinen Partner aussehe. Das ist doch total entspannt. Ich bin frei und muss nicht jedes Mal ein schlechtes Gewissen haben, wenn ich mich mit männlichen Freunden treffe oder mit ihnen abhänge. Kein Rechtfertigen nach dem Motto: »Schatz, ich arbeite halt in einer männerdominierten Branche.« Ich bin unabhängig und kann mein Leben so führen, wie ich es möchte. *(Okay, das hört sich jetzt so an, als würde ich ein wildes Leben führen wollen. Dabei sind die wildesten Zeiten in meinem Leben, wenn ich mich in einer Bäckerei spontan mit einem Opa unterhalte. Wofür genau ich Freiheit brauche, sei jetzt mal dahingestellt. Trotzdem möch-te ich diese Freiheit nicht aufgeben.)*

Andererseits merke ich im Alltag manchmal, wie sich meine Proble-me und Konditionierungen überhäufen und ich einfach eine starke Schulter zum Anlehnen brauche. Jemanden, der sagt: »Alles wird gut.«

Ich sehne mich abends manchmal danach, mit einem Menschen die schönen Erlebnisse des Tages zu teilen. In diesen Momenten wün-sche ich mir doch insgeheim einen tollen Partner. Ein Gedanke, der dann meistens auch auftaucht, ist:

Meine biologische Uhr TICKT!

Warum werden Frauen eigentlich so viel öfter gefragt, ob sie in fes-ten Händen sind? Ich glaube, es liegt daran: Wir haben noch immer den gesellschaftlichen Druck, solange es bei uns noch geht, Kinder bekommen zu müssen.

Kein Mann verspürt diesen Druck oder sagt solche Sätze wie:

> Schnell! Ich muss jetzt eine Familie gründen. Hilfe! Meine Hoden laufen bald ab!

Uns Frauen wird in dieser Hinsicht oft von außen Druck gemacht:

> Wieso bist du immer noch Single?

> Was? Du bist schon so lange Single?

> Was stimmt nicht mit dir?

Und darum gehen wir manchmal nur deshalb zu Dates, weil wir Angst haben, als einsame Frauen zu enden. Allein mit unseren Katzen. Und am Ende von der Katze gefressen.

Außerdem nerven uns oft genug unsere Freunde damit:

> Los! Du bist schon viel zu lange Single. Ey, mein Arbeitskollege hat einen Freund, der einen Freund hat, dessen Freund, der 35 ist, aber dank seiner Exfrau aussieht wie 50, der ist auch Single. Soll ich da was arrangieren?

> Meld dich doch mal auf Bumble an, da schreiben die Frauen die Männer an!

Und ich denke mir:
Ach, früher war alles so romantisch und so viel schöner. Man hat sich in einer Bar gesehen. Erster vorsichtiger Blickkontakt, aber beide waren zu schüchtern zum Ansprechen. Am nächsten Tag kam der Typ dann wieder in die Bar, weil er die Frau nicht vergessen konnte, und fragte dort nach ihr. Dann bekam er mit Glück eine geheime Information vom Barkeeper, dass sie im Büro nebenan arbeitet. Der Mann hat also noch richtig darum gekämpft, die Frau kennenlernen zu dürfen.

Und heute? Da lädt man eine App runter, der Typ macht sich einen Bumble-Account, die Frau macht sich einen Bumble-Account und der Rest ist Geschichte …

Früher ging man nicht zu Dates, sondern zum Rendezvous (*wie elegant!*).

Heute gehe ich zu Dates, der Typ fängt an zu reden und ich denke mir:
GOTT segne den Menschen, der das Einfrieren von reifen Eizellen erfunden hat.

Ich fühle mich außerdem nicht nur einsam, weil ich keinen Freund habe, sondern bald ~~auch~~ keine Freunde mehr, mit denen ich ausgehen kann. Alle reden nur noch über ihre Männer und über ihre Kinder. Wenn das so weitergeht, muss ich warten, bis deren Kinder volljährig sind, um mit denen feiern zu gehen.

Manchmal bekomme ich auch Sätze zu hören wie:

> Negah, du als Dauersingle, willst du nicht auch mal eine Beziehung führen? Wieso lässt du denn keine Gefühle zu?

Manche behaupten, dass Frauen wie ich (= Dauersingles) nicht an Liebe interessiert wären.

DOCH,
DAS SIND WIR!!!

Nur wurden wir bereits sehr verletzt oder haben so schlechte Erfahrungen gemacht, dass wir jetzt lieber Single sind und bleiben, als so etwas noch mal zu erleben.

Es ist wie beim Sport. Stell dir vor, du hast früher Teamsport gemacht. Dann wurdest du gefoult, im Stich gelassen, auf die Ersatzbank geschickt ... bis du den Teamsport deswegen aufgegeben und eine Solokarriere als Boxerin eingeschlagen hast. So bleibst du fit und sportlich, bist aber unabhängig von anderen und brauchst nur dich, Boxhandschuhe und einen Boxsack. Aber bis heute gibt es da diese stillen Momente, in denen du verschwitzt in der Umkleide sitzt und das Lachen der anderen nach dem Match vermisst oder das Jubeln, wenn deine Mannschaft gewonnen hat.

Die Wahrheit ist: Natürlich wäre ein Teamsport schöner ... und natürlich möchte ICH insgeheim genauso eine Beziehung führen!

Ich merke doch in meiner Umgebung, dass fast JEDE Hetero-Frau ohne Partner, egal ob glücklich oder unglücklich Single, indirekt oder direkt einen neuen Typen kennenlernen möchte.

Bei mir scheitert die potenzielle Beziehung ziemlich am Anfang. Eigentlich schon vor dem Kennenlernen. Ich komme einfach nicht WEITER! Ich schaffe es nicht mal, mich mit einem Typen, den ich auf den ersten Blick gut finde, zu unterhalten. Ich haue bereits dann ab, wenn der kleinste Schritt getan werden muss. Es ist, als würdest du gerne eine schöne Pflanze haben, aber du schaffst es noch nicht mal, den Samen dafür zu säen, geschweige denn ihn zu gießen.

Wenn ich einen guten Kerl sehe, merke ich innerhalb von Millisekunden, dass er mir gefällt. Gehen wir mal davon aus, rein optisch bekommt er von mir 50 von 50 Punkten. Also gebe ich ihm mit einem leicht verunsicherten, aber interessierten Blick aus der Distanz ein Signal, dass ich ihn GUT finde. Gehen wir außerdem mal davon aus, dass dieser Typ ausnahmsweise nicht – wie in den meisten Fällen – verheiratet, vergeben oder homosexuell ist. Und wir gehen noch dazu davon aus, dass er auch auf mich steht. Meistens treffe ich Typen, die mir gut gefallen, nämlich dann, wenn ich gerade ungestylt im Freizeitlook unterwegs bin.

Okay, sagen wir mal, ich hole mir gerade in Jogginghose und Schlabber-Shirt bei einem Coffeeshop um die Ecke meinen morgendlichen Kaffee. Er steht dort schon an der Kasse zum Bezahlen, und als der Barista ihm sein Heißgetränk über die Theke reicht, sieht er mich draußen durch die Fensterscheibe. Und zwar in diesem privaten Look und findet genau das total sweet. Jagdmodus. Also überlegt er kurz, wie er es angehen und mich ansprechen könnte.

Ich schätze Männer so ein, dass sie, wenn sie eine Frau kennenlernen möchten, nicht allzu viele Selbstzweifel haben. Männer machen sich doch eher Gedanken um die Technik, wie sie die Frau ansprechen könnten. Funktioniert bei ihr eine der folgenden

»Pick-up-Techniken« (die sie auf Youtube von »Pick-up-Artisten« gelernt haben)?

a. Er schreibt schnell seine Nummer auf den Kassenzettel und übergibt diesen dem Barista für mich.
b. Er bestellt mir beim Barista ein Heißgetränk auf seine Kosten und lässt mir »Liebe Grüße vom anderen Kaffee-Junkie da drüben« ausrichten. Zwinker, zwinker.
c. Er kommt direkt auf mich zu und fängt eine Konversation an.

Egal ob a, b oder c – es geht da eher um Taktik und Strategie. Die einzige Sorge der Männer ist: Klappt es oder klappt es nicht?

Bei mir als Frau geht im Kopf eine ganz andere Story ab. Noch bevor der Typ irgendeinen der Versuche oben gestartet hat (und bevor ich überhaupt weiß, wie er heißt), fange ich schon an, Filme zu schieben. Ja, wir Frauen verfügen über eine Gedanken-Zeitmaschine, mit der wir mit einem potenziellen Mann (den wir noch gar nicht wirklich kennengelernt haben) in die Zukunft reisen. Wir wollen ja schließlich voraussehen, was so passieren und wie es mit ihm sein wird.

Folgende Gedanken gehen uns dann innerhalb weniger Sekunden durch den Kopf:

→ *Wie wäre wohl ein Date mit ihm?*

→ *Hat er Ehemann-Potenzial?*

→ *Was, wenn er ein Perversling ist, der nur das eine möchte?*

→ *Apropos pervers: Wie wird der Sex mit ihm sein?*

→ *Mmh, ich stelle mir mal vor, wie es wäre, mit ihm zu schlafen.*

→ *Oh nein, was, wenn er voll schlecht im Bett ist?*

→ *Er ist voll schlecht im Bett, das sieht man schon an seiner linken Hand.*

→ *Welches Sternzeichen hat er?*

→ *Wie sind seine Familienverhältnisse? Ich brauche einen Mann* aus gesunden familiären Verhältnissen. Ich möchte endlich eine normale Familie haben.

→ Die Mutter ist bestimmt eine Furie. Das sehe ich doch schon.

→ Dann kann ich ja auch Single bleiben.

→ Der hat kleine Hände und eine kleine Nase, also wird er wahrscheinlich einen unterdurchschnittlichen, kleinen Dödel haben.

→ Dödel ist ein unattraktives Wort, mir fällt aber gerade nichts Besseres ein.

Und dann kommt der Mann an meinem Tisch an, weil er sich für die normale, klassische Ansprechtaktik entschieden hat, und spricht mich megacharmant an. Nur aufgrund meines Kopfkinos, in das ich mich gnadenlos reingesteigert habe und das rein GAR NICHTS mit der Realität zu tun hat, an das ich aber leider trotzdem glaube, gebe ich meinem potenziellen Super-Kandidaten einen Korb und versaue mir die Chancen auf einen guten Flirt. Ich sage dann, wie immer, einen dieser Sätze:

»Vielen Dank für das Kompliment, aber ... Nein danke.«

»Ich habe einen Freund.«

»Ich bin verheiratet, sorry.« *(Ich zeige auf meinen Ringfinger, obwohl da gar kein Ring ist.)*

»Sorry, aber ich habe gerade ganz wenig Zeit.«
(Obwohl ich seit drei Stunden am selben Platz sitze und an dem Tag auch gar nichts mehr vorhabe.)

Und das ist dann der Moment, in dem der Typ sich denkt: *Eben hat sie noch mit mir geflirtet und jetzt lässt sie mich eiskalt abblitzen. Was stimmt mit der nicht?*

Frauen sind manchmal echt verrückt. (Deshalb habe ich dazu ein ganzes Kapitel geschrieben!)

Die innere Pusherin und die innere Selbstzerstörerin

In mir reden zwei verschiedene Stimmen, die sich miteinander batteln und meine gedanklichen Konflikte dominieren: **die innere Pusherin** und **die innere Selbstzerstörerin**. Ich möchte dir die beiden gerne näher vorstellen:

Der inneren Pusherin geht es immer darum, gut auszusehen, beliebt zu sein, viele Likes zu bekommen. Sie ist sehr selbstbewusst und ehrgeizig und möchte die Beste und Größte sein. Vor allem redet sie sich jede Situation schön und verliert dabei auch gerne mal den Bezug zur Realität.

Jede Frau hat eine innere Pusherin, die hoch motiviert ist, immer gut drauf und total positiv. Sie sieht ausnahmslos gut aus (auch ungeschminkt direkt nach dem Aufstehen) und ist immer offen für ein Selfie. Es ist ihr voll wichtig, dass alle sie wunderschön finden. Sie legt sehr viel Wert darauf, wer ihre Bilder likt. Die innere Pusherin ist auch die, die sich zwei Stunden lang grundlos zu Hause aufstylt, nur um ein einziges neues Bild auf Insta zu posten und damit ihrem Typen zu zeigen, was er an ihr hat.

Innere Pusherin

Die innere Selbstzerstörerin sieht immer das Schlechte. Selbst in der besten Situation. Sie sucht Fehler, kritisiert rum und zettelt Konflikte an.

Die innere Selbstzerstörerin ist die Spaßverderberin. Dabei hat sie im Grunde genommen einfach nur panische Angst davor, abgelehnt oder verletzt zu werden. Sie sieht Probleme und Unzulänglichkeiten, wo gar keine sind. Eigentlich ist sie wie das innere Kind, das noch nicht erwachsen ist und auch nicht erwachsen werden will. Ihr Verschließen vor Neuem ist reiner Selbstschutz. Und wehe, jemand »entfolgt« ihr auf Insta! Dann läuft sie zu Hochform auf …

Ein Beispiel aus meinem Leben: Ich gehe zu einem Date und der Typ ist noch nicht da

Innere Selbstzerstörerin

Die innere Selbstzerstörerin taucht auf und sagt:

> Los, schnell weg hier! Der wird dich bestimmt noch versetzen und damit verletzen. Der Kellner wird dich so was von auslachen, wenn du das Restaurant allein verlassen musst (obwohl du gesagt hattest, dass du noch auf eine Person wartest). Komm, geh lieber gleich wieder, um dir diese Schmach zu ersparen. Hey, was, wenn er einfach nicht auftaucht???

Parallel taucht die innere Pusherin auf und sagt:

> Hinter dir steht eine Magnumflasche Moët – it's Selfie-Time! Wenn dein Date nicht kommen sollte, checkst du halt den süßen German Boy da hinten am Tisch ab, der dich schon die ganze Zeit heiß anguckt. Du bist eine geile Sau. Vergiss das nicht!

Mein Kopfkino verursacht noch viel zu viele Probleme! Wie du an den Gedanken, die mir durch den Kopf gehen, bevor ich einen Mann date, siehst, sollte ich vielleicht erst mal an mir arbeiten, bevor ich eine reale Beziehung zu einem echten anderen Menschen führen kann ...

Was die innere Selbst-zerstörerin denkt	Was die innere Pusherin denkt
Was, wenn er mich nicht mag, sobald ich mein wahres Gesicht zeige?	Ob ich mit ihm andere Frauen eifersüchtig machen kann?
Ob er mich am Ende verlassen wird?	Kann er meinem Exfreund das Wasser reichen? (Einmal auf das neue iOS upgedatet, kann man ja auch nicht mehr zum alten iOS zurück. Damn it.)
Was, wenn er noch an seiner Ex hängt?	Wie geil würden unsere Kinder wohl aussehen? Ein hässliches Kind kann ich echt nicht gebrauchen. Was sollen denn die Leute denken?
Was, wenn der ein Fremd-geher ist und mehrere Frauen hat?	Wie schön wird unsere Hochzeit wohl werden? Wenn unsere Familien sich miteinander vereinen ... Seufz ...

So, wie Philosophen fragen: »Gibt es überhaupt einen Gott?«, habe ich irgendwann angefangen, mich zu fragen: **Gibt es die perfekte Beziehung überhaupt?**

Unmengen von Serien und Filmen drehen sich nur um das Thema Liebe. Frauenzeitschriften sind voll davon. Doch in meinem Umfeld wurde und wird betrogen und gelogen ohne Ende. Also bin ich erst mal lieber ...

... in einer komplizierten Beziehung

mit mir selbst ...

(Meiner inneren Selbstzerstörerin gefällt das!)

KAPITEL 3

LASS ES UNS LANGSAM ANGEHEN!

> Hey Süße, lass es uns doch erst mal langsam angehen. Mal sehen, wo es hinführt.

Wenn unser Interesse am männlichen Gegenüber erst mal geweckt ist, gibt es keinen schlimmeren Satz für uns Frauen als diesen. Besonders, weil dieser Satz meistens dann fällt, wenn der Mann uns gerade große Versprechungen gemacht und damit seine Jagdkünste präsentiert hat. Wir wollen es mit einem Mann nicht langsam angehen. NEIN. Wir wollen nicht »mal sehen, wo es hinführt«.

Merk dir eins: Du kannst die Natur vergessen, aber die Natur vergisst dich nicht. Ich bin keine 20 mehr, meine biologische Uhr tickt. Ich muss nicht unbedingt Kinder haben, trotzdem verlaufe ich mich manchmal im ZARA, sehe kleine Babyschühchen, bekomme sofort Muttergefühle und kaufe sie meiner kleinen Nichte, um sie wenigstens ihr anziehen zu dürfen, obwohl ich gar keine Nichte habe. In meinem Alter muss ich mir bei einem Mann sicher sein, meine Zeit richtig zu investieren. Er kann doch auch nicht, wenn er ein Unternehmen gründen will, zur Bank gehen, um einen Kredit zu bekommen, und auf die Frage »Und wo ist Ihr Businessplan?« antworten: »Ich will es erst mal langsam angehen. Mal sehen, wo es hinführt.«

Bevor eine Frau sich auf einen Typen einlässt, hat sie bereits so viel Recherche gemacht, dass sie meistens schon ganz genau weiß, wo es hinführen wird. Männer denken, dass sie da die Entscheidung treffen. Aber nein, Frauen lassen sich NIE näher auf einen Kerl ein, ohne zu wissen, wo es hinführen wird. Diese Entscheidung treffen Männer und Frauen nicht gemeinsam. Der Mann lernt eine Frau kennen und denkt sich: *Gefällt mir optisch. Was daraus entsteht? Mal gucken.*

Eine Frau lernt einen Mann kennen und denkt sich: *Ich schreibe erst mal eine Doktorarbeit über sein Leben, um genau zu wissen, auf was ich mich da einlasse.*

Nur die »Optik« ist noch lange kein Grund für Frauen, sich mit dem Typen zu treffen. Das Aussehen ist uns schon irgendwie wichtig, aber eben auch, was er beruflich macht, welchen Charakter er hat, ob er eher der treue Typ ist oder doch ein Fremdgeher, ob er kinder- und tierlieb ist, welche Sozialversicherungsnummer er hat, wie viele Follower (vor allem wie viele weibliche) er auf Instagram hat, wo er genau wohnt und wie viele Stockwerke das Treppenhaus hat ...

Na ja, auf jeden Fall verstehe ich es mittlerweile manchmal, aber nur manchmal, wenn die Männer es da mit uns »langsam angehen« wollen.

Jede Frau, und vor allem ich, braucht einen inneren Wecker, der in Dating-Situationen klingelt und sie daran erinnert: »Hey, steigere dich nicht wieder zu sehr rein. Lass es doch erst mal langsam angehen.« (So, wie ich mich kenne, würde ich auf »Schlummern« drücken.)

Königinnen des Reinsteigerns

Wenn ich einen neuen Typen kennenlerne, neige ich zur totalen Übertreibung. Natürlich bin ich als gefühlsverkrüppelte Person erst mal schwer zu beeindrucken und lasse den Kerl durch mehrere Filter laufen, bevor ich überhaupt entscheide, ihn näher kennenlernen zu wollen. Wenn er die Prüfung jedoch bestanden hat und wir uns ganz gut verstehen, bin ich schnell dabei, den Typen als den einen Mann zu sehen, auf den ich schon mein Leben lang gewartet habe. Ich fange plötzlich an, Gründe zu suchen, warum wir füreinander geschaffen sind. Jedes Autokennzeichen, das zufälligerweise unsere Initialen beinhaltet, ist »ein Zeichen von oben«. Dieses Zeichen sagt, dass wir zusammengehören. Auf einmal bin ich im siebten Himmel, und das, obwohl wir uns, verdammt noch mal, nicht einmal richtig kennen. Jedes Telefonat mit meinen Freundinnen dreht sich um den neuen Typen und ich renne überall rein wie ein absoluter Loser und erzähle von dem »Neuen«, den ich am Start habe. Plötzlich wird jeder Post, den ich mache, von mir durch seine Augen betrachtet.

Was denkt mein neuer Typ, wenn er diese Story sieht?

Ich kreiere nur noch Content, der dem Typen gefallen könnte. Bevor ich in meiner Story Musik hinterlege, stalke ich erst mal, welche Musik er aktuell so hört. Wenn er seine Playlists bei Spotify öffentlich gemacht hat, super. Aber noch besser: Er schickt mir Songs. Kennst du das? Er schickt dir Musik. Das ist für mich die tiefste Form der Kommunikation. Mit jedem Satz in den Songs will er mir doch etwas sagen. Mir hat einmal ein Typ einen Electro-Track geschickt und ich habe verzweifelt nach einer Botschaft in dem Track gesucht. Das Stück ging 9 Minuten und es gab nur genau zwei Wörter bei Minute 5:56. Diese Wörter waren »Fuck me«. Ich habe den Kontakt zu ihm abgebrochen.

→ **Bei Verliebten sind auf Gehirnscans die gleichen Areale aktiviert wie bei Zwangsgestörten, das erklärt so einiges.**

Das Problem an der totalen Übertreibung ist, dass das höchste der Gefühle schon vor dem zweiten Treffen in meinen Gedanken erreicht ist. Gerade eben in deinem Kopf warst du noch die verliebteste Frau dieser Welt und dann sind diese wundervollen Gefühle genauso schnell wieder weg, wie sie gekommen sind. Es gibt diese Menschen, die in der ersten Zeit grundsätzlich eher skeptisch sind und all die Risiken sehen. Ich dagegen bin übermotiviert. Bei mir dominiert, wenn ich erst einmal angebissen habe, immer meine innere Pusherin: Ich bin dann total begeistert und leicht zu beeindrucken.

Du bist eine Königin des Reinsteigerns, wenn ...

… du dir stundenlang seine Bilder anschaust und dir vorstellst, wie eure gemeinsamen romantischen Strandfotos aussehen würden.

… du immer, wenn du den Anfangsbuchstaben seines Namens irgendwo stehen siehst, das als ein Zeichen dafür deutest, dass ihr füreinander bestimmt seid.

… du jede kleine Gemeinsamkeit wie zum Beispiel euren Musikgeschmack zelebrierst und als Basis für eine gesunde Ehe siehst.

… du dir alle Umstände schönredest. *(500 Kilometer Entfernung? Ich kann jetzt Deutschland ganz einfach auf eine neue Art und Weise kennenlernen und während der langen Fahrten Freunde anrufen, die ich während der Beziehung vernachlässigen werde.)*

… du schon anfängst, deine Lebensumstände an seine anzupassen, OHNE ihn richtig zu kennen.

… du einen 7-Jahres-Plan eurer gemeinsamen Zukunft erstellst.

… du deine Familie anrufst und zur Hochzeit einlädst (und ihnen, falls sie im Iran wohnen, erzählst, dass sie alle ein Visum bekommen werden und dann bei ihm im Betrieb arbeiten können).

… du eure Chatverläufe in diverse Mädelsgruppen schickst.

Dass auch ich immer noch eine Königin des Reinsteigerns bin, habe ich vorletzte Woche herausgefunden. Ich habe mich nach längerer zeit mal wieder dazu entschieden, Männer kennenzulernen. Warum genau? Ganz einfach. Mir ist langweilig, und zwar so richtig langweilig. Ich brauche wieder Action. Wer denn nicht? Es ist doch so, wir arbeiten alle den ganzen Tag, kümmern uns um unsere Finanzen, haben Verpflichtungen, viele Höhen und Tiefen, und wenn du dann abends allein im Bett liegst, denkst du dir manchmal: *Ein Partner wäre echt nicht schlecht. Ein Typ, den ich mit meinen Gedanken, Ideen, Sorgen und sinnlosem Zeug volllabern kann. Einer, dem ich beim Filmabend ständig und immer dann, wenn gerade etwas wirklich Spannendes oder Interessantes passiert, dazwischenquatschen kann. Einer, der da ist und mir zuhört und nicht wie mein Exfreund so tut, als würde er zuhören, dabei aber Kopfhörer in den Ohren hat, während ich mich bei ihm ausheule.*

Bei mir ist es so, dass ich sehr viel unterwegs bin und oft Auftritte und Aufzeichnungen habe und ich glaube, so ehrlich habe ich es noch nie öffentlich gesagt: Wenn man jeden zweiten Abend in einem anderen Hotelzimmer liegt und niemanden zum Anrufen hat, kann es manchmal ziemlich einsam sein. Netflix ersetzt leider auf Dauer keine Partnerschaft, obwohl ich da lange anderer Meinung war. Wenn du Single bist, kennst du das vielleicht. Du bist mit Freundinnen unterwegs, und wenn ihr euch verabschiedet, siehst du, wie eine deiner Freundinnen von ihrem Freund abgeholt wird und sich ins Auto fallen lässt. Da ist jemand, der sich um sie kümmert, der sie abholt und nach Hause fährt. Ich könnte in der vercracktesten Gegend sein, tief in Problemen stecken und niemand würde mich abholen. Außer der Uber-Fahrer vielleicht, wenn ich Akku habe. Der fährt mich aber auch nur nach Hause, weil ich ihn dafür bezahle. Ich hätte gerne einen Uber-Fahrer, der mich umsonst nach Hause bringt, weil er mich liebt. Also habe ich angefangen, mit dem Typen zu texten, der mir »die perfekte erste Nachricht« geschrieben hat. Anstatt es erst mal langsam anzugehen, musste ich es natürlich direkt wieder übertreiben und nicht nur ein paar Nachrichten, sondern tagelang und den GANZEN Tag Whatsapp-Nachrichten hinschicken. In Summe habe ich mindestens vier Stunden pro Tag investiert. Danke, Bildschirmzeit.

Nachrichten probelesen lassen vor dem Abschicken?

Bevor ich sie abschicke: »gGutn morgen, ShcoN Whac H?«

Nach dem Probelesen: »Guten Morgen, schon wach?«

Manchmal steigern wir Frauen uns so sehr rein, dass jedes Wort, das wir abschicken, eine bestimmte Botschaft haben muss. Denn jede Nachricht, jedes falsche Wort von uns könnte unseren Typen für immer verschwinden lassen. Also wird vor dem Abschicken erst mal jeder Satz probegelesen von einer Freundin, die noch mal über die Grammatik geht und prüft, wie die Nachricht rüberkommt. (Nicht mal meine Bachelorarbeit, die über die Zukunft meines Berufslebens bestimmt hat, habe ich so oft probelesen lassen wie meine Nachrichten an den Typen). Sogar eine Nachricht, die nur aus Emojis besteht, wird mehrmals begutachtet, bevor sie abgeschickt werden darf. Kein Emoji wird dem Zufall überlassen. Nicht dass er sich am Ende noch denkt: *Ja, das mit ihr hätte echt was werden können, wäre das eine Emoji damals im Gute-Nacht-Chat nicht gewesen.* Dass wir dabei manchmal mit einem Typen schreiben, der nicht mal Artikel verwendet, ist uns so was von egal. Denn seine Rechtschreibfehler zeigen doch nur seine Verletzlichkeit – und: Ein Mann, der zu seinen Fehlern steht, ist sexy.

→ **MEMO: parallel weitere Gründe zum Reinsteigern suchen**

Wir brauchen weitere Gründe, um uns völlig in diese Sache reinsteigern zu können. Parallel zu der Schreiberei haben meine beste Freundin Alina und ich, wie üblich in solchen Situationen, vor Google Maps gesessen und an ihrem riesigen Bildschirm nachgeschaut, wo genau er denn jetzt wohnt. Also, welche Straße genau und welche Hausnummer. Dank der uns sehr ausgeprägt gegebenen Stalkingfähigkeit haben wir auch in Erfahrung gebracht, wo er arbeitet und welches seine Aufgaben im Unternehmen sind. Weiterhin haben wir uns das Gebäude, in dem er arbeitet, mit Google Streetview angesehen. Alina hat mir sogar – wirklich, ohne Scheiß jetzt – die Kreisverkehre gezeigt, die er nehmen muss, wenn er von seiner Arbeit in Richtung seiner Eltern fährt.

»Oh mein Gott! Guck mal, die Postleitzahl der Wohngegend ist 45427! 427 ist doch meine Lieblingszahl! Das ist ER. Das ist der, den ich manifestiert habe! Der wurde mir vom Universum geschickt! Endlich ist er angekommen.«

Wir wussten auch innerhalb von Minuten, wie viel Umsatz die Firma macht, für die er arbeitet, und haben anhand dessen herausfinden können, wie viel er ungefähr verdienen muss. Nicht, weil wir auf Geschenke aus sind, sondern weil auch das Gehalt viel über den Charakter aussagt und, okay, doch, ja, weil wir auf Geschenke aus sind. Alina neigt übrigens auch leicht zur Übertreibung, weil sie zu viele Liebesfilme schaut. Also hat sie sich so was von mit mir in diese Sache reingesteigert. Ich war verliebt und meine Freundin ebenso. Wir wussten, wie sein Vater, seine Brüder und seine Schwägerinnen heißen, und haben dadurch irgendwann sein Facebook-Profil entdeckt. Hier konnten wir Bilder aus seiner Kindheit finden, Familienbilder und viele Bilder von Reisen. Besonders durch die Kommentare unter seinen Bildern konnten wir ermitteln: Er ist in einer intakten Familie groß geworden, hat einen engen Bezug zu seinen Eltern und Geschwistern, er hat zwei Auslandssemester gemacht, ist weltoffen, reist gerne, hat viele Freunde in verschiedenen Ländern und langjährige Freundschaften, was darauf schließen lässt, dass er sozial ist und Kontakte gut pflegen kann.

Außerdem haben wir einiges über seine früheren Beziehungen herausgefunden und sind dabei auf folgende Exfreundinnen gestoßen:

* Lara, mit der er bis 2015 zusammen war (blond, zierlich und eher Typ »Mäuschen«),
* Minda, kam 2018 in sein Leben und ist zwei Wochen später nach

Australien gezogen, eine Fernbeziehung hat nicht geklappt (dunkelhaarig, perfekte Figur und Typ »Kumpeline«),

* dumme Sau, diese Beziehung gab es bis 2020. Man sieht sie leider nur auf einem Bild im Hintergrund. Eigentlich sieht man nur ihre Hand. Die Hand sah jetzt nicht wirklich besonders aus. Aber ich habe herausgefunden, wer ihre Nageldesignerin ist. Seitdem gehe ich zu ihr, die hat's echt drauf.

In meinen Gedanken war ich also schon mit ihm verheiratet. Ich und dieser junge Mann sind in meiner Fantasie bereits in ein Haus gezogen, bei dem unsere Namen auf dem Klingelschild stehen, inklusive der Namen unserer Kinder. Außerdem hat er in meiner Vorstellung den Job so gewechselt, dass sein Engagement perfekt zu meinen beruflichen Plänen passt.

Er hat den Kontakt – noch bevor wir uns das erste Mal getroffen haben – abgebrochen. Hierzu zitiere ich seine Worte aus der Sprachnotiz:

»Hallo liebe Negah, ich hab mir jetzt echt mal Gedanken gemacht über dich, mich und unsere gemeinsame Zukunft. Aus drei Gründen können wir zwei kein Paar sein …«

Ich denke: *Na ja der erste Grund ist, dass wir uns noch nicht mal gesehen haben.*

»… und diese Gründe weiß ich, weil ich ein ausführliches Gespräch mit meinem christlichen Mentor hatte. Der Glaube wird mir in unserer Beziehung im Weg stehen, da ich sehr, und damit meine ich wirklich sehr, Jesus-zentriert lebe und weil ich gemerkt habe, dass du nicht so Jesus-zentriert lebst und der Glaube uns deswegen im Weg stehen würde. Zweitens bist du sehr viel unterwegs und kaum zu Hause. Ich weiß nicht, wie du es später mal mit Kindern machen willst. Der dritte Grund ist der Faktor Entfernung. Die Entfernung zwischen unseren Wohnorten ist einfach zu groß.«

Woraufhin ich das einzig Richtige gemacht habe: Ich habe ihn umgehend blockiert.

Du hast einen sicheren Platz auf meiner Haut

Ich erzähle dir jetzt eine Geschichte von meiner Bekannten Jana, die vor ein paar Monaten etwas mit »Vin Diesel Ronny« hatte. Wir haben ihn so getauft, weil er ein muskulöser, tätowierter Typ ist, der, wenn er vom Motorrad steigt, auf einmal mit Ossi-Akzent grüßt: »Daach!«

Am Anfang hat Vin Diesel Ronny Jana noch eine riesige Menge Honig ums Maul geschmiert. Er hat sie »Baby« und »Kleines« genannt, hat ihr nach vier Wochen gesagt, dass er sie liebt, hat von einer gemeinsamen Wohnung gesprochen und ihr ganz romantisch versprochen: »Auf meinem Arm habe ich noch einen Platz für ein Tattoo frei gehalten – für deinen Namen. Baby, du hast einen sicheren Platz auf meiner Haut! So wichtig bist du mir!«

(Was ich denke: *Wie narzisstisch ist dieser Typ, dass er denkt, dass es eine Ehre ist, auf seiner Haut zu landen? Als ob sein Körper eine Hall of Fame ist. Wie viele Frauen hat der mittlerweile auf seiner Haut und welche Frau bitte läuft an ihm vorbei, sieht seine schrumpelige Haut und denkt sich: Da muss ich drauf!?*)

Vin Diesel Ronny hat alles gegeben. Genau bis zu dem Moment, als er hatte, was er wollte: Janas totale Fixierung auf ihn. Ab diesem Zeitpunkt musste er sich dann erst mal »selbst finden«.

(Bei den zwei Wörtern »selbst finden« dachte sie sich: *Probier es doch mit Google Maps. Da kannst du dich finden. Der kleine, hässliche blaue Punkt in der Mitte – das bist du.*)

Er wollte es »erst mal langsam angehen lassen«. Wenn ein Typ das sagt, bedeutet das, dass er es **für immer** »langsam angehen lassen« will. Er will also keinen Deal machen. Er will eigentlich, wie bei Autos, lieber alles »probefahren« können, mehrere Leasings machen und sich damit den Kauf eines Autos sparen. Alles mal offenhalten und alle »Babys« hinhalten. Wie viele er davon hat, weiß keiner außer ihm und seinem schäbigen Motorrad.

Hier also der Whatsapp-Chat der beiden, der zeigt, wie diese ganze »Selbst-finden-Story« ihren Lauf nahm:

Vin Diesel Ronny
Na gut, dann gehe ich jetzt mal schlafen, vllt schauen wir irgendwann mal einen Film bei dir. Ich kann ja die DVD mitbringen.

... vor allem DVD. Vin, lebst du in den Neunzigern?!

Jana
Das wäre super! 😍

... danach meldet er sich fünf Tage nicht ...

Jana
Hey, wie sieht's denn aus bei dir?

Vin Diesel Ronny
Hi Jana, ich habe zur Zeit voll viel Stress. Die ganze Zeit ist was anderes. Auf allen Hochzeiten gleichzeitig tanzen. Am Samstag treff ich mich mal mit 'ner Bekannten aus Dresden. Die hab ich ewig nicht mehr gesehen. Weiß nur nicht, wie es sein wird, wegen der Ausgangssperre. Oder ich muss halt dort bleiben. Weil um 22 Uhr wieder fahren ist zu knapp.

> **Jana**
> Hattet ihr in der Vergangenheit mal ein Verhältnis? Oder wie steht ihr zueinander?

> **Vin Diesel Ronny**
> Hatten wir, ja, ist allerdings schon länger her, und ich wollte das alles gar nicht. Als Freundin ist sie echt gut, da wird aber nicht mehr laufen. Sie will zwar weiterhin was von mir, aber das geht nicht.

(Wobei man sich auch die Frage stellt: *So ein kräftiger, muskulöser Mann, der Kampfsport treibt, wurde überwältigt von einer Frau? Das tut uns sehr leid, du Super-Mischung aus Geisel und Casanova.*)

Jana ist gerade, ohne dass sie es weiß, in einem Quizspiel gefangen. Ich weiß nicht, ob ihr noch die Kinder-Quizshow *1, 2 oder 3* kennt. In dieser Show wurden unterschiedliche Fragen gestellt und es gab drei verschiedene Antwortmöglichkeiten. Die Antworten wurden Feldern auf dem Boden zugeordnet. Die Kinder sprangen hin und her und mussten beim Signal auf dem Feld stehen bleiben, das ihrer Meinung nach zur richtigen Antwort gehörte. Der Moderator schrie dann total motiviert: »Ob ihr wirklich richtig steht, seht ihr, wenn das Licht angeht.« Das richtige Antwortfeld wurde dann mit einem total übertriebenen Feuerwerk erleuchtet und die Lösung wurde verraten.

Janas »1, 2 oder 3«-Quiz

Moderator: »Was genau will er damit bezwecken, dass er dir die Story von der 'Bekannten' erzählt hat?«

(Vor deiner Entscheidung kannst du auch das Frauenorakel befragen.)

1 ANTWORT- MÖGLICHKEIT 1	2 ANTWORT- MÖGLICHKEIT 2	ODER 3 ANTWORT- MÖGLICHKEIT 3
Er will dich eifersüchtig machen und dich damit hinhalten, damit er dich ab und zu ins Bett bekommen kann.	Er ist dumm.	Er will dich loswerden.

Jana entscheidet sich für Antwortmöglichkeit 1 und bekommt kurze Realitätszuckungen.

> **Jana**
> Ich habe Angst, dass du mich nur ausnutzt und nur mit mir ins Bett willst.

> **Vin Diesel Ronny**
> Nee, so einer bin ich nicht. Aber ich muss erst mal herausfinden, ob ich eine feste Beziehung will usw. Über all das will ich ja mit meiner Bekannten reden. Mir also quasi eine weibliche Meinung einholen.

Jana

Aber sie will doch was von dir. Ihr werdet doch safe im Bett landen, wenn ihr schon mal was hattet.

Vin Diesel Ronny antwortet nicht.

Jana

So was würde ich nicht verkraften, da du mir sehr wichtig bist.

Vin Diesel Ronny antwortet nicht.

Jana

O. k. ... dann habe ich das wohl total falsch verstanden. Wenn mir jemand sagt, er möchte für immer mit mir zusammen sein, mit mir zusammenziehen und hat einen Platz auf seiner Haut für mich frei, da bin ich nicht davon ausgegangen, dass du es nur langsam angehen willst.

Vin Diesel Ronny

So war das gar nicht gemeint. Ich muss mir erst mal Gedanken machen und mir klar darüber werden, was ich will. Ich habe so viel Stress und bin so busy, das kotzt mich selbst alles so an.

Das kotzt ihn selbst alles so an??? Er will auch noch Mitleid dafür haben und sogar den Support, mit seiner Bekannten darüber zu reden? Opfer!! Sollen wir für den Ärmsten einen eigenen Hashtag erfinden? #prayforronny, #freeronny oder #justiceforronny oder will er vielleicht doch lieber eine Community, die vor seiner Haustür steht und den ganze Zwei Tag schreit: »Wir wollen Gerechtigkeit für Ronny! Free Ronny! Er muss sich erst mal selbst finden!«

Vin Diesel Ronny
Wenn wir uns sehen, können wir ja gerne mal darüber reden.

Jana
O. k.

Vin Diesel Ronny
Ich werde mal meine Bekannte fragen, was sie darüber denkt und mir empfiehlt.

Du holst dir von einer Frau, die auf dich steht, einen Rat für eure Beziehung? Wie soll das aussehen? Während du in ihr steckst, sagt sie zu dir: »Ja, du musst mit Jana zusammenkommen, ihr seid voll süß zusammen?« Und du antwortest: »Okay, danke! Hab auch für dich noch einen Platz auf meiner Haut frei.«

Jana ruft ihn am Samstag an. Das ist der Tag, an dem sich Ronny mit seiner »Bekannten« treffen wollte. Vin Diesel Ronny geht nicht an sein Handy.

Vin Diesel Ronny
Hast du angerufen?

Jana
Ja. Kannst ja mal zurückrufen, wenn du es schaffst.

Vin Diesel Ronny meldet sich eine Woche nicht.

Jana beruft eine Telefonkonferenz mit ihren zwei besten Freundinnen ein. Die beiden raten ihr dazu, dem Typen sofort eine Abfuhr zu erteilen und sich nicht mehr bei ihm zu melden.

Jana: »Nein, ich muss ihm Zeit geben. Es ist doch erst eine Woche her. Er muss sich doch selbst finden und braucht dafür gerade Raum und Zeit.«

Meine Zusammenfassung zu Vin Diesel Ronny: Er verkörpert genau den Typ Mann, der alle Verhaltensmuster abdeckt, die zu diesem »Lass es uns erst mal langsam angehen«-Game dazugehören. Dieser Typ Mann will die Frau erobern, indem er ihr das Gefühl gibt, »die Einzige« und etwas Besonderes zu sein, durch Sätze wie »Wir zwei werden richtig schöne Kinder haben« – und nutzt ihre Gefühle aus. Er will sie »erjagen« und sie für sich »klarmachen«, doch sobald sie wirkliches Interesse für ihn hat, ist sie für ihn plötzlich uninteressant.

Als Fazit kann man über Vin Diesel Ronny sagen: Er ist dumm, er ist dumm, er ist dumm. Und vor allem ist ganz, ganz wichtig zu erwähnen, dass er richtig, richtig, rrrrichtig dumm ist.

Wenn er nämlich nicht so dumm wäre, würde er von Anfang an ehrlich kommunizieren, was er möchte, bevor er ihre Gefühlswelt schamlos manipuliert und sie nur ausnutzt.

Jana kann in dieser Situation nicht klar denken. Ihre innere Pusherin wird seit Wochen schon von ihrer inneren Selbstzerstörerin als Geisel genommen. Manchmal schafft die innere Pusherin es, sich für kurze Zeit zu befreien. Sie setzt Jana dann immer in den Zug zurück in die Realität. Die innere Selbstzerstörerin ist aber meist sehr schnell und bucht ein neues Ticket zurück in die Naivität. Es ist ein ewiger Kampf zwischen den beiden. Zwischen innerer Pusherin und Naivität und innerer Selbstzerstörerin und Realität.

Wie uns das Beispiel Jana und Vin Diesel Ronny gezeigt hat, gibt es Typen mit der L-e-u-e-m-l-a-Krankheit, die dafür auch noch bemitleidet werden wollen. Also habe ich mir überlegt, was diese Männer gerne von uns Frauen hören würden.

The Greatest Hits of Bullshit *oder* Die »Lass es uns erst mal langsam angehen«-Krankheit* *oder* The Male Social Pandemic of the 21st Century		
Typische Sätze, die ein Typ sagt, der an der Krankheit leidet	Reaktionen, die der Typ von uns Frauen darauf erwartet	Wie die Frau wirklich reagiert
»Ich muss erst mal mit mir selbst ins Reine kommen.«	»Oh, du Armer. Ich kann es so gut verstehen. Mach das.«	???
»Ich weiß selbst nicht, was ich will.«	»Dann nimm dir so viel Zeit, wie du brauchst. Ich bin so lange an deiner Seite, stelle keine Forderungen, pushe dein Ego und spiele dein Betthäschen. Sag mir auch gerne Bescheid, wenn ich dir *Nudes* (deutsch: Nacktbilder) schicken soll.«	!!!!?? ??!!!!
»Ich brauche noch Zeit.«	»Dann nimm dir so viel Zeit, wie du brauchst. Ich bin so lange an deiner Seite, stelle keine Forderungen, pushe dein Ego und spiele dein Betthäschen. Sag mir auch gerne Bescheid, wenn ich dir *Nudes* (deutsch: Nacktbilder) schicken soll.«	?!?!?! ?!?!?!
»Es liegt nicht an dir, es liegt an mir.«	»Okay, ich verzeihe dir und bin immer da, wenn du Lust hast. Ich will nur dein Bestes und stelle meine Bedürfnisse dabei zurück.«	!!!!!!!!!! !!!!!!!!!! !!!!!!!!!! !!!!!!!!!! !!!!!!!!!! ?????? ?????? ?????? ??????

* Abgekürzt »L-e-u-e-m-l-a«.

»Ich weiß noch nicht so recht, ob ich vielleicht doch eher der Single-Typ bin.«	»Dann nimm dir so viel Zeit, wie du brauchst. Ich bin so lange an deiner Seite, stelle keine Forderungen, pushe dein Ego und spiele dein Betthäschen. Sag mir auch gerne Bescheid, wenn ich dir *Nudes* (deutsch: Nacktbilder) schicken soll.«	»§$%&& &%/())(/!! ««!««! ««%&/() ???????? ????!!!!!!!
»Ich habe gerade so viel Stress und echt keine Zeit für 'ne Beziehung.«	»Dann nimm dir so viel Zeit, wie du brauchst. Ich bin so lange an deiner Seite, stelle keine Forderungen, pushe dein Ego und spiele dein Betthäschen. Sag mir auch gerne Bescheid, wenn ich dir *Nudes* (deutsch: Nacktbilder) schicken soll.«	!«!«§$%&/ (/&%§«§$ %&/()(/&% $$«§$%&/ ()(/&%$$ %&/()(/&% $$«§$%&/ !!!!!!!!!!!!!! ??????
»Ich wünschte, wir hätten uns erst in fünf Jahren getroffen.«	»Ich warte die fünf Jahre ab, bis du dich entschieden hast, was du willst. In der Zwischenzeit stehe ich dir gerne auch nur für den *Spaß* zur Verfügung.«	!!!!!!!!!!!!!! !!!!!!!!!!!!!! !!!!????? ??????? ???????
»Ich bin noch nicht bereit für was Neues oder was Ernstes. Meine alte Beziehung ist noch nicht so lange her und ich will mich nicht so schnell wieder fest binden.«	»Das verstehe ich. Dann nimm dir so viel Zeit, wie du brauchst. Ich bin so lange an deiner Seite, stelle keine Forderungen, pushe dein Ego und spiele dein Betthäschen. Sag mir auch gerne Bescheid, wenn ich dir *Nudes* (deutsch: Nacktbilder) schicken soll.«	!!?????? ????!!!! WTF??? ??!!!!!!!!? ?????!!?! ??!!?!??!! ??!?!
»Oh, das tut mir leid, wenn du da mehr reininterpretiert hast als ich ...«	»Das war dann wohl mein Fehler ... sorry!«	LKJDSFL KDSNFL KEIURZIE WRHRWI ERUIUQU! «§«§!«§(&/

Liebe Mädels,

er will es langsam angehen? Pah, im Bett will er es aber alles außer langsam! Also bitte, nicht dass ihr diese Tabelle nach dem Motto interpretiert:

»Wenn ich so reagiere, kriege ich den Typen rum, der es *langsam angehen* möchte.«

Forget it! Tief im Inneren kennen wir sie alle – die einzig wahre und ultimative Lösung für das Dilemma mit dem L-e-u-e-m-l-a-Kranken*:

→ **WIR ZEIGEN IHM DIE EISKALTE SCHULTER!**

Das heißt, je mehr wir Frauen uns selbst auf unsere eigene Kraft besinnen, unser eigenes Ding durchziehen, nicht krampfhaft versuchen, einen Mann davon zu überzeugen, dass wir zusammengehören, umso interessanter werden wir. Wer nicht will, der hat schon. Es ist wie mit einem Bumerang. Je weiter wir ihn werfen, desto schneller kommt er zu uns zurück. Es sei denn, wir werfen einen kaputten Bumerang, der schafft es nicht zurück, aber da ist eh besser so.

Also, lasst uns unser eigenes Ding machen! An erster Stelle kümmern wir uns immer um uns selbst (und um unsere beste Freundin). Unser eigenes Wohlbefinden ist wichtig. Wir machen unsere Glückseligkeit nicht von einem Typen abhängig, der Schwierigkeiten damit hat, eigene Entscheidungen zu treffen (und nicht die Eier hat, uns direkt zu sagen, dass er kein Interesse oder uns nur für die Rolle des Betthäschens vorgesehen hat.)

NegAhMEN.

* Abkürzung für »Lass es uns erst mal langsam angehen«.

KAPITEL 4

SO GEHT TEXTEN RICHTIG!

Whoaaa, eine Textnachricht von IHM!
ER hat **MIR** geschrieben!!
Es ist 14:14 Uhr!!!
Ich glaube, das ist ein Zeichen. SCHICKSAL!?
Was er geschrieben hat:

> Hey du!

Was ich denke:
Hey du? Hey duuu???? Also erstens habe ich einen Namen, den mir meine Mutter nicht umsonst gegeben hat. Und zweitens: Kommt da jetzt noch mehr Text? Neee, bestimmt ist es eh nur eine Kettennachricht, die er an alle seine Mädels auf Whatsapp geschickt hat, weil er gerade checken will, was so geht. Deswegen steht da kein Name. Soll ich ihm darauf jetzt sofort antworten? Was soll ich denn da schreiben? Ach, ich glaube, ich lasse ihn erst mal zappeln und rufe lieber Eva an, die ist zwar Dauersingle, hat aber trotzdem immer super Ideen.

Anruf bei meiner Freundin Eva

Ich: »Eva, SOS, er hat mir geschrieben!!!«

Eva: »Wer denn jetzt genau? Welcher?«

Ich: »Na Mike, der Fitnessstudio-Mike!«

Eva: »Was, der Sixpack mit den Löckchen? Der dich zehnmal angebaggert und dann erst nach deiner Nummer gefragt hat? Hast du nicht erzählt, dass der richtig viel Mist mit seinen Exfreundinnen erlebt hat und jetzt wegen seines verletzten inneren Kindes zur Psychologin geht? Der, von dem wir zuerst gedacht haben, er ist schwul? Na dann! Ich bin auf alles gefasst. Sag schon. Was hat er geschrieben?«

Ich: »Halt dich fest. Eva, das glaubst du nicht, was der geschrieben hat!«

Eva: »Oh mein Gott, was denn??? Jetzt verrate es mir schon!«

Ich: »Frag nicht, Eva, frag nicht!«

Eva: »Oh du bist so gemein, sag doch jetzt!«

Ich: »Okay, der hat geschrieben: ›Hey du.‹«

Eva: »Das ist nicht dein Ernst! Das hat der nicht geschrieben! Mit Smiley oder ohne? Um wie viel Uhr? Was hast du ihm davor das letzte Mal geschrieben, bevor er das jetzt geschrieben hat?«

Ich: »Wir haben uns noch nie geschrieben vorher! Das war die allererste Nachricht. Ich hab dir ja schon erzählt, wir haben neulich Nummern getauscht und dann hat der sich drei Tage komplett nicht gemeldet. Meinst du, er hat die 3-Tage-Regel angewendet?«

Eva: »Vielleicht ist er ja doch bi und musste sich erst mal entscheiden, was er will? Spaß! Ich glaube nicht, dass er die 3-Tage-Regel angewendet hat. Das wäre doch megaaltmodisch. Der hatte bestimmt einfach viel um die Ohren.«

Ich: »Haha, nicht witzig. Ganz ehrlich, wenn ich jemanden gut finde, dann nehme ich mir doch die Zeit. Oder? Aber der ist schon süß, sonst hätte ich ihm doch gar nicht meine Nummer gegeben, weißt du?«

Eva: »Ja, da hast du auch wieder recht. Aber was hat der noch mal genau geschrieben?«

Ich: »*Hey du!* DAS WAR'S.«

Eva: »Krasssssss. ›Hey du!‹ ist schon sehr interessant für die erste Nachricht von einem Mann. Und nur mit einem Ausrufezeichen, oder? Wenn du sagst, dass sein inneres Kind mal verletzt wurde, dann ist es ziemlich normal, dass er nicht direkt am Anfang die großen Gefühle zeigt. Was willst du ihm denn jetzt antworten? Wie heißt der auf Facebook? Ich muss ihn mir mal anschauen, damit ich mir ein Bild von ihm machen kann.«

Ich: »Mike Blöffmann.«

Eva: »Bin auf seinem Profil! Oh, das Profilbild sagt alles. Das ist doch voll der Liebe. Gib ihm auf jeden Fall eine Chance! Das könnte der Richtige sein. Auf dem Bild von 2006, wo er in der Natur ist, merkt man, dass er ein tiefgründiger Mensch ist.«

Und so geht das mit Eva noch mindestens eine halbe Stunde weiter am Telefon, bis wir schließlich gemeinsam beschließen, dass ich ihm erst in drei Stunden antworte, um mich richtig interessant zu machen. Ich schreibe dann auch nur »Hi!« zurück, damit ich bloß nicht mehr geschrieben habe als er. Ich will ja auf jeden Fall seine Jagdinstinkte wecken.

Whatsappologie

Für mich ist Dating fast wie ein schwieriges Videospiel. Das Texten ist das erste Level. Ganz ehrlich: In welchem verdammten Spiel ist das erste gleich schon das schwierigste Level???

Echt, ich kenne so viele Leute, die dieses Level einfach nicht schaffen. Eigentlich sollte es in der Schule einen Grundkurs in Whatsappologie geben. Das wäre endlich mal sinnvoller Lernstoff, den jeder im Alltag wirklich brauchen kann. Ob Mutter, Vater, alt oder jung – sogar meine Oma ist überfordert, wie sie ihrem Lover antworten soll. Ich meine, jeder tickt hier anders, und wenn du denkst, du hast einen Typen beim Schreiben durchschaut, kommt der nächste und beweist dir genau das Gegenteil.

Eigentlich sagst du dir: »Ach, diese Schreiberei ist nicht die reale Welt.« Aber wenn du dann mal richtig Interesse an einem Mann hast, verfällst du wieder in diese Schreib-Spielchen und es beeinflusst deine gesamte Laune. Wenn der neue Kerl, den du gut findest, dir eine Nachricht schreibt, ist es wie ein goldener Schuss. Es werden Dopamine ausgeschüttet. Nichts ist GEILER als das Gefühl, wenn der Typ dir schreibt, auf den du stehst. Das ist doch der Anfang von allem. Hier beginnt alles!

Hast du auch schon mal viel weinen müssen,
weil du aus Versehen den gesamten Nachrichtenverlauf
mit deinem Exfreund gelöscht hast?

Oder bist du so gestört wie ich? Seit mir das mal passiert ist mit dem Löschen, speichere ich alle Chatverläufe auf einer externen Festplatte ab – inklusive aller Bilder etc.

Es gibt Beziehungen, in denen hängst du mehr an den Chatverläufen als an dem Typen selbst. Jede Beziehung hat zwei Seiten, die echte und die Online-Kommunikations-Welt. Und meistens haben diese beide Welten rein GAR NICHTS miteinander zu tun.

Reist du auch manchmal in die Vergangenheit und denkst dir beim Durchscrollen der Chats: WIESO zum Teufel habe ich damals so geantwortet?

Ich wette, diese Sätze hast du auch schon mal geschrieben:

»Du warst vor zwei Stunden online und hast mir nicht geantwortet. Die Häkchen sind blau, also hast du meine Nachricht gelesen und einfach ignoriert. Wer ist die Schlampe?«

»Du hast meine Sprachnachricht noch nicht mal abgehört. Ich fühle mich von dir respektlos behandelt!«

»Wieso schreibst du denn immer nur so kalt zurück? Ich habe jemanden verdient, der mir Komplimente macht.«

»Du bist einfach viel zu nett. Deine ganzen Komplimente engen mich so langsam, aber sicher ein. Ich brauche ein bisschen mehr Bad Boy.«

Schafft man so die Basis für ein harmonisches Miteinander? Wird daraus eine glückliche Beziehung? Wohl kaum …

Einerseits sage ich mir, er ist ein freier Mensch und kann sich dann melden, wann er will. Andererseits sitze ich vor meinem Handy und zähle die Stunden und Minuten, bis er mir schreibt. Kennst du das? Es ist so ein Dilemma! Und es hat verdammt viel Einfluss auf uns. Warum bestehen Frauen nur so sehr auf einer Nachricht? Das ist extrem anstrengend. Ich finde, nichts kann einer gesunden Beziehung so im Weg stehen wie das Texting-Verhalten. Wir sind eine Generation, in der diese Schreiberei eine sehr große Bedeutung hat. Wir drücken unsere Gefühle durch Whatsapp-Emojis aus. Wir verschicken Sprachnachrichten, die wir an die zehn Mal neu aufgenommen haben. Um die perfekte Nachricht an ihn rauszuschicken, überarbeiten wir unsere Texte mehrmals und lassen sie sogar von einer Freundin lektorieren, bevor wir sie unserem Crush schicken. Und: Wir erwarten natürlich dasselbe auch von ihm!

Die verschiedenen Schreibphasen

Während ich dieses Buch verfasse, bin ich genau in dieser Phase. Die folgende Story, von der ich gleich mehr erzähle, hat ganz simpel angefangen. Du kennst es sicherlich auch. Als Frau bekommt man sehr

viele unnötige Nachrichten im Netz. Meine »Lieblingsnachrichten«
sind zum Beispiel:

Und so weiter …

Falls auch du schon so blöde Nachrichten bekommen hast, schick
sie mir gerne auf meinen sozialen Medien: #michhatsauchgetrof-
fen.

Irgendwann habe ich mal eine Umfrage über Beziehungen auf Instagram gestartet. Da hat ein Follower dann den Vogel abgeschossen und mich gefragt, ob ich auf der Suche nach einem Partner sei und was mein Typ Mann sei.

Meine Antwort darauf: ▽

> Puhh … Suchen, nein. Abgeneigt aber auch nicht.
>
> 3,5 Jahre habe ich wie eine Nonne auf Männer verzichtet & es hat mir gutgetan.
>
> Der perfekte Partner muss ein Ruhepol sein & keine zusätzliche Belastung.

Von dem, der mich ursprünglich gefragt hatte, habe ich dann zwar gar nichts mehr gehört, dafür aber von einer Menge anderer Männer. Die meisten reagierten mit Sätzen wie:

> Bist du noch Jungfrau?

> Was muss ein Mann haben, damit er dich ins Bett kriegt?

> Lüg doch nicht, 3,5 Jahre!!

> 3,5 Jahre, nur weil wir uns noch nicht begegnet sind!

> Das kann sich mit MIR und meiner Riesenkanone heute noch ändern!

> Schick mal Nacktfoto.

Ich kann hier unmöglich alle aufzählen, das waren echt viele! Eva und ich haben uns einen Spaß daraus gemacht, die Nachrichten durchzulesen, und haben uns dabei einen abgelacht. So lange, bis diese eine Nachricht kam. Eine Nachricht zwischen so vielen Nachrichten auf Instagram. STRIKE.

Dieser Typ hat es geschafft, sich mit seiner Nachricht in den Recall zu schießen. Ich werde dir diese Nachricht zeigen. Bitte fühl mal rein und denk ehrlich darüber nach, warum dieser Text es geschafft hat, zwischen so vielen Nachrichten aufzufallen.

Das ist die Nachricht: ◁

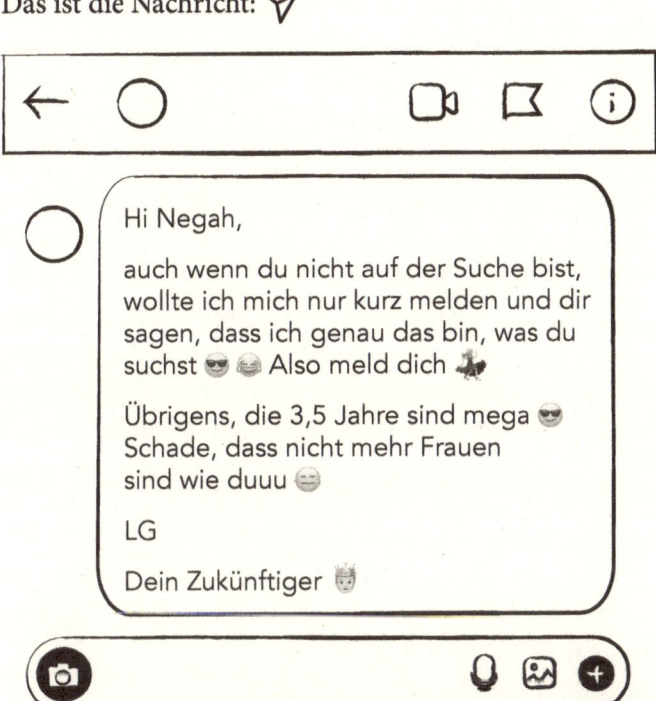

Hi Negah,

auch wenn du nicht auf der Suche bist, wollte ich mich nur kurz melden und dir sagen, dass ich genau das bin, was du suchst 😎 😂 Also meld dich 🐎

Übrigens, die 3,5 Jahre sind mega 😎 Schade, dass nicht mehr Frauen sind wie duuu 😑

LG

Dein Zukünftiger 🤗

Als diese Nachricht kam, wollte ich schon gleich wegswipen und Eva weitere Witz-Nachrichten vorlesen. Aber plötzlich schauten wir uns gegenseitig an. Verwirrt. Und ich sagte: »Hää? Die Nachricht ist aber echt voll süß, oder?«

Eva: »Hä? Ja voll! Lies noch mal vor!!!«

Also las ich noch mal vor. Wir beide waren geflasht und wussten nicht, wie wir jetzt damit umgehen sollten. Denn wir hatten die ganzen Nachrichten ja nur aus Jux gelesen und nicht, um ernsthaft einen neuen potenziellen Typen zu finden, geschweige denn zu flirten. Und auf einmal kam so eine Nachricht. Wir waren beide plötzlich in einem ganz anderen Modus. Natürlich sind wir erst mal auf seine Seite gegangen und haben sein Profil abgecheckt. Und dann sah der auch noch gut aus! So etwas passiert gefühlt alle Lichtjahre mal, oder? Auf jeden Fall habe ich angefangen, mit diesem Typen mehr zu schreiben, und tue es bis heute. Unsere Analyse der ersten Nachricht hat sich bis jetzt bestätigt und mittlerweile ist er im Re-Recall: Whatsapp mit Sprachnachrichten.

Die Anleitung für eine perfekte Nachricht

Warum hat uns die Nachricht so gefallen? Was hat dieser Mann richtig gemacht? Womit hat er sich von so vielen anderen Nachrichten abgehoben? War es die Länge der Nachricht? Waren es die Smileys? Was in diesem Text hat die innere Pusherin in mir rausgeholt? Sein gutes Deutsch? Der akkurate Aufbau wie bei einem förmlichen Brief? Das Kompliment über meine Enthaltsamkeit? (Was viele Männer eher abturnend finden …) Was genau hat das Kribbeln an meinem Ringfinger verursacht? Gehen wir der Sache auf den Grund!

MEINE ANALYSE DIESER EINEN, GANZ BESONDEREN NACHRICHT

1. Er hat mich mit meinem Namen angeschrieben.

Wir Frauen lieben es, mit dem eigenen Namen angesprochen zu werden.

2. Er hatte mir vorher noch nie geschrieben.

Ich habe nachgesehen, ob er mir schon mal geschrieben hat. Und er hatte mir davor noch NIE geschrieben. Wir schätzen es doch, nicht vollgespamt zu werden.

3. Er hat sich mit seinem ersten Satz perfekt verkauft.

Wer sind die besten Verkäufer? Nicht die, die dir verkaufen, was du sowieso schon suchst. Das ist ja einfach. Die besten Verkäufer sind die, die dir einen Schuh zeigen, den du noch nie gesehen hast, den du auch gar nicht gesucht hast, und sagen: »Hey, der passt doch ganz gut zu dir! Willst du ihn mal anprobieren?« Und du denkst dir: *Hmm, stimmt! Warum denn eigentlich nicht? Ich brauche doch sowieso neue.* Die besten Verkäufer zeigen den Leuten, was sie suchen und brauchen, bevor diese es selbst wissen. Er hat sich mir in seinem ersten Satz schon perfekt verkauft. Ich zitiere: »... auch wenn du nicht auf der Suche bist, wollte ich mich nur kurz melden und dir sagen, dass ich genau das bin, was du suchst 😎😂.« Frech!

4. Er hat mir die Wahl gelassen.

Denn dann schrieb er: »Also meld dich« 💃, was so viel heißt wie: Ich werde dich nicht noch mal nerven und du kannst dich melden, wenn du wissen willst, was ich hier Schönes für dich habe.

5. Er hat genau die richtige Dosierung von feurig erwischt.

Dieses tanzende Smiley 💃 ist zwar nur ein Smiley. Aber ... lass es einfach noch mal kurz auf dich wirken. 💃 Und hier noch einmal kurz 💃 💃 💃. Auf den ersten Blick ist es nur ein Smiley, aber beim genauen Hinschauen heißt es: *Wenn du dich bei mir meldest, könnte es sein, dass du unerwartet in einem roten Kleid anfängst zu tan-*

zen. Es zeigt ein bisschen Fuego, aber nicht zu viel Fuego – wenn du weißt, was ich meine …

6. Er gab mir das Gefühl, verstanden zu werden.

Sein nächster Satz war: »Übrigens, die 3,5 Jahre sind mega 😎.« Er ist als Einziger darauf positiv eingegangen, dass ich mich 3,5 Jahre lang keinem Mann mehr geöffnet habe. Was ein sehr sensibles Thema für mich ist und von Männern entweder eher für spießig oder für einen Bluff gehalten oder sogar einfach ignoriert wird. Wir Frauen lieben es, für unsere gestörten Verhaltensweisen bewundert zu werden. Wir fühlen uns dann verstanden.

7. Seine Nachricht hatte ein kalorienfreies Sahnehäubchen.

Das i-Tüpfelchen auf dieser wunderschönen Schokoladensahne-kirschtorte von Nachricht war: »Schade, dass nicht mehr Frauen sind wie duuu 😊.« OH MEIN GOTT. Wenn wir eins lieben, dann, dass wir eine besondere Person und unter vielen DIE Besondere sind.

8. Er beendet seine Nachricht freundlich, aber trotzdem offensiv.

Als könnte man DAS noch toppen, kommt am Schluss das perfekte Finale:

»LG, dein Zukünftiger 👑 «

Süß, freundlich und trotzdem offensiv. Volltreffer!

Mädels, muss ich dazu überhaupt noch was sagen? Ein Traum! Kannst du mir verraten, was es Schöneres gibt, als mit einer solchen Nachricht die Hoffnung zu bekommen, bald nicht mehr allein, sondern mit seinem Traumprinzen zusammen zu sein? Da fangen doch die Hochzeitsglocken an zu läuten und du willst gleich mit deinen Brautjungfern passende Hochzeitslieder aussuchen. Herzkribbeln. Der graue Alltag bekommt plötzlich einen wunderschönen pinken Klecks Farbe. Und du denkst dir: *Baby, Gott hat dir alles gegeben außer meiner Nummer* 💪.

Schreiben in der Kennenlernphase ist wie die Vorrunde bei DSDS

Der Funke ist übergesprungen. Du findest ihn gut, er findet dich gut – und ihr seid euch beide einig: Wir können uns jetzt mal ein bisschen näher kennenlernen! Und wie lernt man sich am besten kennen? Genau, durch Schreiben. Einfach mal kommunizieren. Das ist eigentlich gar keine schwierige Sache, möchte man meinen. Schreiben und Lesen haben wir schließlich alle ab der 1. Klasse gelernt. Bloß, dass es beim Kennenlernen in der Anfangsphase längst nicht nur ums Schreiben im Sinne von »ein paar Texte hin- und herschicken« geht. Nein, es ist eher wie beim Recall von *Deutschland sucht den Superstar*.

In der Vorrunde sind diejenigen ausgeschieden, die einfach nur grausam waren und keinen gelben Zettel bekommen haben. Bei dem Gedanken habe ich gleich Dieter Bohlen im Kopf, der sagt: »Dein Schreibstil und Aussehen sind so unterirdisch, nicht mal die Nummer 'Mitleid für den Quotenknasti' zieht bei dir. Wer würde DIR freiwillig zurückschreiben?« Aber jene, die den gelben Zettel bekommen haben, haben nun die Möglichkeit, sich direkt in unser Herz zu schreiben. Voraussetzung ist natürlich, dass sie unser Herz wollen und nicht nur an unsere Wäsche. Versteh mich nicht falsch: Es gibt auch Frauen, die nur Spaß haben wollen. Aber meine Erfahrung hat gezeigt, dass auch diese Frauen in ihrem tiefsten Inneren nach Liebe suchen ... Warum ist die Anfangsphase so wichtig? In der Anfangsphase geht es darum, Gemeinsamkeiten zu finden, etwas über die Vergangenheit zu erfahren, die guten Eigenschaften und die No-Gos zu entschlüsseln und den Kandidaten – je nachdem, was hiervon überwiegt – in die nächste Runde zu lassen oder »Bye Bye Bye« zu sagen (hierzu kann ich euch den gleichnamigen Song von NSYNC sehr empfehlen!).

Beim Thema »Schreiben mit Männern gibt es sehr oft Missverständnisse, die sogar eine Beziehung zerstören können. Ich habe darüber nachgedacht, woran das alles liegen könnte. Der Schreibstil muss sich mitentwickeln! Frauen machen das für gewöhnlich ganz intuitiv. Aber manche Männer gehen einfach nicht mit, und das macht uns Frauen kirre. Ich zeig's euch ...

Worauf Frauen beim Texten achten

1. Wir überlegen 10 bis 2764 Mal, ob wir etwas schreiben oder nicht.
2. Wir zeigen uns flirty, aber nicht billig.
3. Emotional, aber nicht schnulzig.
4. Einfühlsam, wenn es dem anderen nicht gut geht.
5. Wir haben immer Angst, ihn aus Versehen anzurufen, etwas Falsches an ihn weiterzuleiten oder auf irgendeinem Kanal ein Bild aus 2004 von ihm zu liken.
6. Wir achten darauf, aufmerksam zu sein, aber nicht so, als hätten wir es nötig.
7. Wir warten stundenlang darauf, dass er endlich schreibt, aber wenn er dann schreibt, warten wir mindestens 40 Minuten, bis wir die Nachricht öffnen – wir wollen ja nicht hungrig wirken.
8. Wir zeigen uns ihm von der BESTEN Seite und versuchen, unsere Psychoseite so gut wie möglich zu verstecken. (Jede Frau hat Psychoseiten!)
9. Falls Fragen kommen, warum wir nicht mehr mit unserem Exfreund zusammen sind, ist die Antwort IMMER: Es liegt auf gar keinen Fall daran, dass ich ihn gestalkt habe und ausgerastet bin und ihn eine Million Mal angerufen habe. Wir haben uns einfach auseinandergelebt. Er wollte mich eigentlich nicht gehen lassen,

aber ich habe für uns beide entschieden, dass das der bessere Weg ist für ALLE Beteiligten. (Dass ich bei ihm ÜBERALL blockiert bin und er die Straßenseite wechselt, wenn er mir begegnet, liegt daran, dass er nicht ertragen kann, seine große Liebe zu sehen.)

Schreibtypen, die wir nie daten würden

Der Monologführer

Januar 2007

hi

März 2007

hi

April 2009

Wie geht's?

März 2009

hi, hi!

Dezember 2012

Hey!

Januar 2016

Frohes Neues!

März 2020

Wie geht's dir im Lockdown?

Dezember 2020

Fröhliche Weihnachten!

Februar 2021

Na?

Der Schizophrene

Hey, Schönheit

Zwei Stunden später

Antworte, du Schlampe!

Der gefühlsbetonte Dichter

Nur du und ich!
Unvergessliche Zweisamkeit
Strömt deine Nähe über mich
Der Alltag wird zur Sonntagszeit
Fühl' ich bei dir durch dich
Pure Menschengöttlichkeit an sich
Wünsche dir noch einen wunder-
schönen Sonntag

Der Geschäftsmann

Durch Zufall bin ich auf Ihr Profil
gestoßen und finde es sehr anspre-
chend (erotisch). Großartig, dass wir
uns auf diesem Wege connecten
können. Ich würde mich sehr freuen,
wenn Sie meine Anfrage annehmen
und wir uns bald bei einem Kaffee
kennenlernen können. Ich wünsche
Ihnen einen angenehmen Tag und
eine erfolgreiche Woche.

Mit freundlichen Grüßen

Der Übermotivierte

Wow, ich glaube, ich habe mich in dich verliebt. Traumfrau, können wir heiraten?

Der billige Anbaggerer

Ich steh vor deiner Tür, lass mich rein! ;-)

Der Profifußballer

Ich schicke dir ein Ticket, du kannst zu mir nach Hauseeee.

Der romantische Schleimer

Wusstest du eigentlich schon, dass dein Lächeln einem den Tag retten kann? Wenn nicht, dann weißt du es jetzt! Lass mich dir die Sterne vom Himmel holen! Für dich scheint mir nicht mal der Himmel ein weiter Weg.

Der armselige Bettler

00:10 Uhr

Bitte melde dich!

00:30 Uhr

Meld dich doch.

01:40 Uhr

Warum schreibst du nicht zurück?

07:45 Uhr

Schreib zurück!

09:00 Uhr

Hab ich was Falsches geschrieben?

12:15 Uhr

Hast du einen Freund oder warum
schreibst du nicht?

16:00 Uhr

Du kannst ruhig zugeben, dass du
mich nicht gut findest.

18:20 Uhr

Bin ich dir nicht gut genug?

22:00 Uhr

Bitte antworte mir.

Der Womanizer für Arme

Lust auf ein Candle-Light-Dinner-Date
bei meinem kleinen, aber feinen Lieb-
lingsitaliener? Ich glaube, ein kleines
Schwarzes würde dir wahnsinnig gut
stehen! Ich komme auch im Smoking.

Der Nichts-Checker

Lebst du noch?

Das waren jetzt alles Typen, die uns schreiben und die wir erst gar
nicht daten. Die nie an uns rankommen. Aber auch dann, wenn wir
einen Mann beim Texten in den Recall einladen, weil wir ihn gut
finden, ist es immer noch kompliziert. Denn da kann immer noch
verdammt viel schiefgehen!

Wie ein Mann, den wir daten wollen, schreiben sollte vs. absolute No-Gos

Genauso kritisch wie mit uns selbst sind wir Frauen auch mit den Männern. Alles, was er beim Schreiben tut, wird analysiert. Wir möchten ja sichergehen, dass er es auch verdient hat, in die nächste Runde zu gelangen. In dieser Phase sollte er sich so gut wie möglich präsentieren, dabei aber bitte real wirken, aber nur so real, dass er trotzdem attraktiv bleibt.

Beispiel: Er sollte eine gefühlsbetonte Seite zeigen, kann also ruhig sagen, dass er ein besonderes Verhältnis zu seiner Familie hat. Aber er darf dabei nicht wie ein Muttersöhnchen wirken.

Ich hab hier mal einige Hürden für die Männerwelt zusammengefasst:

* Er sollte nicht direkt sexuell werden, aber wenn er gar keine sexuellen Andeutungen macht, ist es auch komisch. Findet er dich nicht sexy? Oder ist er vielleicht noch Jungfrau?
* Er macht sexuelle Andeutungen – was für ein Mistkerl!!! Der will dich nur für DAS eine. Sofort blockieren!
* Er sollte dir regelmäßig am Tag schreiben, aber auf gar keinen Fall daueronline sein. Hat er denn gar kein Leben?
* Schlagfertigkeit ist ein absolutes Muss, aber nicht, um dich dumm darzustellen.
* Humor und Selbstironie sind superwichtig. Wenn ein Mann deinen Humor nicht versteht, kann er direkt nach Hause gehen.
* Er muss es schaffen, dich zum Lachen zu bringen, dich dabei aber auf gar keinen Fall lächerlich machen.
* Er kann gerne nach deinem Gefühlszustand fragen, aber bitte nicht auf Hobby-Psychologe machen, ohne dich davor überhaupt kennengelernt zu haben (so etwas wie: »Man sieht an deinen Augen, dass du schon viel Schmerz erlebt hast ... Wer hat denn eine so schöne Frau wie dich verletzt?«).

* Er sollte immer als Erstes schreiben, aber bitte auch keine Monologe führen, wenn du ihm nicht antwortest – ABTURN.
* Er sollte sich Mühe geben beim Schreiben, es müssen jetzt keine Romane sein oder so, aber wenn er immer einfach nur in kurzen Worten schreibt, um cool zu sein, geht das gar nicht.
* Er sollte zeigen, dass er auf etwas Ernstes aus ist, also keine anderen Frauen will und speziell dich rausgesucht hat.
* Frauen lieben es, wenn der Typ wählerisch ist und nicht zehn Frauen parallel schreibt, aber er sollte früher mal zehn Frauen parallel geschrieben haben, sonst hat er ja keine Erfahrung.
* Durch seine Schreibweise sollte sich sein Intellekt abzeichnen, aber bitte nicht zu sehr, sonst kommt es besserwisserisch rüber.
* Er sollte tiefgründig sein, aber kein spiritueller Guru.
* Geheimnisvoll, aber trotzdem ehrlich.
* Frauen sind froh über jede Hilfe, jede weitere Information über ihn und sein Leben, denn das erspart uns jede Menge Zeit, Arbeit und Telefonate mit Freundinnen.
* Er sollte zwar ehrlich sein, was seine Exfreundinnen betrifft, aber bitte keine zehn Minuten mit zu vielen Details darüber, warum er sie so geliebt hat.
* Er sollte sich von der verletzlichen Seite zeigen, aber dabei trotzdem männlich wirken. Wir lieben ECHTE Männer.
* Wir mögen wichtige Details über seine Vergangenheit, es gibt aber Dinge, die sollte er uns lieber verheimlichen (zum Beispiel, dass er seiner Ex fremdgegangen ist, im Gefängnis saß oder mal ein Doppelleben hatte).
* Wir Frauen neigen gerade am Anfang dazu, zu fantasieren und zu visualisieren. Zum Beispiel, wie unsere Kinder aussehen würden, unser gemeinsames Haus etc. Er sollte uns auf gar keinen Fall beim Träumen stören.
* Er sollte in der Anfangsphase den Kontakt pflegen (in den ersten Wochen ist tägliches Schreiben ein MUSS!), aber bitte nicht übermotiviert und sauer sein, wenn du nicht antwortest.
* Er sollte nicht wie ein verdammter Stalker alle Details über dich wissen (auch wenn du das natürlich tust!), aber wenn er so un-

aufmerksam ist, dass er 100 Mal nachfragt, was du am Abend vorhast, obwohl du es ihm schon gesagt hast, ist das ein NO-GO! → BLOCKIEREN.

* Jede Nachricht sollte wie eine maßgeschneiderte Hose sein – sie muss passen! Wir merken sofort, wenn der Typ diese Nachricht schon mehrmals an andere Frauen geschickt hat.
* Er sollte uns Fragen stellen und damit Interesse zeigen. (Damit meine ich nicht Fragen nach deiner BH-Größe, sondern nach einer Vergangenheit und Persönlichkeit sowie allem, was dir etwas bedeutet.)

UPGRADE: Sprachnachrichten!

Ach so, fast hätte ich es vergessen: Eine ganz wichtige Rolle spielen die Sprachnachrichten. Für mich die intimste Form der Kommunikation in der Dating-Zeit. Ganz anders als bei einem Date gibt es hier keine Störfaktoren wie zum Beispiel Nervosität durch die Anwesenheit des anderen, Außengeräusche, Restaurant, Umgebung, eventuell andere Personen, die wir treffen könnten. Somit ist das die BESTE Methode, um jemanden ganz intim und ohne Fremdeinfluss kennenzulernen. Wir können dadurch nicht nur herausfinden, ob wir seine Stimme mögen (männlich, aber sympathisch, lustig, aber trotzdem reif), wir können hier auch überlegt und trotzdem direkt unsere Fragen stellen. Männer denken, es ist nur eine Sprachnachricht. Wir Frauen möchten zwar spontan wirken, haben die Sprachnachricht aber schon 20 Mal aufgenommen, bevor wir sie abschicken.

Typ macht Sprachnachricht:

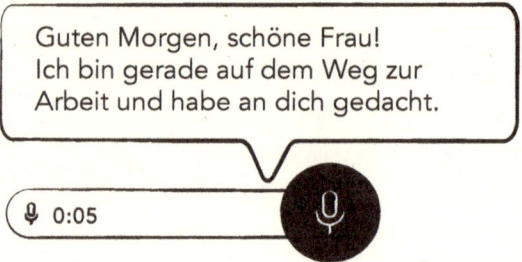

Guten Morgen, schöne Frau!
Ich bin gerade auf dem Weg zur
Arbeit und habe an dich gedacht.

🎤 0:05

Was sich der Typ denkt:
Ich kann beim Autofahren nicht schreiben, also schick ich ihr mal 'ne Voice-Message. SEND NUDES. Pls.

Was ich denke:
Oh, wie süüüüß! Er schickt mir extra eine Sprachnachricht! Der ist totaaal interessiert! Ich leite sie mal ganz schnell in die Mädelsgruppe weiter für weitere Analysen.

Ich mache eine Sprachnachricht:

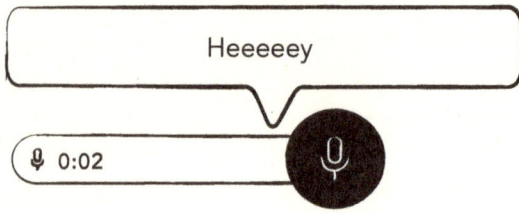

Heeeeey

🎤 0:02

Was ich denke:
Das kann ich so nicht abschicken. Dieses »Hey« klingt viel zu psycho! Also Abbruch und noch mal.

Ich spreche wieder eine Sprachnachricht auf:

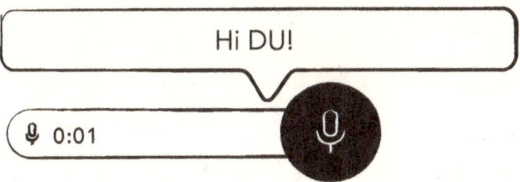

Hi DU!

🎤 0:01

Was ich denke:
Du Idiotin! Das kannst du so auf keinen Fall an ihn abschicken!! Welcher Mensch sagt heute noch »Hi DU«??? OMG, wie oldschool! ABBRUUUUCH!

Ich mache noch mal eine Sprachnachricht:

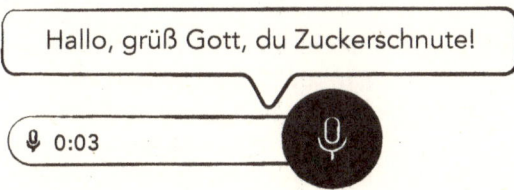

Hallo, grüß Gott, du Zuckerschnute!

🎤 0:03

Was ich währenddessen denke:
Das ist super! So hat noch keine mit ihm geredet! Jetzt hebe ich mich von den anderen ab. Vorwärts GIIIIIRL!

Weiter:

Ich bin seit 6 Uhr wach, hab schon 'ne Yogasession hinter mir, Workout DONE, Meditation DONE, war einkaufen, hab meine Mutter zum Arzt gebracht, einen Hund gerettet, 'ne Katze adoptiert und mache mich jetzt fertig für die Arbeit. Heute stehen 33 wichtige Kundentermine an, die ich alle leiten muss. Weil sonst niemand qualifiziert genug ist. Wie sieht dein Plan für heute aus? Musst du erst mal die Welt retten?

🎤 0:15

Was ich währenddessen denke:

Alter, ich muss endlich aus dem Bett kommen und nach vier Tagen jetzt echt mal die Haare waschen. Ich habe die Kontrolle über mein Leben komplett verloren, aber Hauptsache, er merkt es nicht. Oder vielleicht doch? Soll ich lieber noch 'ne Schippe drauflegen? ABBRUUUUCH!

Was sich der Typ denkt:

Scheiße, Mann, warum hab ich nur mit 'ner Sprachnachricht angefangen? Jetzt kommen bestimmt gleich 15 Minuten zurück, so lang, wie die schon wieder aufnimmt. Ich hab Hunger und will die Alte jetzt endlicht mal nackt sehen! TITTEN.

Ich nehme die perfekte Sprachnachricht auf:

Hallo, grüß Gott, du Zuckerschnute! Ich bin seit 6 Uhr wach, hab schon 'ne Yogasession hinter mir, Workout DONE, Meditation DONE, war einkaufen, hab meine Mutter zum Arzt gebracht, einen Hund auf der Straße gerettet, eine Katzenfamilie adoptiert, 'ne neue Sprache gelernt, Chico! Wusstest du eigentlich, dass ich 7 Sprachen fließend sprechen kann? Das nur BTW. Italienisch hab ich damals übrigens beim Modeln in Mailand gelernt, Englisch natürlich in NEW YORK CITY, also Manhattan natürlich, Chinesisch hab ich gelernt, damit ich mich in meinem Lieblingsimbiss auch verständigen kann und die sich da nicht diskriminiert fühlen ... Na ja, ist ja auch egal. Jedenfalls hab ich schon einen superwichtigen Call gehabt heute Morgen – weißt ja, wie es ist. Der Pressure ist aber mittlerweile ja DAILY Business. Jedenfalls ich wollt dich gar nicht vollquatschen und mache mich jetzt fertig für die Arbeit. Heute stehen um die 33 wichtige Kundentermine an, die ich alle leiten muss. Weil sonst niemand qualifiziert genug ist für solch hochkarätige Kunden. Wie sieht dein Plan für heute aus? Musst du erst mal die Welt retten? Freu mich, von dir zu höreeeen. Aber du musst mir nicht schreiben, bin ja selber voll busy, also nicht sauer sein, wenn ich mal nicht antworte. Bis dann! Ciaoi

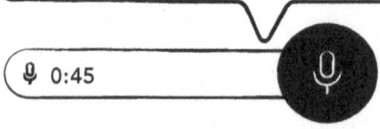

🎙 0:45

Was ich denke:

Das war die perfekte Nachricht. Es lohnt sich einfach, sich mal ein biss-chen Gedanken zu machen und sich erst mal einzugrooven. Und ge-logen hab ich jetzt auch nicht wiiirklich. Das alles werde ich ja irgend-wann mal machen. Spätestens, wenn ich mit ihm zusammen bin.

Was sich der Typ denkt:

Alter, was labert die denn? Ich wollte doch nur guten Morgen sagen. Das ist bestimmt so eine Frau, die mich zu einem besseren Menschen machen will. Gaaaar kein Bock. Aber vielleicht schickt sie ja doch paar Nacktbilder. Ich mein, geil ist die ja schon! Also schon 'ne glatte 8! Aber ihre Freundin ist trotzdem 'n bisschen heißer. Leider vergeben. An einen Bro. Scheiße, Mann, ich bin so ein Hund. Was für Gedanken wieder. Egal, erst mal was frühstücken.

Was ich denke:

Fuck. Er hat seit zwei Minuten nicht geantwortet. Und die Häkchen sind schon verdammt blau. Ich hab wieder zu viel Mist erzählt. Ich schick ihm gleich mal ein paar freizügige Bilder, damit ich ihn mit mei-nem Aussehen catchen kann. * Ich suche im Bilder-Archiv im Ordner »HEISSE BILDER, DIE IMMER ZIEHEN«.

Was sich der Typ denkt:

Holy shit, man! Die hat echt Bilder geschickt. Zwar nicht nackt, aber regt meine Fantasie an. Erst mal 'ne Sprachnachricht zurück.

Typ macht Sprachnachricht:

Hey, Süße. Erzähl mal was von den Katzen, ist ja voll süß. Übri-gens: Was hast du angehabt, als du die gerettet hast? Ich mag Katzen. Und Chinesisch. Viel Spaß beim Meeting mit deinem Chef. Schick mal später noch paar aktuellere Bilder! Nur, wenn du willst. Ciaociao

🎤 0:11

Was ich denke:
Oh, der hat geantwortet! Ist ja noch mal gut gegangen. Ich schick dem heute keine Bilder mehr. Das hält die Spannung.

Also fassen wir zusammen ...

Die perfekte Nachricht ist nicht zu nett, denn das ist irgendwie zu einfach. Es ist schön, wenn er Gefühle für mich hat, aber er darf es NICHT ZU SEHR zeigen. Wir Frauen interpretieren in jedes Wort etwas rein. Vor allem, wenn es geschrieben ist! Bei Sprachnachrichten sind wir etwas lockerer. Bei Textnachrichten ist es wichtig, dass er seine Gefühle über Smileys ausdrückt. Ein Mann, der gar keine Smileys verwendet, hat nämlich bestimmt kein Interesse an mir. Der perfekte Mann schreibt geheimnisvoll und mit versteckten Botschaften. Sexy, aber nicht zu aufdringlich. Was sexy genau zu bedeuten hat, weiß ich nicht. Sollte er ja wissen.

Er sollte spirituelle Ansätze haben, aber auch frech sein, er muss tiefgründig sein, aber trotzdem cool. Er soll nicht DIREKT antworten. 20 Minuten Abstand sind perfekt. Denn dann habe ich genug Zeit, um alles mal kurz »sacken« zu lassen. Er muss in richtigem Deutsch schreiben, Rechtschreibung und Grammatik müssen passen. Bitte aber nicht übertreiben, ich will ja auch keinen Streber. Außerdem will ich mich beim Schreiben selbst ja auch wohlfühlen und nicht ständig zum Duden greifen. In seiner Nachricht muss er auf alle Fragen, die ich ihm gestellt habe, antworten. Wenn er eine Frage nicht beantwortet, hat er etwas zu verbergen. Er muss mir auf jeden Fall auch Gegenfragen stellen, sonst denke ich, er hat kein Interesse. Außerdem gibt es dann so einen Break in der Konversation und ich weiß nicht, was ich schreiben soll. *Hat er jetzt kein Interesse mehr? Will er nicht mehr schreiben?* Abkürzungen gehen auch gar nicht! Das kann er gerne mit seinen Kumpels machen. Okay darf niemals mit »O. k.« abgekürzt werden. Wer bin ich denn? Nur irgendeine Geliebte? Wenn er mir ein paar Tage nicht antwortet, ist das definitiv ein Grund, den Kontakt abzubrechen. Wenn man jemanden mag, dann schreibt man schnell zurück und lässt sich nicht so feiern. Wenn er online ist und mir nicht zurückschreibt, schreibt er sicherlich mit einer anderen. Wenn er längere Zeit nicht online ist, denke ich, er ist gerade mit einer anderen zusammen. Er arbeitet von 8 bis 17 Uhr und schreibt mir in der Mittagspause – das ist ein gutes Zeichen, wenn er während der Arbeit an mich denkt, aber vielleicht ist er ja arbeitslos und tut nur so, als hätte er einen Job. Es ist okay, wenn der Partner nicht durchgehend schreibt: Zwölf Stunden am Tag sind völlig ausreichend.

KAPITEL 5

MÄDELSABEND: VORSTELLUNG VS. REALITÄT

Ich bin im Fitnessstudio und gerade fertig mit dem Duschen. Meine Freundin Sina ist bereits in der Umkleide. Sie zieht sich an und mustert sich im Spiegel. Mit dem, was sie im Spiegel sieht, scheint sie zufrieden zu sein. Sie wirkt entspannt. Wie alle nach dem Sport fühlt sie sich megafit, wohl und vital. Hoch motiviert ruft sie:

»Neeegaaah, bist du schon fertig?«

Was ich denke:
Sie will mich doch jetzt nicht wieder stressen?

Was ich sage:
»Schatz, gleich. Ich brauche noch ein bisschen.«

Sie schaut weiter in den Spiegel, cremt Gesicht und Dekolleté mit ihrer Anti-Aging-Creme ein. Die hat sie mir schon mindestens zehnmal empfohlen, weil ab 27 die ersten Falten klar und deutlich zu sehen seien.

Was sie denkt:
Die hat sich bestimmt die Creme immer noch nicht besorgt. Ich biete sie ihr mal an, damit sie sich wieder daran erinnert.

Was sie sagt:
»Hast du dich schon eingecremt? Hier, nimm ruhig von mir.«

Was ich denke:
Fuck, ich wollte mir ja eigentlich noch diese sauteure Creme holen.

Was ich sage:
»Ja, Schatz, gerne.«

Was sie denkt:
Jetzt fühle ich mich gerade so gut und soll den ganzen Abend zu Hause bei meinen Eltern verbringen, die mir meine blendende Laune kaputt

machen werden? Wieso lebe ich mit fast 40 noch daheim? Alle meine Freundinnen haben Ehemänner, Kinder, Hunde oder Katzen und ich hänge an einem Typen, den ich einmal in drei Wochen sehe und der keine feste Beziehung mit mir führen will. Ich brauche einen neuen Schwarm, um auch eine Familie gründen zu können.

All diese Gedanken sind schon so fest verankert, dass sie ihr in Millisekunden durch den Kopf strömen. Sie guckt zu mir rüber und sagt:
»Was hast du heute Abend so geplant?«

Was ich denke:
Was ich geplant habe? Ich bin Single, nur auf meine Arbeit fixiert, und mein größtes Highlight im Leben ist Gassigehen mit meinem Hund Pino. Was soll ich schon geplant haben? Meine Rente? Sina will bestimmt heute ausgehen. Ich bin aber so faul.

Was ich sage:
»Ach, das Übliche. Ein bisschen dies, ein bisschen das. Du?«

Was Sina denkt:
Was stelle ich auch für eine Frage, was soll sie denn schon geplant haben? Sie ist Single, nur auf ihre Arbeit fixiert und ihr größtes Highlight im Leben ist Gassigehen mit Pino. Wie kann ich sie jetzt überreden, heute mit mir auszugehen?

Was Sina sagt:
»Ach cool, Schatz. Heute Abend ist eine megagute Party im ’Hugo’s’. Hammer DJ, der auflegt. Genau deine Musikrichtung.«

Was ich denke:
Eine megacoole Party? Es wird doch eh wieder gleich ablaufen. Wir machen uns drei Stunden lang schick, geben grundlos viel Geld aus und bereuen am Ende doch, dass wir nicht zu Hause geblieben sind.

Dann schaltet sich auf einmal die innere Pusherin ein:
Aber Negah, hey! Dann kannst du mal wieder viele geile Bilder machen. Außerdem ist dein Exfreund David oft im »Hugo's«. Wenn der dich sieht und daran erinnert wird, wie hübsch du bist, wird er es bereuen, dich verlassen zu haben.

Was ich sage:
»Hmm. Sina, ich weiß nicht. Wer kommt noch so?«

Sina denkt:
Ich habe keine Ahnung, wer noch so kommt. Ich will doch nur einen Typen finden, damit der Druck endlich wegfällt, dass alle außer mir Familien haben. Also sei eine gute Freundin und komm einfach mit.

Was sie sagt:
»Wir können ja die anderen Mädels fragen. Mardina, Julia, Maria. Machen wir doch einen Mädelsabend!«

Was ich denke:
Jawohl, die Desperate Singles in the House! Fünf verzweifelte Singlefrauen unter sich. Das klingt nach einem Hammerabend. Habe die Mädels länger nicht gesprochen. Falls David im Club ist, sieht er mich auf jeden Fall, wenn ich mit meiner eleganten, hübschen Mädelsgruppe reinkomme.

Was ich sage:
»Sehr geil! Dann lass uns heute Abend feiern gehen.«

Als ich nach Hause komme, schaue ich auf mein Bett und frage mich: *Soll ich heute Abend wirklich ausgehen?*

Mein Bett wird plötzlich zum gemütlichsten Bett aller Zeiten und spricht zu mir: »Baby, willst du heute Abend wirklich in viel zu enge Klamotten steigen und deine Füße in total unbequeme Schuhe quetschen? Komm, wir machen es uns hier auf meiner kuscheligen Matratze zwischen den weichen Kissen gemütlich. In Kombi mit Chips und Netflix bin ich einfach unschlagbar. Denk dran! Netflix and Chips, uiiiiii.«

Ich bin mir gerade wirklich nicht ganz sicher, ob ich Bock habe, heute Abend auszugehen. Ich versuche, mich innerlich zu beruhigen: *Wenn mehrere Mädels heute Abend mitkommen, dann habe ich ja immer noch die Option, abzusagen.*

Es ist wirklich immer dasselbe. Noch kurz bevor ich das Haus verlasse, bin ich unsicher, ob ich es wirklich will und brauche, heute noch wegzugehen, oder nicht. Früher war das gar keine Frage. Da wollte ich am liebsten NUR weggehen. Ich war bis 6 Uhr feiern, zwei Stunden später in der Schule und trotzdem den ganzen Tag topfit. Aber mit 25 ging es dann los, dass ich auf einmal nach dem Feiern immer länger gebraucht habe, um mich davon zu erholen. Heute sind das ganze drei Tage.

Zwei Stunden später ...

Sina ruft mich an. Sie ruft vor dem Weggehen immer mehrmals an. Erstens, weil sie mich kennt und weiß, dass ich bestimmt kurz davor bin, wieder einen Rückzieher zu machen. Zweitens, weil sie eine Person ist, die alles unter Kontrolle haben will und dabei keine Fehler machen möchte. Jeder Mädelsabend ist für sie wie eine Geburtstagsparty, die gut durchgeplant und strukturiert sein muss. Wir alle haben solch eine Freundin in der Mädelsclique.

Sie stellt mir, passiv-aggressiv, die wichtigste Frage des Abends:

»Schatz, was ziehst du eigentlich an?«

Die Frage, ob das Feierngehen bei mir überhaupt noch steht, stellt sie erst gar nicht. Sie weiß genau, dass ich gerne grüble, und lässt mir überhaupt keine Option, alles wieder abzusagen. Nicht nur Sina wird mir die Frage stellen, was ich anziehen werde, sondern auch die drei anderen Mädels – Mardina, Julia und Maria.

Wenn Frauen sich diese Frage stellen, geschieht das nicht aus wahrem Interesse am Outfit, sondern ist reine Taktik. Es geht da nur um eine Sache: Unsere Hotness muss auf dem gleichen Level sein. Ich darf nicht besser aussehen als sie. Sie darf besser aussehen als ich. Es sieht ja auch blöd aus, wenn eine Freundin ganz sportlich Party macht und die andere im Abendkleid danebensteht. Wir müssen auch als Gruppe gut aussehen. Schließlich ist es doch ein Mädelsabend, bei dem es nur darum geht, von guten Typen angesprochen zu werden. Je attraktiver und hübscher die Gruppe, desto mehr Männer springen auf uns an.

Ich, die 20 Minuten vor unserem Treffen nicht weiß, was sie anzieht, noch am Laptop sitzt und arbeitet, denke: *Oh mein Gott, ich muss jetzt schnell eine Entscheidung fällen. Mann, warum bin ich so verpeilt?*

Also frage ich mich unzählige Male:

Was zieh ich an? Was zieh ich an? Was zieh ich an? Was zieh ich an?

Sina versucht, mir am Telefon mit Fragen auf die Sprünge zu helfen:

»Ja, ziehst du eher ein Kleid mit hohen Schuhen an oder ein sexy Oberteil mit Heels. Weißt du das schon?«

Was ich denke:
Wenn ich ein Kleid anziehe, könnte ich zu overdressed wirken. Außerdem bin ich gerade nicht braun genug. Ich hab jetzt auch keine Lust, auf die Schnelle noch ins Solarium zu gehen. Wobei, ich könnte mir Selbstbräuner draufschmieren. Dann wäre es auch kein Problem. Ach, ich ziehe lieber eine enge Hose an mit richtig hohen Schuhen und ein Crop Top. Aber bauchfrei? Da sieht man die kleine Wampe, die ich

sonst zu verstecken versuche. Ich ziehe einfach ein Basic Top an und meinen BH, der drei Nummern zu klein ist, aber dafür die Brüste so groß aussehen lässt. Und eine auffällige Hose mit spitzen High Heels.

Was ich sage:
»Schatz, ich glaube, ich ziehe heute eine Hose an und ein enges Top. Und du?«

Was Sina denkt:
Boah, wie langweilig. Ich wollte heute alles auspacken und ein sexy Kleid anziehen. Kann ich aber nicht, wenn sie jetzt so was anzieht. Die hat bestimmt keine guten Kleider mehr. Ich locke sie zu mir, dann ziehen wir uns zusammen an und ich habe sie im Blick.

Was Sina sagt:
»Schatz, du kannst auch was von mir anziehen! Ich habe jede Menge neue Sachen.«

Was ich denke:
Jo, gute Idee, ich habe eh nichts Passendes zum Anziehen.

Was ich sage:
»Ja, gerne, gute Idee. Ich habe eh nix zum Anziehen. Brauchst du was von mir?«

Zusammen »fertig machen«

Das Outfit spielt die Hauptrolle in der Vorbereitung, wenn man mit seinen Mädels ausgeht. Freundinnen, die sich zusammen fertig machen und sich gegenseitig einkleiden, vertrauen sich zu 100 Prozent. Zusammen fertig machen, das tun wir nicht mit Mädels, die wir nicht gut kennen, sondern nur mit Freundinnen, denen wir wirklich vertrauen. Bei denen wir wissen: Diese Frau möchte wirklich, dass ich gut aussehe, und gibt mir keine falschen Tipps. Wir alle kennen sie, diese

Mädels, die mit uns shoppen gehen und zu Sachen, die uns absolut nicht stehen, sagen: »WOW, das sieht Hammer aus an dir! Nimm es!« Auf jeden Fall ist das Outfit deshalb so wichtig, weil es darüber entscheidet, welchen Eindruck du an diesem Abend im Club hinterlässt. Wie du ankommst. Es geht nicht nur darum, mit dem Outfit einen Traummann zu gewinnen, sondern es deckt auch viele andere Bereiche ab. Das Outfit entscheidet darüber, ob du direkt in den Club reinkommst oder an der Schlange anstehen musst. Wir wissen ganz genau, wenn wir unwiderstehlich aussehen, winkt der Türsteher uns schon zu sich, bevor wir überhaupt an der Schlange angekommen sind, und sagt: »Ihr könnt schon mal rein.« So sparst du Zeit und eventuell Geld, denn wenn du besonders gut aussiehst, musst du nicht mal Eintritt bezahlen. Apropos bezahlen: Je schöner das Outfit, desto mehr Typen laden dich auf Drinks ein. Tief im Inneren, wenn wir ehrlich zu uns selbst sind, hat keine von uns etwas gegen »flüssige Komplimente«. Außerdem entscheidet das Outfit darüber, wie gut wir uns fühlen und von wie vielen Männern wir angesprochen werden.

Zurück zu Sina und mir. Wir haben uns von 18 bis 23 Uhr fertig gemacht und waren trotzdem nicht zu 100 Prozent überzeugt vom Ergebnis. Auch beim Stylen vor dem Feiern lassen uns unsere typischen Frauengedanken nicht los. Jedes Kleid erzählt eine eigene Geschichte und könnte den Abend beeinflussen. Jedes Szenario, das sich am Abend ereignen könnte, wird durchgespielt. Dieses Kleid kann ich nicht von dir leihen, weil ich es damals anhatte, als ich meine Tasche mit Handy, Schlüssel und Geldbeutel verloren habe. Kein gutes Omen.

Jedes Outfit könnte deinen Traummann auf dich aufmerksam machen, also gilt hier besondere Vorsicht! Kleiner Tipp von mir: Das Attraktivitätslevel ist nach zwei Stunden Fertigmachen meistens auf einem super Niveau. Alles, was danach kommt, geht eher wieder in die andere Richtung und wirkt dann zu übertrieben. Wir steigern uns manchmal zu sehr rein und schminken uns weiter und weiter ....

Behängen uns mit zu viel Schmuck und verkacken es ab da. Deshalb ist es oft sogar ein Vorteil, wenn du nicht viel Zeit hast fürs Fertigmachen.

Ich habe jahrelang Party gemacht, und das meistens mehrmals die Woche, daher weiß ich mittlerweile, wie das perfekte Party-Outfit aussehen muss.

DAS PERFEKTE PARTY-OUTFIT

— Es ist nagelneu und noch niemand auf der Welt hat es je an dir gesehen. (Outfits sind wie Autos. Einmal benutzt, verlieren sie sofort an Wert.)

— Es ist auffällig, aber nicht billig. Eine gute Partyfrau darf nie zu hungrig aussehen.

— Es ist ein Outfit, das nicht jede zweite Frau anhaben kann. (Dieses Problem habe ich immer mit Klamotten von ZARA. Da gibt's zwar echt geile Sachen, aber die hat dann gefühlt jede zweite Frau an, und das will niemand. Jede von uns will besonders sein.)

— Ein perfektes Outfit ist wie ein Besuch beim Schönheitschirurgen. Wenn du es anhast, sieht deine Figur besser aus als vorher.

— Falls das Outfit nicht ganz neu und ungetragen ist, darf es auf keinen Fall Flecken haben, muss frisch gewaschen und gebügelt sein.

Wie Männer sich einen Mädelsabend vorstellen

* Es wird nur über Frauenthemen geredet wie Diäten, Mode und Make-up.

* Wir kämmen uns gegenseitig die Haare und lesen uns Geschichten vor.

* Wir schauen Liebesfilme und sehen dabei megafeminin aus.
* Wir kuscheln uns ins Bett und machen Kissenschlacht.
* Wir verstehen uns super, sind total süß und friedlich.
* Alle umarmen sich und haben sich lieb.
* Ruhig, classy und mit wenig Alkohol – wenn überhaupt, dann nur ein Gläschen Prosecco oder Vino.
* Wir essen kleine Häppchen, was süße Frauen halt nun mal essen.
* Einhörner springen durch die Gegend.

Wie ein Mädelsabend wirklich ist

* In 90 Prozent der Gespräche geht es um Männer.
* Wir sammeln Ideen, wo wir an diesem Abend gute Männer finden könnten: Wo sind die Top-Männer heute unterwegs?
* Wir updaten uns über unsere aktuellen Typen und analysieren die Vergangenheit, Gegenwart und Zukunft mit diesen Männern oder in der Beziehung.
* Wir schauen uns zusammen die Profile der Neuen unserer Exfreunde an.
* Wir schmieden Pläne, um den Typen zu bekommen, den wir haben wollen.
* 5 Prozent der Zeit geht für das Lästern über ehemalige Freundinnen drauf, die auf der Blacklist stehen.
* 5 Prozent fürs Bildermachen, um den Männern zu zeigen, wie viel Spaß ein Mädelsabend macht.
* Wir betrinken uns mit Shot-Runden, um endlich abzuschalten und nicht mehr so viel zu hirnen. Und um endlich anzufangen, über unsere echten Gefühle zu sprechen.
* Wir weinen, weil die angestauten und unterdrückten Emotionen auf einmal rauskommen.
* Im Club oder Restaurant suchen wir nach Männern, tun dabei aber so, als würden wir auf keinen Fall eine Beziehung wollen.
* Wir posten Storys und checken alle drei Minuten, ob gute Typen draufklicken und reagieren.

»Storys« für Instagram und Facebook sind ein sehr wichtiges Tool für einen perfekten Mädelsabend! Das darf auf gar keinen Fall unterschätzt werden. Jede Story muss mehrere Kriterien erfüllen.

Alle Beteiligten, die auf den Storys zu sehen sind, müssen gut aussehen. Dasselbe gilt auch für Bilder und Filter. Bearbeitest du dich selbst auf einem Gruppenbild, musst du alle anderen Mädels auch bearbeiten, sonst ist das egoistisch.

Bevor du eine Story postest, musst du erst mal die Mädels fragen, ob es okay ist. Es gibt nämlich manchmal Mädels, die nicht wollen, dass man weiß, wo sie gerade sind. Vielleicht haben sie anderen Freundinnen gesagt, dass sie zu Hause bleiben, und dürfen deshalb nicht gesehen werden. Manche deiner Freundinnen sind vielleicht frisch getrennt und wollen nicht, dass der Exfreund erfährt, dass, wo und mit wem sie unterwegs sind. Manche frisch getrennten Mädels wollen hingegen posten, damit der Ex auf jeden Fall sieht, dass sie unterwegs sind. Hier ist Feingefühl gefragt. Falls du die Situation nicht einschätzen kannst, musst du fragen. Es gibt auch lästige Typen und Stalker, die sehen wollen, wo ihr euch aufhaltet, und dann aus dem Nichts einfach dazukommen. Man muss sich also gut überlegen, ob man den Ort markiert, an dem man sich aufhält.

Ein perfekter Mädelsabend sollte klar durchstrukturiert und geplant sein. Zu jedem guten Plan gehören klare Ziele! Und die sollten wir uns vor dem Mädelsabend setzen.

TO-DO-LISTE FÜR EINEN PERFEKTEN MÄDELSABEND

○ Einen guten Mann kennenlernen

○ Genug gute Storys posten und viele Reaktionen darauf erhalten

○ Ein PERFEKTES Bild für Insta hinbekommen

○ Zufällig den Ex treffen und ihm zeigen, was er verpasst

○ Mindestens zehnmal angesprochen werden und mindestens neunmal eine Abfuhr erteilen, um sich rarzumachen und den eigenen Marktwert zu steigern

○ Einen Mann finden, der den ganzen Abend sponsern wird → Selbst so wenig Geld wie möglich ausgeben

○ Vor 3 Uhr zu Hause sein (danach passiert eh nichts Gutes mehr)

Wie ein Mädelsabend meistens endet

* Eines der Mädels ist so besoffen, dass sie mit einem Typen verschwindet. Am Ende heißt es dann immer: »Ihr seid daran schuld, dass ich mit ihm mitgegangen bin. Ihr hättet auf mich aufpassen sollen.« Und das, obwohl wir 100-mal versucht haben, sie von dem Typen loszubekommen.

* Es gibt IMMER Probleme mit dem Nachhausefahren, weil die, die fahren und nichts trinken wollte, am Ende die Besoffenste von allen ist und nicht mehr fahren kann. Also müssen wir alle ein Taxi nehmen und ihr Auto irgendwo stehen lassen. Wenn die Fahrerin nicht getrunken hat, gibt es aber auch Probleme. Die Fahrerin fragt dann nämlich jede Stunde, wann wir nach Hause fahren, weil sie das alles nüchtern nicht erträgt.

* In 99,9 Prozent der Fälle trifft keine ihren Traummann. Die meisten Männer in den Stammclubs kennt man, oder eines unserer

Mädels hatte schon mal was mit ihm. Deshalb ein Tabu. Von den paar Männern, die man noch nicht kennt, sind 40 Prozent angeberische Blender (das sind die, die wir für unsere Gratisgetränke ausnutzen), 50 Prozent stehen entweder nicht auf Frauen oder sind nicht unser Geschmack und die letzten 10 Prozent sind wirklich interessante Männer, aber die müssen sich alle Frauen teilen. Die wirklich gute Beute ist leider schon sehr früh am Abend weg.

* Beim Nachhausekommen schaue ich mich im Spiegel an und denke mir: *WOW. Wie zur Hölle sehe ich bitte aus?* Ich habe Augen wie ein Panda, meine Haare sehen aus, als hätte ich gerade sehr viel Spaß gehabt ... Mein Make-up ist einfach nicht mehr existent und erst mein Outfit ... Der Unterschied zum Anfang des Abends könnte nicht extremer sein. Ich sehe aus wie der Professor aus *Haus des Geldes* in der Szene auf dem Schrottplatz.

* Wenn man ins Bett fällt, merkt man, dass man ganz allein ist. Allein im Bett nach sieben Wodka Red Bull ist nie eine gute Idee. Je nachdem, wie viel Akku du noch hast, scrollst du durch deine Kontakte und stoppst bei deinem Exfreund, um ihn anzurufen oder über Whatsapp zu terrorisieren.

Der Tag danach

Der nächste Tag ist genau der Grund, warum ich mittlerweile acht Stunden lang überlege, ob ich überhaupt ausgehen möchte. Der Tag nach einem Mädelsabend im Club ist NIE einfach. Du wachst mit den schlimmsten Kopfschmerzen aller Zeiten auf und traust dich nicht, dein Handy aufzuladen, weil du nach zehn Sekunden realisieren würdest, dass du am Vorabend wieder rückfällig geworden bist und deinen Exfreund zugetextet hast. Den Exfreund, der eh nie darauf reagiert, wenn du ihn zutextest. Dann rufst du in den meisten Fällen eines der Mädels an, die dabei waren, und fängst an, mit ihr über die peinlichen Sachen zu reden, die passiert sind. Du erzählst ihr, dass du deinen Exfreund zugetextet hast, und sie erzählt dir, dass sie dasselbe mit ihrem Exfreund getan hat. Es entstehen immer dieselben Konfliktsituationen, wenn du besoffen bist. Und die müssen am nächsten Tag geklärt werden. Es gibt zum Beispiel immer diese eine Freundin, auf die man sauer ist, weil sie sich fünf Minuten zu lang mit deinem Exfreund unterhalten und ihm dabei viel zu lange in die Augen geschaut hat. Genau diese Dinge müssen nachträglich angesprochen und zwingend ausdiskutiert werden. Das Schlimmste am nächsten Tag ist allerdings der Moment, in dem du dich traust, in den Spiegel zu schauen. Und in deinem Kopf spielen sie auf einmal »Junge« von den Ärzten.

Junge – und wie du wieder aussiehst!

Löcher in der Hose und ständig dieser Lärm.

Was sollen die Nachbarn sagen?

Und dann noch deine Haare, da fehlen mir die Worte.

Musst du die denn färben?

Was sollen die Nachbarn sagen?

Nie kommst du nach Hause, wir wissen nicht mehr weiter.

Und zum Schluss kommt der Gedanke, der immer nach einer harten Partynacht aufkommt: *Ich gehe NIE WIEDER mit den Mädels feiern.*

Eine Woche später dann, am Freitag, ruft eine gute Freundin an und fragt dich voller Hoffnung:

»Schatz, was hast du heute Abend vor? Heute gibt es eine megagute Party! Genau dein Musikgeschmack.«

Speziell für diesen Fall gibt es am Handy eine Taste:

KAPITEL 6

WAS ZIEHE ICH EIGENTLICH AN?

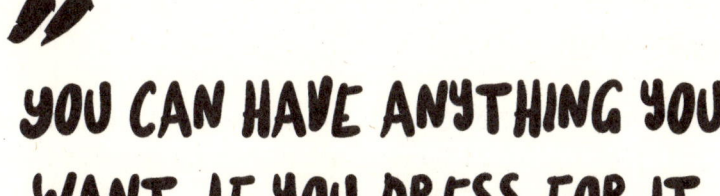

YOU CAN HAVE ANYTHING YOU WANT. IF YOU DRESS FOR IT.

EDITH HEAD

Jedes Mal, wenn bei einer Freundin von mir ein Date bevorsteht, herrscht ALARMSTUFE ROT. Was bei uns Frauen kurz vor einem Date los ist und was für Gedanken wir uns machen, das ist der absolute Wahnsinn! Das können sich Männer gar nicht vorstellen. Frauen verbringen vor einem ersten Date mehr Zeit vor dem Spiegel als Männer an ihrem Hochzeitstag.

Ich meine, abgesehen von der emotionalen Achterbahn, in der wir uns befinden, sind wir auch total im Stress vor lauter Entscheidungen, die wir treffen müssen. *Wo soll ich mich am besten mit ihm treffen? Was zieh ich bloß an?* Das Klischee stimmt leider voll. Die Klamottenfrage ist eine der ersten, die wir Frauen uns vor einem Date stellen.

Zum Glück gibt es Mädels-Whatsapp-Gruppen! Was wäre ein Date ohne die unzähligen Sprachnachrichten vorher in der Mädelsgruppe? Die Freundinnen einer Frau verfolgen sie bis zu ihrem ersten Date wie NASA-Ingenieure in der Kommandozentrale die Rakete beim Abflug.

10, 9, 8, 7 … 1 – hurra! Sie ist zu dem Typen rein in die Bar!

Frauen halten zu der Frau, die gerade bei dem Date ist, immer Kontakt per Whatsapp – genau wie die NASA-Ingenieure zu den Astronauten im Weltall.

»Negah, bitte kommen! Negah?! Negah! Oh nein!! Wir haben Negah verloren!!! Der Typ ist ein Serienkiller!!!«

Neben der Klärung der beiden zentralen Fragen »Wo soll ich mich bloß mit ihm treffen?« und »Was soll ich eigentlich anziehen?« stehen außerdem dringend Besuche beim Friseur und der Kosmetikerin an sowie eine ausgiebige Körperenthaarung – obwohl wir eigentlich AUF GAR KEINEN FALL vorhaben, uns beim ersten Date schon zu entkleiden. Die Frage, was wäre, wenn wir in der Location zufällig jemand Bekannten treffen, bereitet uns Kopfzerbrechen. Wir überdenken stundenlang, wie das Date genau ablaufen wird. Gehen alle Details durch und malen uns den kompletten Abend im Kopf aus. Und das alles noch bevor grundsätzlich klar ist, ob der Typ überhaupt Ehemannpotenzial hat! So viel Aufwand bei null Garantie.

FRAUEN VOR DEM DATE
Mindestens fünf Tage vorher:

- Friseurtermin
- Kosmetik
- Botox
- Nagelstudio anrufen
- Termin zum Waxing
- Klamotten shoppen

- Neuen Lippenstift besorgen
- Unterwäsche bestellen und wieder zurückschicken
- Diät
- Thai-Massage
- Hochzeitsring aussuchen

Dabei könnte doch alles so simpel sein, oder? Aber wenn wir Frauen eine Sache lieben, dann ist es: aus etwas Einfachem etwas furchtbar Kompliziertes machen. Einfach würde uns keinen Spaß machen. Das wäre todlangweilig und hätte null Kick.

Wenn Männer zu einem Date gehen, ist es supereinfach: Die ziehen sich 15 Minuten vorher an, im besten Fall rasieren sie sich noch, dann ein bisschen Parfüm und Haargel drauf – das war's! Ready to go.

MÄNNER VOR DEM DATE
15 Minuten vorher:

- Rasieren
- Haare gelen
- Frische Sachen anziehen
- Deo oder Eau de Toilette benutzen

Wenn ich so darüber nachdenke, braucht sich die Männerwelt nicht zu beschweren, dass viele Frauen noch darauf bestehen, dass er die Rechnung übernimmt und sie einlädt. »Wir sind doch im 21. Jahrhundert, in dem Frauen selbstständig und emanzipiert leben. Warum sollen wir denn noch beim ersten Date bezahlen?« – Theoretisch haben die lieben Männer damit ja recht. Praktisch jedoch ist es so, dass wir eigentlich auf eine Geld-zurück-Garantie bestehen müssen. Für alle Dates, die in einem Reinfall enden. Bei allem, was wir im Vorhinein leisten und investieren! All die Ausgaben, vergossenen Tränen und Gefühlsekstasen! Den Gang zum Friseur, die Komplettentfernung jeglicher Körperbehaarung ... all das haben wir für ihn vorinvestiert, jetzt muss er diesen »Kredit« mit den Rechnungen, die im Laufe des Dates entstehen, ausgleichen. »Der Haarschnitt war nicht günstig, deswegen noch eine Runde Hummer bitte, dann sind wir quitt.«

Egal wen, was oder warum wir daten, es gibt Hürden und Phasen, durch die jede Frau vor, während und nach dem Date durch muss.

Meine Freundin Julia und der Fashionzwerg

Julias Puls ist auf 380. Sie ist extrem aufgeregt, denn sie trifft sich bald mit einem neuen Typen. Warum ich weiß, dass sie sehr nervös deswegen ist? Weil sie es uns in der Mädels-Whatsapp-Gruppe mit einer 7,5 Minuten langen Sprachnachricht selbst gesagt hat. In der darauffolgenden Sprachnachricht, die dann 11,5 Minuten ging (und das nur, weil sie einen Anruf bekommen hat – ansonsten wäre sie wahrscheinlich bei mindestens 20 Minuten gelandet), hat sie uns explizit darüber aufgeklärt, wer der Typ ist. Er heißt Jonas. Ich habe ihn »Fashionzwerg« getauft. Er ist nämlich sehr klein, jedoch extrem modisch gekleidet. Wir Frauen brauchen immer einen Decknamen, um uns auch in der Öffentlichkeit wie gewohnt laut, frei und »entspannt« über die Beute austauschen zu können. Da sich nach ein paar Gesprächen mit unseren Mädels der Deckname bereits so in unser Gehirn eingebrannt hat, kann es schon mal passieren, dass er uns dann beim Date aus Versehen vor ihm rausrutscht. Ooooops! Und sind wir mal ehrlich: Bei der Auswahl der Spitznamen zeigen wir uns manchmal nicht unbedingt von unserer nettesten Seite …

Zurück zu Julia … Sie hat Fashionzwerg am vergangenen Freitagabend in einem Club kennengelernt. Da sie 3 Promille hatte, ist sie
sich nicht sicher, ob er wirklich eine gute Partie ist und zu ihr passt.
Julia studiert Jura und legt extrem viel Wert auf Mode. Sie ist zielstrebig und hat ALLES im Griff. Alles außer der Männerwelt! Sie war
jahrelang in einer Beziehung und ist nun seit zwei Jahren Single. Daher bildet sie sich ein, dass sie vollkommen aus dem Dating-Game
raus ist, weil sie so lange nicht auf dem Markt war. Fashionzwerg
und Julia haben sich für den kommenden Mittwoch verabredet, wir
haben Sonntag. Sie erzählt mir ausführlich, wie sie sich kennengelernt haben. Denn Frauen, nachdem sie im Club zufällig einen
heißen Typen kennengelernt haben, sind wie Fußballer nach einem
wichtigen Spiel: Sie geben dir eine Pressekonferenz. »Das war heute
nicht meine beste Leistung, ich hätte mich noch besser vorbereiten
müssen.« Eigentlich wäre es ganz einfach zu erzählen: Es geht ja nur
um einen kurzen Moment, in dem er sie angesprochen hat. Aber
NEIN! Wir Frauen erzählen erst mal die KOMPLETTE STORY, wie
es zu diesem EINEN Moment kam. Dabei schmücken wir unsere
Erzählungen gerne aus, um aus einem 08/15-Kennenlernen in einem zweitklassigen Club einen unvergleichlich genialen und einzig-
artigen, besonderen Moment zu machen. SCHICKSAL …

Julias Story: Sie wollte an diesem Abend eigentlich überhaupt nicht
ausgehen und hatte sich auf einen gemütlichen Freitagabend auf der
Couch mit Netflix gefreut.

Die Wahrheit: Julia ist immer die Erste, die Bock hat, wegzugehen, und motiviert alle anderen, mitzukommen.

Julias Story: Sie war an diesem Abend angeblich nicht auf der Suche und wollte einen »lustigen Mädelsabend« machen.

Die Wahrheit: Kann nicht sein. Immer, wenn Julia aus ist, ist sie aktiv auf Männerjagd.

Julias Story: Sie erzählt, dass sie an diesem Abend nichts Tolles anhatte. Ihr Outfit und Styling waren totaaaaal casual. Eigentlich sah sie also gar nicht besonders gut aus. Trotzdem ist sie ihm zwischen all den aufgestylten Mädels ins Auge gestochen und er konnte einfach nicht anders, als sie anzusprechen.

Die Wahrheit: Julia macht sich IMMER Gedanken darüber, wie sie aussieht. Sie verlässt nicht mal zum Müllrausbringen ungeschminkt die Wohnung. Ihr Motto ist: Kleide dich immer so, als würdest du an diesem Tag der Liebe deines Lebens begegnen. Wobei ich mir nur schwer vorstellen kann, dass sich schon mal jemand auf dem Weg zu den Müllcontainern verliebt hat. Als ob sich je ein Mann gedacht hat: »Und als sie dann die pralle, stinkende Plastiktüte in die Tonne warf, da wusste ich ... sie ist die Richtige.«

Julias Story: Sie erzählt, dass er eigentlich auf der anderen Seite des Clubs in einem toten Winkel saß, er sie eigentlich gar nicht hätte sehen können. Aber seine Intuition hat ihn genau in dem Moment zur Bar geleitet, als sie sich dort eine Weißweinschorle bestellen wollte.

Die Wahrheit: Julia hatte Fashionzwerg schon den gesamten Abend im Blick, da er am Nebentisch saß. An der Bar hat sie ihm dann einen heißen Blick zugeworfen, dem kein Mann auf der Welt hätte widerstehen können.

Nachdem sie den 15. Tequila-Shot mit den Girls vernichtet hatte, stürmte sie auf die Tanzfläche, um ihm bei »Single Ladies« von Beyoncé zu präsentieren, dass sie eine selbstbewusste und freie Frau ist. Die natürlich gar kein Problem damit hat, Single zu sein.

Mit diesen Sprachnachrichten war der Austausch über Fashionzwerg natürlich noch lange nicht erledigt. Während ich mir gerade die dritte Sprachnachricht über das exakte Kennenlernen von Zwerg und Schneewittchen Julia anhöre, ruft sie mich auch schon an.

Was Julia sagt:
»Hey Schatzzzzz! Hast du schon abgehört? Wollen wir heute was macheeen?«

Was Julia denkt:
Ich habe gesehen, dass du auf Facebook mit Jonas befreundet bist. Sicherlich hast du Insiderinfos für mich.

Was ich sage:
»Hi Maus! Voll lange nicht gesehen, total gerne! 15 Uhr auf 'nen Kaffee?«

Was ich denke:
Die ruft doch eh nur an, weil sie gesehen hat, dass ich auf Facebook mit Jonas befreundet bin, und ich Infos rausrücken soll.

LIEBE AUF DEN ERSTEN BLICK?

Julia und ich verabreden uns in einem Café. Kaffeetrinken gehen bedeutet bei uns eigentlich, dass wir uns treffen, um über unser Liebesleben zu reden. Wir bringen uns gegenseitig auf den aktuellen Stand bezüglich unserer Männerwelt und nebenbei trinken wir Kaffee. Aus »einem Käffchen« werden sowieso am Ende acht Gläser Weißwein, weil wir merken, dass Koffein allein nicht reicht, um uns das Leben mit unseren zukünftigen Liebhabern auszumalen. Männer trinken Alkohol, um Spaß zu haben. Frauen trinken Alkohol, um oberflächliche Gedanken auszublenden und endlich ungehemmt und frei über ihre wahren Gefühle reden zu können – ohne sich dafür zu schämen. Julia fragt mich natürlich sofort, wie gut und woher ich Jonas kenne. Zur großen Enttäuschung für Julia kenne ich Jonas nicht wirklich gut. Eigentlich nur oberflächlich vom Sehen. Ich weiß, dass er aus ziemlich gutem Haus stammt. Vor ein paar Jahren war ich auf einer Hausparty bei ihm eingeladen. Wichtiger Fakt ist, dass Fashionzwerg kein Draufgänger ist und damals eine feste Freundin hatte und dieser treu war. Außer, dass er ein paar Mal andere Frauen angegafft hat, habe ich nichts Negatives über Jonas zu erzählen. Sie wird daher immer heißer auf ihn. Bei den Infos über Treue, Höflichkeit und seinen anständigen Freundeskreis hört sie schon gar nicht mehr richtig zu. Sie ist bei der Auskunft »aus gutem Haus« hängen geblieben und fragt daher ein paar Mal nach, wie groß genau das Haus war, erkundigt sich nach dem Einrichtungsstil und was denn seine Eltern beruflich machen. Sein Vater ist Pilot, die Mutter eine gefragte Kieferorthopädin. Julia will ihn jetzt unbedingt. Sie versucht, ihre Begeisterung zu unterdrücken, indem sie einen kräftigen Schluck Wein trinkt und sich nebenbei lässig mit einer Hand durch die Haare fährt.

Nach den nun noch dazugewonnenen Erstinformationen ist Julia sich sicher: Das Date mit Fashionzwerg WIRD eindeutig stattfinden. Dann wirkt sie plötzlich abwesend und in Gedanken versunken. Also frage ich nach …

Ich: »Julia, an was denkst'n du grad?«

Julia: »Was soll ich denn am Mittwoch anziehen?«

Ich: »Wo trefft ihr euch überhaupt?«

Julia: »Zum Essen bei dem neuen Italiener an der Hanauer Landstraße. Da, wo du den Besitzer so süß fandest. Dieses Edel-Restaurant, in dem die Trüffelpasta so gut schmeckt und die Tischdecken grau sind. Wo immer diese blöde Lara rumhängt, die ich nicht ausstehen kann, weil sie sich immer an die Männer ranmacht, die ich gut finde. Die ist bestimmt an dem Tag auch da. Okay, wir müssen die Location wechseln!«

Ich: »Geh doch lieber ganz undercover erst mal zu 'Amici', da ist nie jemand, den wir kennen. Und nicht vergessen, das Date ist an einem Mittwoch. Du darfst also auf keinen Fall zu schick angezogen sein.«

Sie: »Ja, du hast recht, aber ich will kein optisches Downgrade und zu sportlich angezogen sein. Er hat mich doch im Club kennengelernt. Gut, dass wir darüber reden. Oh mein Gott, ich muss noch so viel für das Date besorgen. Eine frische Wimperntusche, Glowbooster, ein neues Rouge, eine Haarmaske ... ich muss zum Ganzkörper- und Gesichtswaxing, ins Nagelstudio für Mani- und Pediküre, Zähne frisch bleachen, schöne Unterwäsche von Intimissimi besorgen (obwohl ich mich auf gar keinen Fall ausziehen werde!) und danach noch zur Massage. Vielleicht sollte ich das Date lieber auf nächsten Monat verschieben?«

Ich: »Boah, du übertreibst schon wieder! Du weißt doch noch gar nicht, ob du den Typen gut findest. Gib das Geld lieber für was Sinnvolleres aus. Zum Beispiel für deinen Urlaub mit mir!« Ich zwinkere ihr lächelnd zu. »Mach dir keinen Kopf! Männer stehen doch auf coole, sportliche und entspannte Frauen und er weiß ja schon, wie du beim Feiern aussiehst. Am besten wählst du für euer Date ein Outfit, in dem du ein bisschen aufgestylt bist, aber halt nicht too much. Halt so, als würdest du zum Bummeln in die Stadt gehen. Du weißt schon.«

Julia: »Hmm ... weiß nicht genau. Ich will mich ja auch wohlfühlen. Ach, weißt du was, ich ziehe einfach schwarze Boots an, eine dunkle Jeans und ein sexy Top. Da kann man nichts falsch machen.«

Ich: »Also deine klassische Date-Uniform. Jaaa, das klingt super!«
Ich versuche, so begeistert wie möglich zu klingen.

Eines weiß ich sicher: Julia wird Zigtausende Kleidungsstücke anprobieren, sich von Freundinnen welche leihen und dann extra noch mal shoppen gehen, um schlussendlich doch mit den schwarzen Boots, der dunklen Jeans und einem sexy Top zum Date zu gehen.

Das einzige ungeplante Accessoire, das sie bei ihrem Date mit Fashionzwerg tragen wird, werden ihre dunklen Augenringe sein, weil sie die Nacht zuvor kein Auge zugetan hat vor Aufregung.

KAPITEL 7

PRE-DATE-BATTLE

Grundsätzlich ist es doch jedes Mal dasselbe (auch bei mir!): Der Mann, der mir gefällt, fragt mich nach einem Date. Mein Bauch fängt kurz an zu kribbeln, mein Herz springt für zehn Sekunden in die Höhe. Ich spüre ein Glücksgefühl, weil er zeigt, dass er Interesse an mir hat. Es ist ein wundervoller Zustand. Ich fühle mich schön, bestätigt und begehrt. Am liebsten möchte ich allen diese positive Nachricht mitteilen und fange an, Screenshots von unserem Text- verlauf zu machen, um sie meinen Freundinnen stolz zukommen zu lassen. (Am schlimmsten ist es, wenn wir die Screenshots dann aus Versehen an den Typen selbst verschicken. Ich schätze, nicht nur mir ist diese peinliche Panne schon mal passiert.)

Meine innere Pusherin feuert mich an:

* Negah, du bist die Beste! Deine positive Aura hat nun endlich DEN perfekten Mann angezogen.
* Es war doch klar, dass er früher oder später bei dir landet.
* So ein Mann gehört an deine Seite.
* Euch beiden steht eine wundervolle Zukunft bevor.
* LET'S MAKE AMERICA GREAT AGAIN!
* Das könnte dein Traummann sein! Gib ihm eine Chance. Außer- dem: Was hast du zu verlieren? Selbst wenn es nicht klappt, bist du um eine Erfahrung reicher.
* Jede Begegnung lässt dich reifen und bringt dich ein Stückchen näher zu dir selbst.
* Er kann dich von der Arbeit abholen. Der wird dein Ruhepol sein. Das ist der perfekte Ausgleich für dich.
* Kein Mensch kommt ohne Grund in dein Leben. Das wird eine Bereicherung sein!
* Was dich nicht umbringt, macht dich nur stärker! Überleg mal, auch ein Stalker hat ein Herz. Damit kennst du dich ja auch aus, du bist ja selbst eine Stalkerin, wenn du verliebt bist.
* Er wird dich lieben. Alle Macken an dir wird er akzeptieren. Ge- rade das wird dich für ihn noch reizender machen.
* Mit dem kannst du total bei deinen Freundinnen angeben. Du

kannst eure gemeinsamen Fotos posten und aller Welt zeigen, dass auch du in der Lage bist, eine authentische und gesunde Beziehung zu führen! Venedig, Bali, Südafrika, Malediven …

* Der hat total ehrliche, süße Hundeaugen. Er ist treu, bis dass der Tod euch scheidet.
* Du hast dich so zum Positiven verändert, du hast zu dir selbst gefunden und bist eine unabhängige, selbstständige Frau, die nur noch Menschen mit guter Energie anzieht.
* Die A… sind Geschichte!
* Du wirst so sweet und attraktiv sein, dass er dich sehen und denken wird: Wow, sie ist es – die eine.
* Mit dir wird für ihn alles anders!
* Wenn etwas nicht ganz passt, wird er sich für dich ändern.

Die innere Selbstzerstörerin hält dagegen:

* Negah, du bist doch bekloppt! Deine negative Aura hat schon wieder einen Vollpfosten angezogen.
* Es war doch klar, dass früher oder später wieder so einer bei dir landet.
* So ein Mann gehört NICHT an deine Seite.
* Euch beiden steht der blanke Horror miteinander bevor.
* Das wird ein Desaster!
* LET'S START A WAR!
* Das wird doch bestimmt eh wieder ein Reinfall wie beim letzten Mal.
* Selbst wenn aus euch was werden sollte, trennt ihr euch doch irgendwann sowieso wieder.
* Willst du dir das wirklich antun?
* Wenn du jetzt einen Typen datest, hast du keine Zeit mehr zum Arbeiten.
* Was ist, wenn er sich in dich verliebt, aber du ihn ganz furchtbar findest?
* Du brauchst keine unnötige Klette am Bein!
* Pass bloß auf, er könnte ein Stalker oder Serienkiller sein! Einen

Tod kannst du gerade nicht gebrauchen, das ist jetzt total unpassend.

* Wenn er ein Anständiger sein sollte, wird er eh bald merken, was du für eine Psychobraut bist, und ganz schnell wieder abhauen.
* Er kann dich nicht auf Dauer lieben. Wie soll er jemals all die Macken an dir akzeptieren?
* Guck mal seine Augen an. Die erinnern mich an deinen Exfreund, der dich damals so verarscht hat.
* Du bist ein Arschloch-Magnet!
* Der spielt dir nur was vor. Der hat eine Rolle angenommen.
* Der will dich doch nur ins Bett kriegen. So nach dem Motto: einmal geht!
* Kauf dir lieber Schuhe, die enttäuschen dich nie.

Rundum-Stalking auf ganz hohem Niveau

Würden meine Freundinnen sich in der Arbeit nur ansatzweise so viel Mühe geben wie bei der Recherche vor dem ersten Date, müssten sie sich keine Gedanken mehr um ihre Einkünfte und die nächsten Gehaltserhöhungen machen. Es ist so absurd und doch solch eine wundervolle Begabung, in welcher Geschwindigkeit und wie präzise wir Frauen Details über das begehrte Objekt bekommen. Männer würden sagen: »Normal ist das nicht.« Denn Stalken bedeutet bei uns, dass wir nicht einfach nur sein Facebook-Profil abchecken. Nein! Wir googeln ihn bis ins kleinste Detail, schauen uns die vorhandenen Fotos im Netz so lange an, bis wir daraus auf seine tatsächliche Körpergröße schließen können. Wir recherchieren alle seine Interessen sowie seine exakte Position im Job und am Ende kennen wir sogar seinen aktuellen Kontostand. Wir telefonieren mit Freunden und fragen nach, ob ihn jemand kennt oder irgendwer etwas über ihn wissen könnte. Auf welchen Typ Frau steht er? Wie sehen seine Exfreundinnen aus? Ist er sportlich? Hat er sympathische Freunde? Reist er gerne? Ist er ein Familienmensch? Mag er Hunde? Welche Blutgruppe hat er? Wir sammeln nicht einfach nur jede Info über ihn, wir analysieren auch seine Gefühlswelt anhand von Bildern und Kommentaren.

Ich werde nie vergessen, wie ich vor ein paar Jahren bei einem Städtetrip mit Freunden nach Hamburg einen Typen in einer Bar kennenlernte. Für meinen Geschmack war er ein absoluter Traummann. Er hatte mich sofort in seinen Bann gezogen. Groß, extremst attraktiv, sportlich und gerade Kriminalhauptkommissar geworden. Ich war hin und weg. Und ja, gut, auch ein wenig angeschickert.

Wow, das ist DER Mann aus meinen Träumen, auf den ich immer gewartet habe!

Als ich mich ganz verträumt an seine starke Schulter lehnte, fühlte ich mich wie eine Märchenprinzessin. Als ich dann am nächsten Tag von meinen Freunden die Bilder von uns zugeschickt bekam, wusste ich: romantische Prinzessinnengeschichte aus einem Märchenbuch, ja. Aber ich hatte die Rolle der hässlichen, bösartigen Stiefschwester. Um Gottes willen, wie ich da ausgesehen habe! Themawechsel!!! Zumindest ihn hatte ich annähernd realistisch eingeschätzt und abgespeichert. In meinen Gedanken war er bis dato eine 10/10, auf dem Bild eher eine solide 8/10. Aber hey, wer will nicht eine solide 8/10, wenn doch sonst alles so super passt.

Der letzte Gin Tonic gab meiner Märchengeschichte leider eine dramatische Wendung. Der Zettel mit seiner Handynummer ist mir auf dem Heimweg anscheinend aus der Tasche gefallen. Ich hatte also weder die Nummer noch den Namen meines Traumprinzen. Rein gar nichts. Nur meine vagen Erinnerungen und unendliches Kopfkino, das mir Filme von unserer Hochzeit und unseren zukünftigen Kindern vorspielte.

Nun war ich allein mit meinen starken Gefühlen, die sich über Nacht für diesen wunderschönen, großen, starken Mann aufgebaut hatten. Die sechsstündige Heimreise im ICE nutzte ich, um die Kommissarin in MIR zu wecken. Die Ermittlungstechniken, die ich entdeckte, beweisen, dass eine Frau alles bekommen kann, wenn sie es wirklich will!

Schritt 1: Informationen sammeln

Was weiß ich über ihn? Er hat mir an dem Abend erzählt, dass die gestrige Bar einer seiner Hotspots in Hamburg ist.

Schritt 2: Googeln

Leider ist dieser naheliegende Schritt in meinem Fall keine Option, da mir momentan noch kein Name vorliegt. Außerdem sind Polizisten meistens eh immer undercover unterwegs und haben in der Regel auch keine Social-Media-Accounts mit ihrem bürgerlichen Namen angelegt.

Schritt 3: einfacher Stalking-Einstieg

Gibt es eine Facebook-Seite der Location, in der wir uns kennengelernt haben?

Gibt es Bilder von der Bar mit Besuchern drauf? Wenn ja, ist er dort markiert worden?

Schritt 4: tiefer ins Stalking eintauchen

Die Facebook-Seite der Bar hat 5600 Fans. In diesem Fall gibt es nur zwei Optionen:

→ Option 1: Aufgeben = Traumprinz für immer weg.

→ Option 2: jeden der 5600 Follower prüfen = geringe Chance, ihn zu finden = dranbleiben und die Hoffnung nicht aufgeben.

Option 1: Aufgeben? Niemals! Ich will meine solide 8, ich bekomme meine solide 8. Option 2!!! Danke an dieser Stelle, dass es im ICE Steckdosen gibt. So konnte ich sechs Stunden lang ohne Unterbrechung mein Ziel verfolgen und jeden Einzelnen der 5600 Follower sichten. Nach 3,5 Stunden gab es einen Erfolg. Nummer 3847 kam mir irgendwie bekannt vor. War Paul nicht einer der Jungs, die an diesem Abend mit meinem Traummann unterwegs waren? JACK-POT. Jetzt hatte ich ihn gleich. Meine innere Jukebox fing an, den Song »Tanz der Moleküle« von Mia abzuspielen …

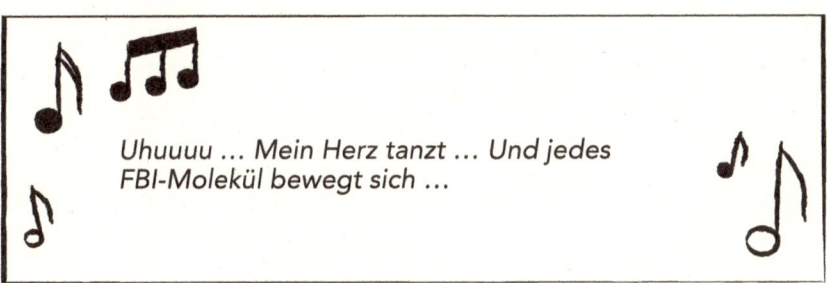

Uhuuuu … Mein Herz tanzt … Und jedes FBI-Molekül bewegt sich …

Auf Pauls Pinnwand konnte ich IHN dann nach zehn Minuten Scrollen entdecken. Die beiden waren vor zwei Jahren zusammen im Urlaub gewesen. MARCELLO, natürlich. Ich wusste es. Ein Italiener. Italien hat mich schon immer in den Bann gezogen. Italienisches Essen, das Land, die Mode. Jetzt war alles klar. Marcello war da. Er war einfach da. Nun konnte das Stalken endlich richtig starten. Die nächsten Tage verbrachte ich damit, Marcello komplett zu durchleuchten. Jedes Detail, jedes Bild, jeden Kommentar, einfach alles. Ohne ihn richtig zu kennen, hätte ich eine kompetente Ghostwriterin für seine Autobiografie sein können. Natürlich nahm ich Kontakt auf. Nachdem ich ihm an dem besagten Abend selbstverständlich nicht meine Nummer gegeben hatte, um unabhängig und distanziert zu wirken, freute er sich über meine Nachricht.

Hier für dich die einzelnen Phasen des Rundum-Stalkings (damit du auch ja nichts Wichtiges vergisst!):

PHASE I: SAMMELN DER ERSTINFOS	PHASE II: INTENSIVERE RECHERCHE
Name Alter Wohnort Beruf Universität → Oberflächliche Informationen	Lifestyle-Analyse: Wo treibt er sich rum? Hotspots? Erste Sichtung der Bilder: Ist er zu selbstverliebt und macht zu viele Bilder von sich allein (NO-GO-Spiegelbilder!)?
Beziehungsstatus: Single/vergeben/Es ist kompliziert?	Einordnung in Grundkategorie »Typ Mann« Whatsapp-Verhalten: Wie oft ist er online? Wie schnell antwortet er? WIE antwortet er? Welchen Geschmack hat er bei Frauen? Wie sieht sein Typ Frau aus? Könnte er ernsthaftes Interesse an mir entwickeln?
Hat er Interesse an mir? Welche Andeutungen hat er bisher gemacht?	Gemeinsame Freunde? Freundes-Freunde?
	Stalking-Unterstützung von Freundinnen einfordern!!! Seinen Schreibstil mit Freundinnen ergründen

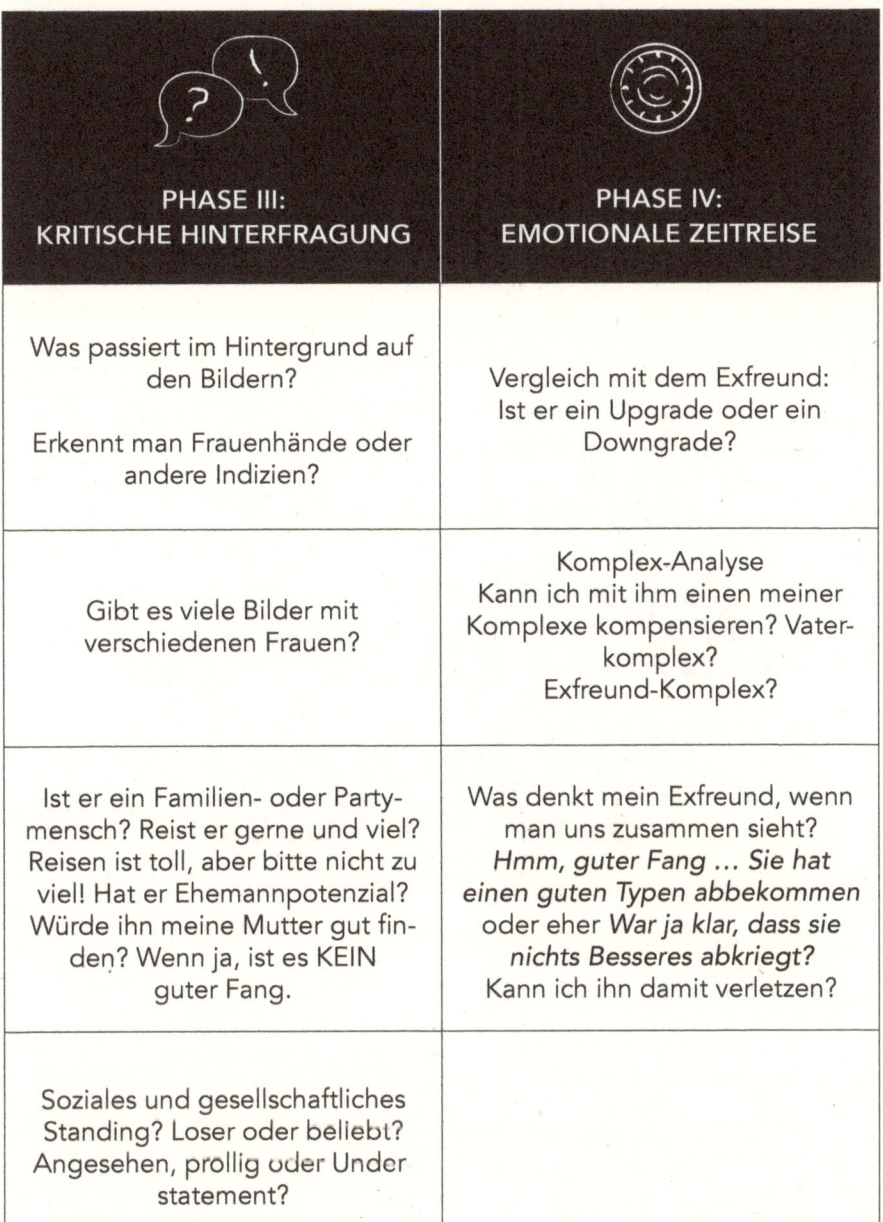

PHASE III: KRITISCHE HINTERFRAGUNG	PHASE IV: EMOTIONALE ZEITREISE
Was passiert im Hintergrund auf den Bildern? Erkennt man Frauenhände oder andere Indizien?	Vergleich mit dem Exfreund: Ist er ein Upgrade oder ein Downgrade?
Gibt es viele Bilder mit verschiedenen Frauen?	Komplex-Analyse Kann ich mit ihm einen meiner Komplexe kompensieren? Vater-komplex? Exfreund-Komplex?
Ist er ein Familien- oder Party-mensch? Reist er gerne und viel? Reisen ist toll, aber bitte nicht zu viel! Hat er Ehemannpotenzial? Würde ihn meine Mutter gut fin-den? Wenn ja, ist es KEIN guter Fang.	Was denkt mein Exfreund, wenn man uns zusammen sieht? *Hmm, guter Fang … Sie hat einen guten Typen abbekommen* oder eher *War ja klar, dass sie nichts Besseres abkriegt?* Kann ich ihn damit verletzen?
Soziales und gesellschaftliches Standing? Loser oder beliebt? Angesehen, prollig oder Under-statement?	

Alle Punkte abgearbeitet? Dann ist es endlich so weit: Das erste Date ist safe. Treffen!

KAPITEL 8

DATE ODER VORSTELLUNGS-GESPRÄCH?

Falls irgendjemand denkt, dass wir uns beim Daten zurücklehnen, einen entspannten Abend erleben und einfach alles auf uns zukommen lassen, kann ich nur sagen: falsch! Jetzt geht es erst richtig los. Alles davor war nur die Generalprobe, nun beginnt die Show! Ladies and gentlemen, let's enjoy die »Date Dilemma« ...

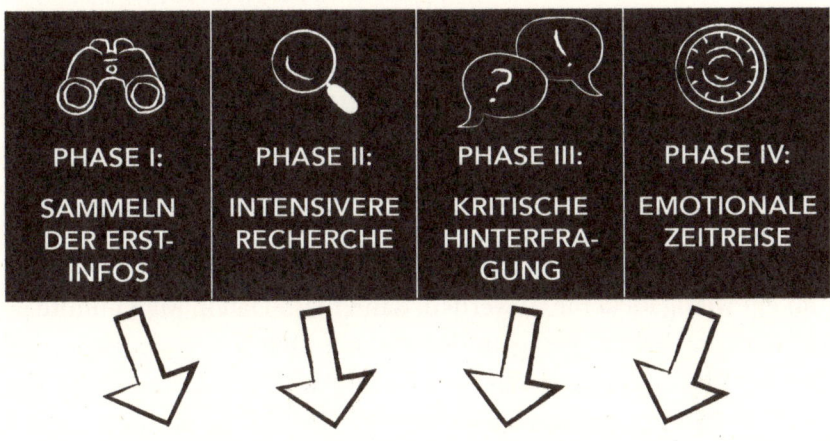

Wenn er diese Phasen bestanden hat ...

... DATE!
(Oder wie es bei uns Frauen heißt: Interviewphase.)

Ist er ehrlich? Haben wir richtig recherchiert?
Gibt es zwischen den Zeilen etwas zu lesen? Körpersprache?
Über die Zeit zwischen 2010 und 2012 habe ich keine Informationen gefunden. Was hat er da gemacht?

FEHLENDE INFOS	**DIESBEZÜGLICHE FRAGEN**
Ich habe drei Exfreundinnen finden können. Sind das alle?	Wie viele Freundinnen hatte er?
Laut Facebook war er bis 2018 in einer Beziehung. Hat er seitdem getindert?	Wie lange ist seine letzte Beziehung her? Warum sind sie nicht mehr zusammen?
	Hatte er seitdem KEINE Frauen am Start? Hat er seitdem getindert?

Ich persönlich trinke seit drei Jahren keinen Alkohol mehr und bin happy damit. Aber wenn ich es in einer Situation empfehlen würde, um ein wenig lockerer zu werden, dann beim Daten. Man könnte ja denken, wir haben genug Informationen über ihn gesammelt und ihn so weit durchschaut, dass er jetzt im Recall angekommen ist. Eigentlich könnten wir total entspannt sein beim Date und den Abend einfach nur ERLEBEN. Aber es ist nicht so einfach, denn sobald wir beim Date ankommen und der Typ vor uns sitzt, sehen wir ihn gar nicht als unser Date, sondern als jemanden, der sich um einen Ausbildungsplatz in unserer Firma beworben hat. Und weißt du, was das allergrößte Problem ist? Egal, was er jetzt sagt – es wird alles aufgezeichnet. RECORD ON. Und zwar in unserem Kopf. Denn wir wollen ja die Daten, die wir gesammelt haben, auch abgleichen. Egal, was unser Date sagt, tut oder anhat – es wird bewertet. Wir Frauen bewerten einfach ALLES. Die innere Pusherin, die vorher so laut war, ist plötzlich sehr ruhig und übergibt das Ruder der inneren Selbstzerstörerin, die ständig nur kritisiert. Die innere Pusherin ist wie diese eine Freundin, die stets sagt: »Egal, was kommt, ich werde IMMER für dich da sein!« Und wenn du sie dann brauchst, ist sie nicht da. Geht einfach nicht ans Telefon und ist nicht zu erreichen. Weg. Das lieb ich ja.

Kommen wir auf die fehlenden Infos und diesbezüglichen Fragen oben zurück.

»Wie lange ist deine letzte Beziehung her? Warum seid ihr nicht mehr zusammen?«

Hier gibt es zwei Optionen:

1. Er sagt, dass seine Ex eine Betrügerin war, ihn schlecht behandelt hat, und zieht über sie her.

→ Und die innere Selbstzerstörerin so:

Was ein Arschloch, er redet nur schlecht über sie. Es wird ja wohl einen Grund haben, warum eine Frau einen Mann betrügt. Entweder er bringt es nicht oder sie wollte sich an ihm rächen. Außerdem, warum lästert er denn über seine Exfreundin? Dann wird er auch irgendwann über mich lästern. Und wenn er schon so emotional über sie spricht, hat er auf jeden Fall noch Gefühle für sie.

2. Er schwärmt über sie und sagt: »Eine ganz tolle Frau, wir haben noch ein super Verhältnis und sind mittlerweile platonische Freunde.«

→ Und die innere Selbstzerstörerin so:

Aha. Dann geh doch mit ihr essen. Warum triffst du dich überhaupt mit anderen Frauen, wenn sie doch so toll war? Heirate sie doch einfach und verschwende nicht meine Zeit. Eine platonische Freundschaft mit deiner Exfreundin? Was kommt denn als Nächstes? Gemeinsamer Skiurlaub mit ihr und ihrer Familie? DEIN ERNST?

Also egal, was der Typ sagt: Er kann eigentlich nur verlieren. Ohne dass wir das wollen.

Ich zum Beispiel bin ein sehr vergesslicher Mensch. Doch was mein erster Freund bei unserem ersten Date über seine Mutter, seine Exfreundin und seine für ihr Alter echt heiße Patentante gesagt hat, kann ich dir inklusive Betonung und Körpersprache exakt wiedergeben.

Übrigens ist der Rekorder für jedes Wort, das in irgendeiner Form für uns Frauen relevant ist, ab diesem Zeitpunkt bis zum Ende der Beziehung NICHT mehr ausgeschaltet. Wir merken uns echt ALLES über den Typen, um für jede Situation eine passende Information entweder für oder gegen ihn zu verwenden. Für uns relevante Themen sind zum Beispiel: Von wann bis wann arbeitet er, mit wem umgibt er sich, wie viele Exfreundinnen hat er, welche davon hat er am meisten geliebt (Gefahr?!), sein beruflicher Werdegang von der Grundschule bis zum Renteneintritt, ist er ein Beziehungsmensch oder eher einer, der sich zum Spaß mit Frauen trifft, wie war er vor mir, kann ich Lügen erkennen, wie kann ich einen Lügendetektor an ihn anschließen, ohne dass er es bemerkt, hat er ein gesundes Verhältnis zu seiner Familie oder ist er genauso kaputt wie ich. Irrelevante Themen wie Autos, Fußball, Technik, Handwerk, Wirtschaft (außer es hat etwas mit seinem Gehalt zu tun, von dem wir selbst profitieren könnten), Sportwetten und andere Hobbys werden sofort in den PAPIERKORB entsorgt. Es sei denn, diese Punkte haben in irgendeiner Form mit einer anderen Frau zu tun.

ICH KRITISIERE NICHT, ICH WILL NUR DEN PERFEKTEN MANN!

Der arme Kerl braucht nur »Hallo!« zu sagen – schon wird er verurteilt. »Welcher Typ sagt denn heute noch *Hallo*!? Ich bin doch keine 80!«

Er sagt: »Na, hast du gut hergefunden?«

Ich denke: *Ja klar, was soll ich denn sonst machen, wenn ich schon nicht von dir abgeholt werde, hm? Bestimmt geizt der wegen Tankgeld!*

Er sagt: »Gut siehst du aus!«

Ich denke: *Das war auch ziemlich teuer, was ich bisher investiert habe in dieses Date! Wenn du heute nicht zahlst, rutsche ich definitiv ins Minus!*

Er schnipst nach der Kellnerin, um für mich ein Getränk zu bestellen.

Ich denke: *Erstens: Wie respektlos verhält der sich bitte gegenüber der Kellnerin? Zweitens: Denkt der, ich kann nicht selbst bestellen, oder was soll das jetzt schon wieder? ICH BIN FEMINISTIN, VERDAMMT!*

Und wie gesagt, der Rekorder nimmt parallel alles auf. Er läuft in unseren Köpfen mit und speichert, was der Typ sagt und macht oder denken könnte. Seine Blicke, die Körpersprache, Mimik, Fingernägel, Zähne, Lächeln, Augen – alles wird genauestens registriert, und als würde das nicht reichen, fangen wir an, Fragen zu stellen. Fragen, die eine potenzielle Beziehung schon da zerstören, wo sie noch nicht mal begonnen hat. Das Krasse ist aber – ich erwähne es nur ungern, aber Mädels, da müssen wir mal ehrlich zu uns selbst sein! Es gibt eine Sorte Männer, bei denen die innere Selbstzerstörerin auf einmal eine GANZ andere Seite zeigt. Als wäre sie schizophren. Ist der Typ zum Beispiel berühmt, extrem reich, superbeliebt bei anderen Frauen? Ein Profifußballer, Starmusiker, erfolgreicher Rapper oder extrem beliebter Schauspieler? Da äußert sich unsere innere Selbstzerstörerin plötzlich ganz anders: *Bahh, seine Fingernägel sind nicht gepflegt. Aber eeeegal, er hat Caaaashhhhhh. Cash Cash, Money Money, Cash Cashhhhhhhhhhh. Cash Cash, Money Money, Cash Cashhhhhhhhhhh …*

Nächste »Zerstörung«: *Seine Zähne sind leicht schief. Aber wenn du nur sein Auto verkaufen würdest, hättest du endlich deine Traumwohnung. TRAUMWOHNUNG, TRAUMWOHNUNG, TRAAAAAUM-WOOOOOHNUUUUNG!*

Und wieder: *Der kann doch keinen geraden Satz bilden, hat einen Sprachfehler und Zuckungen! Aber heeeey, stell dir vor, deine Mädels wissen, dass du mit dem zusammen bist. 5000 Likes sind dir auf deine Insta-Posts SAAAAAFE!!!*

Männer antworten ehrlich

Hast du auch schon mal gemerkt, dass Frauen und Männer bei einem ersten Date einerseits komplett andere Erwartungen haben und andererseits komplett anders denken? Während du dir schon vor dem Date die gemeinsame Hochzeit ausgemalt hast, den Ring an deinem Ringfinger visualisiert und im Universum für euch beide eine Zukunft manifestiert, könnte es gut sein, dass der Mann Folgendes denkt:

* *Titten. Hmmm. Wie es wohl gerade bei der CL steht?*
* *Werde ich sie heute noch knallen können oder ist das schon wieder so 'ne Biedere?*
* *Auf Insta sah die echt noch 'n bisschen besser aus.*
* *Wie viel will sie noch trinken? Das wird ein teurer Abend. So, wie die aussieht, zahlt die doch bestimmt keinen Cent. Ach, vielleicht zahl ich einfach nix und schieb's mal wieder auf die Feminismus-Nummer.*
* *Bisschen zu viel Make-up. Aber einmal geht.*
* *Titteeeeeen.*
* *Bumseeeen. Hihi.*
* *Halt doch mal still, ey ich kann grad so gut in deine Bluse reinschauen. Titten. Juhuuu.*
* *Warum reden Frauen eigentlich so viel?*
* *Hübsch ist sie ja. Aber bestimmt wieder so 'ne Komplizierte.*
* *Arsch und Titten.*
* *Ich hab Hunger. Wann kommt der Kellner jetzt endlich? Ich will FLEISCH, wenn ich ihr schon nicht an die Wäsche darf.*
* *Ich will jetzt die Ergebnisse der CL checken.*

Was der Typ irgendwann mittendrin während des gemeinsamen Abends sagt: »Ich muss mal kurz meiner Mutter schreiben. Die hat heute Namenstag und ich hab sie bisher noch nicht erreicht. «

Was der Typ denkt: *Schnell die Ergebnisse der Champions League checken. Ja, Maaaann, Arsenal forever.*

Also ...

> ## WAHNSINN IST, IMMER WIEDER DAS GLEICHE ZU TUN UND ANDERE ERGEBNISSE ZU ERWARTEN.
>
> ALBERT EINSTEIN

Warum bewerten wir vor dem ersten Date so viel und wieso sind wir während des Dates so kritisch? Ganz einfach: Wir wollen Sicherheit, Schutz aufbauen vor Schmerz, Enttäuschungen vermeiden, und das Ganze entsteht allein durch schlechte Erfahrungen. Wir wollen die Garantie, dass wir ab jetzt keine Zeit mehr verlieren und nie wieder in die Tonne greifen. Also nicht so wie bei unseren Exfreunden. Aber mal Realtalk unter uns: Durch dieses Schema ziehen wir doch eigentlich nur wieder ebenso Negatives an. Wenn wir immer so weitermachen wie bisher, wird sich auch nie etwas ändern. Um neue, bessere Erfahrungen zu machen, müssen auch wir einen anderen Schritt gehen und einfach mal versuchen, unseren Ballast zu Hause zu lassen und nicht mit zu dem neuen Date zu nehmen. Wer beim ersten Date schon nach Fehlern sucht, wird garantiert auch welche finden.

Wenn ich glückliche Paare sehe und sie frage, wie sie sich kennengelernt haben, beobachte ich immer eine Ähnlichkeit: Die meisten big Lovestorys entstehen, wenn sich beide Seiten ohne Erwartungen spontan und tolerant gegenüberstehen. Zerreiße all deine vorbereiteten Seiten und nimm ein leeres, neutrales Blatt Papier für jeden Menschen, der in dein Leben tritt. Super Tipp von einer Frau, die es selbst nicht immer umsetzen kann. Trotzdem, immerhin wissen wir, wie es richtig wäre, und das ist doch schon der erste Schritt.

Die Power von Dating-Affirmationen

Kennst du Affirmationen? Es ist eine erfolgreiche Methode, sich bejahende, ermutigende Sätze zu sagen, um alte Verhaltensmuster loszulassen und das Unterbewusstsein auf neue, positive Gefühle zu trainieren. Mit Affirmationen gibst du deiner inneren Pusherin mehr Raum. Klassische Affirmationen sind folgende:

> *Ich bin selbstbewusst und eine schöne, erfolgreiche Frau.*
> *Ich bin ruhig, gelassen und dankbar für alles, was ich habe.*
> *Ich bin genug.*

Leider gibt es kaum Affirmationen, die sich auf das Dating beziehen. Und hey, Dating ist doch ein großer Part unseres Lebens, oder? Also backe ich uns jetzt ein paar neue, erfrischende Affirmationen, mit denen du dich vielleicht identifizieren kannst und die dir womöglich helfen können. Wiederhole diese Sätze einfach immer und immer wieder – und falls dir weitere einfallen, schick mir die gerne an meinen Instagram-Account!

Negahs Hitliste der Dating-Affirmationen

* Ich lerne den Mann erst mal kennen, bevor ich ihn stalke.
* Ich lasse meine Erwartungen an den perfekten Mann los, denn auf den kann ich noch lange warten.
* Ich nehme Abstand von meinem Stalking-Drang, um die Chance auf echte Liebe zu erhöhen.
* Mein Stalking-Talent ist groß, aber ich lasse meine innere Weisheit das Ruder übernehmen, um das Zielobjekt (Warnsignal: Möööp! Oops, der Mann ist ja gar kein Objekt, sondern ein echtes Lebewesen …) … Also noch mal neu …
* Mein Stalking-Talent ist groß, aber ich lasse meine innere Weisheit das Ruder übernehmen, um den Mann ohne Vorurteile kennenzulernen.
* Mein Exfreund war zwar ein Arsch, aber nicht jeder Mann ist so.
* Es gibt auch gute Männer, wirklich, wirklich, wirklich. WIRKLICH. Ich kenne zwar jetzt noch keinen – sorry, Papa! –, aber es gibt gute Männer.
* Ich lasse meine Vaterkomplexe los, um der Männerwelt eine reale Chance zu geben.
* Ich bin selbst nicht perfekt, warum suche ich dann eigentlich nach dem perfekten Mann?
* Nicht jeder Mann wird mich betrügen. (Mit wem schon? Warum sollte er das auch tun? Ich bin echt nicht so verkehrt.)
* Ich werde es ab heute unterlassen, seinen Facebook-Verlauf bis 2007 zu durchforsten. Sollte ich spontan auf einen Post stoßen, der mir nicht gefällt, werde ich innehalten und die andere Frau auf seinem Bild segnen.
* Es ist nicht schlimm, wenn mein neuer Typ Adriana Lima auf Instagram folgt (auch nicht, wenn ich ihn gerne dafür töten möchte), er wird sie ja sowieso nicht abbekommen.
* Es ist okay, dass mein Exfreund seiner Nachbarin folgt, sie ist eh nicht so heiß wie ich. Glaube ich zumindest. Wurde mir mal gesagt. Zwar von meiner Mama, aber Mama hat immer recht.

* Für jeden Topf gibt es den passenden Deckel, aber solange ich diesen noch nicht gefunden habe, reicht auch erst mal die Frischhaltefolie.

* Auf die Frage meiner Großtante dritten Grades »Wann ist es denn bei dir endlich so weit?« antworte ich ganz gelassen, ruhig und liebevoll. Ich verfluche sie erst, wenn sie mir den Rücken zudreht.

* Ja, meine biologische Uhr tickt, aber ich lasse mich nicht aus der Fassung bringen, bleibe gelassen und lasse zur Not meine Eizellen einfrieren.

* Ein guter Mann ist unterwegs zu mir, ich weiß zwar nicht mit welchem Verkehrsmittel (ICE, Bus, Ferrari oder Opel Corsa), aber es ist mir auch egal. Hauptsache, er kommt langsam mal.

KAPITEL 9

STALKING STATT TALKING

DIE EIFERSUCHT EINER FRAU KANN ZU STARKEM MISS-TRAUEN FÜHREN. DANN VERHÄLT SIE SICH WIE EINE KRIMINALPOLIZISTIN, DIE ZU EINEM TATORT KOMMT. SIE INSPIZIERT SEINE WOHNUNG UND SUCHT NACH HINWEISEN.

Wenn wir Frauen uns so verhalten …

* verwirrt
* passiv
* launisch

oder so tun, als wäre uns alles egal …

Wenn wir mit »Frag doch Jessica!« antworten, wenn er uns nach etwas fragt ...

Wenn er wissen will, was mit uns los ist, und wir sagen: »Ich bin nur müde!«, und dabei sichtbar die Augen verdrehen ...

**... dann kann es sehr gut sein,
dass wir gerade eifersüchtig sind!**

Manchmal frage ich mich wirklich nicht mehr, warum es Männer auf den Keks geht, wenn wir Frauen eifersüchtig sind. Wenn eine Frau extrem eifersüchtig ist, geht das ja sogar so weit, dass sie ihn gleich anruft, wenn er mal fünf Minuten zu spät kommt, und ihm vorwirft, dass die Strecke eigentlich nur drei Minuten dauert und er die restlichen zwei Minuten höchstwahrscheinlich mit einer anderen Frau telefoniert hat. Das grenzt ja schon fast an Psychoterror. Klar, sie hat einfach Angst davor, dass eine andere, noch vollbusigere Frau seine Aufmerksamkeit bekommen haben könnte. Trotzdem nervt es.

Eifersucht entsteht meist nicht direkt am Anfang der Beziehung. Sie braucht etwas Zeit, um sich zu entfalten und alles langsam, aber sicher kaputt zu machen. Eine Sache muss man sich merken: Eine Frau ist nie grundlos eifersüchtig. Sie braucht handfeste Gründe, um eifersüchtig zu werden. Na gut, wenn sie keine handfesten Gründe hat, dann sucht sie halt so lange, bis sie welche findet. Du kennst bestimmt den Spruch »Wer sucht, der findet«. Wenn Männer bei Frauen einer extremen Eifersucht vorbeugen wollen, müssen sie aufpassen, welche Informationen sie über sich preisgeben. Besonders in der Anfangsphase, in der jedes Date ein Bewerbungsgespräch ist. Die Frau stellt in der Datingphase keine Frage ohne Grund. Zur Erinnerung: THE RECORD IS ON! Jede Antwort von ihm wird registriert und abgespeichert – und bei Bedarf gegen ihn verwendet. Kein relevantes Wort, das der Mann von sich gibt, wird je vergessen.

Was ein Mann am Anfang der Beziehung niemals ehrlich preisgeben sollte

* Dass er seine Exfreundin betrogen hat. –> Die Frau geht grundsätzlich davon aus, dass ein Mann, der einmal untreu war, immer wieder untreu sein wird.
* Dass er noch regelmäßig mit seiner Exfreundin schreibt und sie sich immer mal wieder bei ihm meldet.
* Dass er eine ganz exzessive Sexvergangenheit hat oder dass er gar keine Sexvergangenheit hat.
* Wie heiß die Frau war, die er vor uns gedatet hat.

Ich weiß von mir selbst, dass ich immer wieder den Fehler mache und genau solche Fragen stelle, mit denen ich auf die eben aufgeführten Antworten abziele. Dabei spreche ich immer wieder zu mir selbst: *Negah, hör auf damit! Diese Infos willst du doch gar nicht haben!* Wenn ich zu viele Infos habe, geht es nie gut aus. Jede Info über seine Vergangenheit kommt immer dann hoch, wenn in mir kurz das Gefühl von Misstrauen aufflammt. Oder auch, wenn ich kurz Vertrauen fasse.

Wenn ich weiß, dass mein Mann mal im Urlaub fremdgegangen ist, und er es tatsächlich schaffen sollte, ohne mich Urlaub zu machen, sieht das in meinen Gedanken so aus:

Die innere Pusherin: *Ach, Negah! Das wird er bei dir niemals machen! Du bist ihm viel wichtiger als seine Exfreundin. Bei dir ist er ganz anders.* Die innere Pusherin hat null Chancen!!!

Die innere Selbstzerstörerin: *Der ist damals seiner Freundin im Urlaub untreu geworden. Warum sollte er es bei dir nicht tun? Hast du mal die Figur von seiner Ex angeschaut? Tausendmal besser als deine, und selbst DIE hat er betrogen. Kontrolliere ihn lieber jede Sekunde, sodass er ja nicht auf dumme Gedanken kommt.*

Entweder liest du das gerade und denkst dir dabei: *Ja, kenn ich. Ich habe genau die gleichen Gedanken,* oder: *Mein Freund allein ohne mich im Urlaub? Spinnt die Alte? Würde ich nie zulassen!*

Ich weiß noch, als mir eine Urlaubsbekanntschaft, bei der ich echt überlegt habe, ihn besser kennenzulernen, ja sogar über eine Beziehung nachgedacht habe, von seiner Vergangenheit erzählt hat. Er war echt so süß naiv, dass er alle Fragen ehrlich beantwortet hat.

Wir haben am Meer gechillt und uns unterhalten.

Ich frage ihn: »Erzähl mal, wie lange warst du mit deiner Ex zusammen?«

Was ich dabei denke: *Ich starte jetzt die Befragung und verhöre dich, ganz ohne dass du es merken wirst. Alles, was du jetzt sagst, kann und wird gegen dich verwendet werden.*

Was er denkt: *Wie lange war ich noch mal mit ihr zusammen? Drei Jahre? Zwei Jahre? Oh Gott, kein Plan.*

Was er sagt: »Circa drei Jahre!«

Was ich denke: *Okay, das heißt schon mal, er kann lange Beziehungen führen.*

Ich frage: »Wer hat Schluss gemacht?« (Bei dieser Frage muss der Mann extrem aufpassen, was er sagt. Sagt er, dass sie Schluss gemacht hat, sind wir abgeturnt und denken uns, dass sie ihn nicht verlassen hätte, wenn er ein wirklich guter Fang wäre. Wenn er aber wiederum sagt, dass er sie verlassen hat, denken wir, dass er uns auch jederzeit verlassen könnte.)

Was er denkt: *Ich habe Schluss gemacht, weil die Beziehung zu eintönig war und ich meine Freiheiten zurückwollte.*

Was er antwortet: »Ich habe Schluss gemacht.«

Was ich denke: *Er hat vergessen, den Grund zu erwähnen.*

Ich frage: »Und wieso?«

Er antwortet: »Weil die Beziehung zu eintönig war und ich meine Freiheiten zurückwollte.«

Ich denke: *Jetzt kommt die klassische Testfrage, um zu prüfen, ob er noch an seiner Ex hängt. In der Phase, in der wir beide uns jetzt befinden, wird er noch die Wahrheit sagen, später nicht mehr. Also nutze ich die Chance!*

Ich frage: »Und, bereust du die Entscheidung?«

Er antwortet: »Nein, wir sind mittlerweile gute Freunde und schreiben ab und zu.«

Ich denke: *Gott, er schreibt noch mit seiner Ex! Ob er ihr auch schon geschrieben hat, während er mit mir am Strand sitzt?*

Dieser große Minuspunkt wird in meinem Kopf gespeichert und später bei Bedarf wieder herausgekramt. Liebe Männer, es ist leider ab diesem Punkt absolut unmöglich, diese Information zu eliminieren. Übrigens, aus uns beiden ist dann doch nichts geworden, weshalb er ruhig weiter mit seiner Exfreundin Kontakt haben kann.

(M)eine Definition von Eifersucht

Wenn ich das Gefühl der Eifersucht in Beziehungen definieren müsste, würde ich folgende Worte wählen: nicht wollen, dass jemand anderes Aufmerksamkeit, Zuneigung oder Liebe von der Person bekommt, die du liebst.

Keine andere Person darf das haben, was dir gehört. Eifersucht ist ein Warnsignal. Ein Warnsignal für eine eventuelle Bedrohung und Gefährdung deiner Beziehung. Es will uns bewusst machen, dass wir unseren Partner verlieren könnten.

Die Person, die eifersüchtig ist oder wird, fühlt sich diesem Gefühl hilflos ausgeliefert. Die Eifersucht kann wie eine Fessel sein, die einen nicht loslässt. Du veränderst dich durch die Eifersucht. Mein allererster Freund hat damals zu mir gesagt:

**»Du warst vor der Beziehung die allercoolste Person
und jetzt bist du einfach nur ein Psycho. Was ist passiert?
Was ist los mit dir?«**

Ich wusste es selbst nicht! Denn ich hatte dieses Gefühl ja vorher nicht gekannt. Warst du schon mal in einer Beziehung eifersüchtig? Dann weißt du, wie frau sich dabei verändert … Bei mir war es in meiner ersten Beziehung am schlimmsten. Moment, in der zweiten war es auch übel. Oh und auch in der dritten, stimmt. Haha, okay, okay … ich bin in Beziehungen ziemlich eifersüchtig! Auch wenn sich das die meisten meiner Freunde nicht vorstellen können, weil ich sonst eine ziemlich entspannte Person bin. Wahrscheinlich ist es sogar das größte Psycho-Ding bei mir, dass ich ab dem Zeitpunkt, wenn ich in einer Beziehung bin, jede andere Frau als eine Gefahr ansehe. Und das, obwohl ich Frauen über alles liebe und es total mag, Komplimente zu geben, und finde, dass wir zusammenhalten sollten, komme, was wolle. Wenn ich aber richtig verliebt bin, wird **jede** andere gute Frau (m)eine Bedrohung! Die Betonung liegt auf **jede**! Die müssen nicht mal superhübsch sein. Ich war in meinem bisherigen Beziehungsleben schon unfassbar eifersüchtig auf … eine Kellnerin, die Frau in der Bäckerei, eine langsame Oma in der Bahn, die keine Zähne hatte …

Nach dem Motto: »Hast du sie gerade angeguckt?«

Soll ich mir auch die Zähne rausnehmen lassen, findest du das geil, du Freak?

Eifersüchtige Frauen sind nicht zurechnungsfähig. Wirklich! Wir stalken erst mal die Exfreundinnen. Auf welche Art Frauen steht er? Auf blonde Schwedinnen? Top. Dann sind schwedische Frauen ab jetzt Feindinnen.

Er steht auf Latinas? Okay, ist abgespeichert. Niemals Urlaub in der Karibik, Südamerika, Spanien und Italien.

Je nachdem, wie hoch unser Eifersuchtspegel ist, sind wir entsprechend angriffslustig. Manche Frauen werden eifersüchtig, wenn er nur andere Frauen auf Instagram anschaut.

Eifersucht bezieht sich aber in vielen Beziehungen nicht nur auf andere Frauen. Wenn die Eifersucht bei einer Frau extrem ausgeprägt ist, kann sie sogar der geliebten Familie und auch Gegenständen gelten. Eigentlich allem, was er mag.

Wie zum Beispiel seiner Spielkonsole.

Wieso verbringt er mehr Zeit mit seiner Spielkonsole als mit mir? Was hat die Spielkonsole, was ich nicht habe? Dann heirate doch die Spielkonsole!

Oder wir sind beim gemeinsamen Filmschauen automatisch eifersüchtig auf die, die ihn zum Lachen bringt. Nach dem Motto: »Wir sind seit zwei Jahren zusammen und du hast in den letzten 90 Minuten mehr gelacht als mit mir in den letzten zwei Jahren. Nur weil sie blond und dickbusig ist. Sag doch einfach, dass du sie geil findest.«

Ich erwähnte es ja bereits: Eifersüchtige Frauen sind echt nicht mehr ganz dicht.

Potenzielle Eifersuchtsgegner

* Mutter oder Schwester (ich habe eine Freundin, die mich täglich anruft, weil sie es nicht verstehen kann, dass sich ihr Freund jeden Tag mit seiner Schwester trifft und deshalb keine Zeit für sie hat)
* Beste Kumpels (besonders die Freunde, die Single sind!)
* Weibliche Kumpelinen
* Exfreundinnen
* ArbeitskollegInnen
* Gegenstände (Auto, Playstation-Controller, Hanteln …)
* Songs (an wen denkst du, wenn du das hörst?)
* Social Media ($$%&/()=+#!!!!!?????!!!)

> **FRAUEN ERKENNEN SOFORT EINDRINGLINGE. SIE HABEN EIN EINGEBAUTES ALARM-ANLAGEN-SYSTEM. FRAUEN ENTLARVEN EINE FRAU MIT HINTERGEDANKEN. DAS IST DIE WEIBLICHE INTUITION.**

Meine Freundin Giulia war hochschwanger. Wie sie selbst sagt, hatte sie ein aufgedunsenes Gesicht, geschwollene Füße und fühlte sich unwohl und fett. Ihr Freund und sie wollten ein Eis essen gehen und standen schon an der Eisdiele. Sie scannte die Location ab und analysierte alle Menschen vor Ort in Millisekunden. Bei der Analyse fiel ihr zunächst nichts Besonderes auf. Doch plötzlich bemerkte sie eine Gefahr. Das Eifersuchtsradar schaltete sich ein, noch bevor die beiden sich überhaupt hingesetzt hatten. Die Gefahrenmeldung bezog sich auf eine Kellnerin. Giulia beschrieb sie mir ganz genau, und zwar mit diesen Worten:

**blutjung, dünn, wunderschön, blond, blauäugig,
zwei Meter lange Beine.**

Das Schlimmste: genau sein Beuteschema! Giulia weiß das, weil er ihr am Anfang der Beziehung, in der Interviewphase, gesagt hat, dass er normalerweise nur blonde Frauen datet. Diese Info holte Giulia also in dieser Situation aus ihrem Archiv. Die gesamte Analysephase fand statt, noch bevor ihr Freund die Kellnerin überhaupt wahrgenommen hatte. Giulia fing also an zu beten, dass die wunderschöne Kellnerin bloß nicht ihren Tisch bedienen sollte. Der liebe Gott war in diesem Moment wohl anderweitig beschäftigt und hat ihre Gebete nicht erhört. Die Kellnerin kam also an ihren Tisch, um die Bestellung aufzunehmen. Giulia versuchte, ihre Eifersucht zu überspielen, indem sie besonders nett zu der Kellnerin war.

Was Giulia dachte: *Von Nahem sieht sie auch noch gut aus!*

Was sie sagte: »Wir hätten gerne einen Walnussbecher und einen Erdbeerbecher!«

Sie wusste beim Erzählen, fünf Jahre später, noch genau, was sie an diesem Tag bestellt hat. Sie hat sogar noch ein Foto davon! Hier:

Natürlich hat sie die Bestellung nur übernommen, damit ihr Freund nicht mit der Kellnerin kommunizieren musste. Dieser nahm die Kellnerin wahr und Giulia merkte ganz deutlich, dass er sie genau eine Sekunde zu lang anstarrte. Auch die Kellnerin schaute ihren Freund eine Sekunde zu lang an.

Ab jetzt war Giulia in ihrem inneren Kampfmodus und konnte keine Sekunde ruhig sitzen.

Was Giulia dachte: *Ich lasse mir nichts anmerken, vielleicht war es ja nur Zufall. Oh Gott, ich hab jetzt gar keine Lust mehr auf ein Eis. Ich bin ja schon FETT. Die Kellnerin schaut mich bestimmt an und denkt sich: Sie sollte wohl lieber einen Obstsalat bestellen statt den Eisbecher mit viel Sahne. Und wahrscheinlich denkt mein Freund sich genau dasselbe. Ich war sogar diejenige, die vorgeschlagen hat, dass wir Eis essen gehen. Ich will einfach nur so schnell wie möglich hier weg.*

Die Kellnerin brachte das Eis und sagte: »Lasst es euch schmecken!«

Was Giulia hörte: *Ich bin heute Abend allein zu Hause; wenn die Dicke nicht da ist, kannst du gern zu mir kommen.*

Was Giulias Freund sagte: »Danke!«

Was Giulia hörte: *Danke, du wunderschöne Göttin, die auf die Erde inkarniert wurde. Du bist schöner als meine hochschwangere Freundin. Hier sind meine Nummer und Adresse, komm du doch heute Abend zu mir.*

Was Giulia dachte: *Die flirten sich an, während ich hier am Tisch sitze und hochschwanger bin. Ich fasse es nicht. Wie schlecht können Menschen sein.*

Was Giulia zu den beiden sagte: »NEHMT EUCH DOCH GLEICH EIN ZIMMER!«

Ihr Freund daraufhin zu ihr: »Hä? Wovon redest du? Du bist echt krankhaft eifersüchtig!«

Giulia stand wütend auf, verließ das Eiscafé und dachte: *Jetzt habe ich die beiden hier allein gelassen und meinen Feind komplett aus dem Sichtfeld verloren. Aber zurückgehen ist keine Option. Dafür bin ich zu stolz.*

Das eigentliche Problem ist doch, dass Eifersucht nur zu 10 Prozent auf wahren Tatsachen beruht und zu 90 Prozent auf reiner Fantasie, also dem Film in unserem Kopfkino.

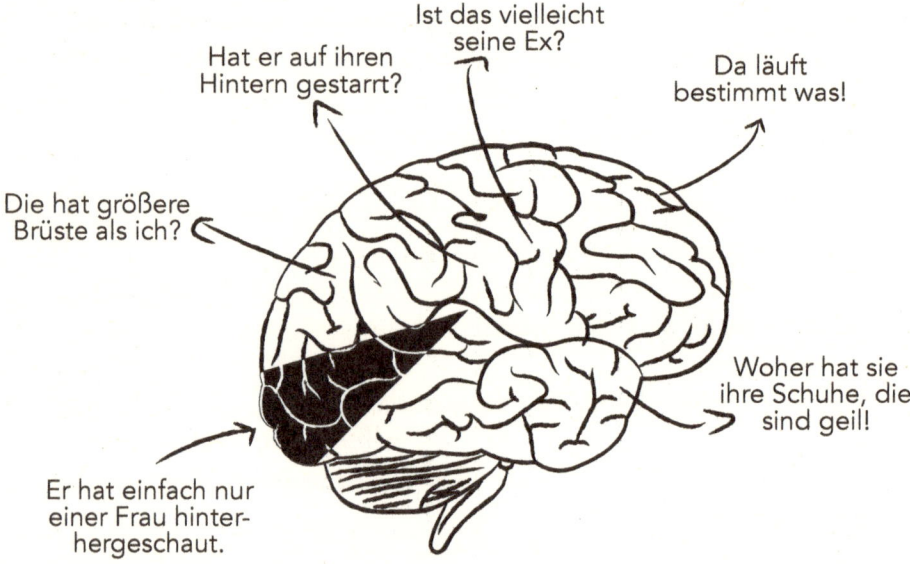

Bei manchen Frauen ist die Eifersucht ein rasend schneller Sportwagen, der von jemandem ohne Fahrerlaubnis gefahren wird.

»An alle Einheiten! ACHTUNG! Schon wieder eine Crazy Bitch auf den Straßen unterwegs!«

Doch was, wenn man mit dem Gefühl richtig liegt? Manchmal ist Eifersucht ja auch berechtigt. Es gibt Sätze, die jede Frau triggern sollten. Hier ein paar Beispiele.

Bei diesen Sätzen ist ein Eifersuchtsausbruch absolut zulässig

»Mit meiner neuen Fitnesstrainerin kann ich mich voll gut unterhalten. Unglaublich, wie viele Gemeinsamkeiten man mit einer Person haben kann.«

»Wollen wir *Wonder Woman* gucken? Der soll echt gut sein!«

»Schatz, ich gehe heute Abend essen. Wir haben ein Teamdinner!« (In dem Team arbeiten außer ihm nur Frauen, er ist der Abteilungsleiter.)

»Oh nein, dort drüben läuft meine Ex vorbei.«

»Schatz, ich verstehe mich mit der neuen Kollegin echt richtig super, die ist so intelligent, professionell und einfach eine coole Person!«

»Ah guck mal, Schatz, der neue Film von Megan Fox.« (Was sie denkt: *Wieso weißt du, dass sie Megan heißt? Für dich sollte sie einfach nur die Schauspielerin aus dem Film sein! Hast du den Film geschaut, auf den Abspann gewartet und sie danach gegoogelt? Du Schwein! Lösch meine Nummer!*)

Die Eifersucht

Die Eifersucht

Eifersucht bezeichnet Gedanken oder Gefühle von Unsicherheit, Angst und Besorgnis über einen relativen Mangel an Besitz oder Sicherheit. Für das zusammengesetzte Substantiv Eifersucht (von indoeuropäisch ai = »Feuer«; althochdeutsch eiver = »das Herbe, Bittere, Erbitterung« und althochdeutsch suht = »Krankheit, Seuche«) existieren Belege erst seit dem 16. Jahrhundert, für das davon abgeleitete Adjektiv eifersüchtig erst seit dem 17. Jahrhundert.

Die armen Frauen vor dem 16. Jahrhundert.
Sie wussten gar nicht, was mit ihnen passiert ...

DIE VIER GESICHTER DER WEIBLICHEN EIFERSUCHT

1. Die Crazy Bitch

Sobald sie bemerkt, dass das Gefühl der Eifersucht in ihr aufsteigt, sieht sie nur noch rot. Eine Beziehung mit ihr zu führen ähnelt einem Stierkampf. Früher oder später wird der Torero daran glauben müssen. Die Crazy Bitch erkennst du daran, dass sie aus dem Nichts fremde Frauen anschreibt und sie fragt:

»Hey, ich habe gesehen, du hast das Bild von meinem Freund gelikt. Woher kennt ihr euch?«

Sie ist gefühlt 24 Stunden am Tag damit beschäftigt, neue Menschen zu finden, die in Kontakt mit ihrem Partner sind. Dann versucht sie, diese Menschen von ihm fernzuhalten. Irgendwann hat der Typ außer ihr kein soziales Umfeld mehr und fragt sich:

Stinke ich oder warum sind alle weg?

2. Die Skeptikerin

Die Skeptikerin sucht immer nach Gründen dafür, dass er sie nicht liebt. Sogar wenn er Adam und sie Eva wäre, würde sie denken, er stellt sich bestimmt vor, wie es wohl wäre, wenn es eine weitere Frau auf Erden gäbe, und das macht sie eifersüchtig. Sie regt sich in ihrer Vorstellung über seine potenzielle Vorstellung auf.

3. Die Verschwörungstheoretikerin

Die Verschwörungstheoretikerin ist davon überzeugt, dass er nur mit ihr zusammen ist, weil er an ihre beste Freundin/Schwester/Cousine/Mutter/Oma ranwill. Sie sieht es anhand der Art und Weise, wie er morgens sein Müsli zu sich nimmt. Sie lebt in einer Matrix, in der jede andere Frau auf der Erde Mrs. Smith ist, die ihr den Freund wegnehmen will. Sie hat eine Telegram-Gruppe eröffnet, um sich mit anderen Betroffenen darüber auszutauschen.

4. Die Wut-Bombe

Für die Wut-Bombe ist jede Frau, die mit ihrem Freund interagiert, das, was für eine Putz-Neurotikerin auf dem Boden liegende Socken sind: pure Provokation. Sie sucht stets nach Gründen, damit sie mal wieder richtig Dampf bei ihm ablassen kann. Merkwürdig ist nur, dass sich diese Frauen wiederum schämen, vor ihm »anderen« Dampf abzulassen. Beispielsweise in Form eines Furzes. Ihn immer dann, wenn er mit anderen Frauen Kontakt hat, zur Sau machen ist okay. Vor ihm eine Sau sein ist nicht okay. Absolutely not ladylike.

PSYCHOTEST EIFERSUCHT

Finde heraus, ob du dich noch im Frühstadium der Eifersucht befindest oder ob deine Eifersucht bereits krankhaft ist.

Welche der folgenden Aussagen treffen auf dich zu?

- ○ Du willst jede Sekunde seinen Standort über Whatsapp wissen: »Und wo genau befindest du dich jetzt?« – »Und jetzt?« – »Jetzt?«
- ○ Du sagst Sachen wie: »Erzähl mir die Geschichte noch mal«, um die Storys abzugleichen und Fehler aufzudecken. (Männer sind nicht gut in Storytelling; falls er was zu verbergen hat, fällt es uns sofort auf.)
- ○ Du führst eine Liste mit Frauen, die mit ihm arbeiten oder sonst mit ihm zu tun haben.
- ○ Du hast mehrere Fake-Accounts. Für jede mögliche Situation einen.
- ○ Du folgst seiner Ex auf Social Media mit einem deiner Fake-Accounts.
- ○ Deine Freundinnen sind wie Spürhunde, die für jede Ermittlung zur Verfügung stehen.
- ○ Bevor er feiern gehen will, muss er ein Prüfverfahren durchlaufen, das krasser ist als der Hartz-IV-Antrag.
- ○ Der Antrag wird jedes Mal abgewiesen.
- ○ Es sei denn, es sind Freundinnen vor Ort, die ihn ausspionieren. In diesem Fall unterstützt du sogar das Feierngehen.
- ○ Wenn er sich besonders zurechtmacht, bist du sauer und denkst dir: Für wen macht er sich denn so schick?
- ○ Du bist sauer, dass er lächelnd das Haus verlässt. Er lächelt ja auch nicht immer, wenn er nach Hause kommt.
- ○ Du stellst dir die Frage: »Warum rasiert er jetzt seinen gesamten Körper?«

○ Er darf sich nicht mit anderen Frauen verstehen, außer mit deinen Mädels. Aber bitte auch nur auf Distanz. Es wäre echt komisch, wenn die telefonieren. Außer vor meinem Geburtstag, vor Weihnachten oder vor dem Heiratsantrag.

ANTWORT

Du hast 1–4 Aussagen bejaht: Du Zuckermaus!

Du hast 5–9 Aussagen bejaht: Perfekt. Die ganz normale Härte.

Du hast 10–13 Stichpunkte bejaht: Welcome to my world, crazy. I feel you. High Five, Psycho-Sis!

Schluss mit der Eifersucht!

Glaub mir, ich kenne das nur zu gut. Erst kürzlich habe ich einen Typen kennengelernt, wir haben uns supergut verstanden und viel geschrieben. Das Problem war nur, dass ich bereits eifersüchtig war, bevor wir überhaupt zusammengekommen sind! Eigentlich schon, bevor wir uns das erste Mal getroffen haben. Ich habe immer wieder auf sein Instagram-Profil geschaut und beobachtet, dass er mehreren Frauen folgt. Nachts stiegen die Zahlen der von ihm abonnierten Frauen schneller, als sich Bakterien vermehren. In meinem irrationalen Eifersuchtsanfall dachte ich mir nur: Wieso folgt er auch noch anderen, wenn er mich doch toll findet?

Aber! Viel zu oft sehen wir Gefahren, wo gar keine sind. Genauso verhält es sich auch mit der Eifersucht. Wenn wir das Gefühl der Eifersucht in uns wahrnehmen, sollten wir unbedingt erst mal reflektieren: Gibt es da wirklich eine ernst zu nehmende Bedrohung oder ist das eher alles Mindfuck? Gib der Crazy Bitch in dir niemals die Schlüssel zu deinem Sportwagen!!!

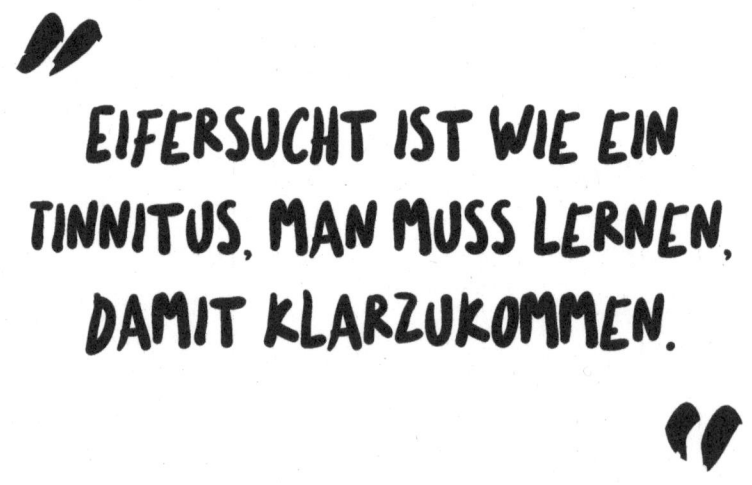

> **EIFERSUCHT IST WIE EIN TINNITUS, MAN MUSS LERNEN, DAMIT KLARZUKOMMEN.**

KAPITEL 10

BEZIEHUNGEN SIND VOLLZEITJOBS

Es ist so weit – du und dein Liebster habt euch gefunden und du darfst dich offiziell als vergeben bezeichnen. Dein potenzieller Mr. Right (oder zukünftiger Ex) hat endlich verstanden, dass er mit dir eine Beziehung führen WILL oder MUSS. Ihr seid jetzt offiziell ein Paar und dein Revier ist markiert. Euer Facebook-Status ist schon auf »in einer Beziehung mit XY« umgestellt. Du nimmst sein Handy (oder wenn er nicht gleich kooperiert, dann wird er eben dazu gezwungen) und schreibst auf seinem Instagram-Account bei Infos ein Herz und deinen Anfangsbuchstaben hin, damit wirklich JEDER sieht, dass er vergeben ist. Hurra, hurra, jetzt geht die Party erst richtig los.

Dein Chef kann sich schon auf mindestens 40 Prozent weniger Arbeitseinsatz gefasst machen. Wenn Frauen frisch in einer Beziehung sind, ist das so, als wären sie in Kurzarbeit. Na ja, frau muss schließlich die Beziehung zum Laufen bringen. Am Anfang einer neuen Beziehung ist es so ähnlich, wie wenn du in ein neues Auto steigst, das erst eingefahren werden muss. Alles ist neu und kostet Zeit und Aufmerksamkeit.

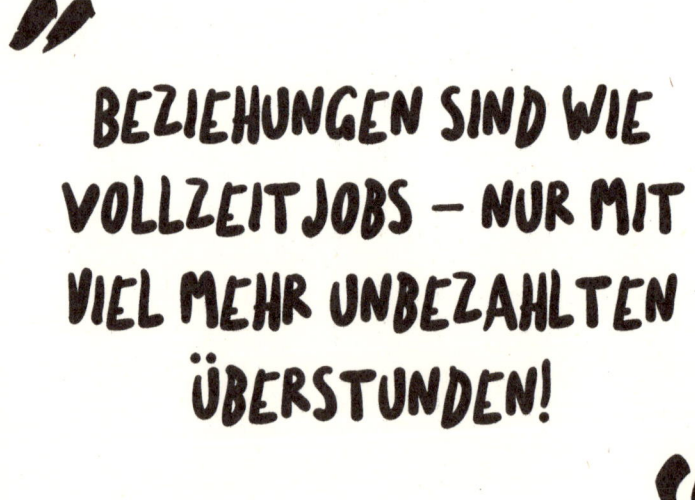

»BEZIEHUNGEN SIND WIE VOLLZEITJOBS – NUR MIT VIEL MEHR UNBEZAHLTEN ÜBERSTUNDEN!«

Ab jetzt legt sich der Schalter um von »Ich weiß nicht, ob das mit uns etwas Ernstes wird« auf »Es ist jetzt ernst!«. Richtig, es wird jetzt E R N S T. Während du vorher noch versucht hast, Ernsthaftigkeit mit einer aufgesetzten Coolness zu vertuschen, bröckelt nun die coole Fassade. Wenn der Typ vor der Beziehung nicht pünktlich geantwortet hat, hast du es ihm noch lächelnd durchgehen lassen. Ihr wart ja schließlich nicht zusammen. Aber nun seid ihr zusammen und alles ist anders. Wenn er dir jetzt nicht antwortet, dann muss er sich dafür rechtfertigen.

Es gibt viele Projekte für dich, die ab sofort erledigt werden müssen.

An erster Stelle: seine Wohnung einrichten (und zwar ohne dass er selbst etwas davon merkt), sodass du dich dort auch wohlfühlst.

Zweitens: seinen Style verändern und an deinen anpassen, damit es auch optisch matcht. Dabei darf ER aber nicht zu gut aussehen, sonst wird er ein noch stärkerer Frauenmagnet.

Drittens: alle seine PIN-Codes rausbekommen, nur für alle Fälle.

Viertens: seinen iCloud-Zugang besorgen, damit du jederzeit seinen Standort checken kannst.

Fünftens: die Einzelverbindungsnachweise auf seiner Handy- oder Telefonrechnung prüfen. Mit wem hat er wann telefoniert?

Sechstens: ALLE darüber informieren, dass du jetzt endlich einen Partner hast. Egal, wer dich etwas fragt, du antwortest immer mit: »Ich bin jetzt in einer Beziehung.« Und grinst breit.

Das ist wie bei schicken Wohnobjekten, die verkauft wurden, wenn die Immobilienmakler draußen dann ein riesiges Schild aufhängen: VERKAUFT!

Deine Freunde:

> Hey, wie geht's dir?

Du:

> Super, denn ich habe einen Freund.

Dein Chef:

> Hat sich Frau Melow wegen des Angebots zurückgemeldet?

Du:

> Leider kein Anruf von Frau Melow, aber andere Neuigkeiten! Ich habe einen Freund.

Ein Fremder auf der Straße fragt dich nach der Uhrzeit. Und du so:

> HEY, hör auf mich anzubaggern! Ich habe nämlich einen Freund.

Sobald einer fragt: »Echt? Wie hast du ihn kennengelernt?«, fängst du an, die Geschichte in ALLEN Details zu erzählen. Die Geschichte beginnt aber nicht damit, dass ihr euch kennengelernt habt, sondern bei eurer Geburt. Wie ihr euer Leben überhaupt parallel leben konntet, ohne voneinander zu wissen, und nun endlich die Erlösung kam, da ihr euch auf physischer Ebene getroffen habt. Die Kennenlernstory wird aufgepimpt bis zum Gehtnichtmehr. Du warst eigentlich gerade gar nicht auf der Suche und plötzlich, an einem ganz besonderen Datum, zum Beispiel am 2.2.2020, da lief ER dir durch Zufall über den Weg. Ihr habt euch aus Versehen angerempelt, ein Engel ist vom Himmel gefallen und hat dir ins Ohr geflüstert: »Das ist er! Er ist der Richtige!« Der Zufall, dass du genau in diesem Augenblick an diesem Ort der Welt warst, war eigentlich gar kein Zufall. Es war Schicksal. Durch verschiedene Bedingungen und Umstände bist du ihm genau an diesem Ort zu dieser Zeit in die Arme gelaufen. Die Wahrheit ist: Die Geschichte ist mit nur einem Wort beschrieben – TINDER!

Ach, die schönste Zeit ist die heilige Anfangsphase einer Beziehung. Wenn du dein Leben noch bedingungslos an das Leben einer anderen Schöpfung der Erde binden möchtest. Doch es gibt einen Haken: Du hast all seine Fehler, die du beim Daten bereits bemerkt hast, natürlich noch in deiner Datenbank gespeichert. Nach und nach landen diese Punkte auf deiner To-do-Liste, die es systematisch abzuarbeiten gilt. In seiner Wohnung hängt zum Beispiel noch das Geschenk seiner Exfreundin. Das wird jetzt erst mal unauffällig runtergeworfen und geht leider kaputt. Als dein Freund nach Hause kommt und danach fragt, wo es ist, fängst du hochdramatisch an zu weinen und schluchzt: »Oh mein Gott, es tut mir so leid, ein Einbrecher kam und hat alles stehen gelassen, nur ausgerechnet das Geschenk deiner Exfreundin, die ich ja sehr respektiere und toleriere, das hat er geklaut!« Dein Freund hat Mitleid mit dir und kauft dir die Story ab. Er ist heilfroh, dass seine Playstation noch da ist! (Er ahnt noch nicht, dass seine Playstation auch schon längst auf der Abschussliste steht.)

HIER EIN KLEINER VORGESCHMACK AUF DIE »WIR SIND FRISCH ZUSAMMEN. WAS JETZT ALLES GEÄNDERT WERDEN MUSS, OHNE DASS ER ES MERKT«-TO-DO-LISTE

○ Die weibliche beste Freundin muss eliminiert werden.

○ Bei seinen Freunden schleimst du dich am Anfang ein und dann werden jene, die dir nicht gefallen, aussortiert.

○ Auf jeden Fall müssen seine Singlefreunde, mit denen er gerne feiern geht oder nach Malle fliegt, weg.

○ Es gilt, sich bei der Familie einzuschleimen, bis seine Mutter dich als die zukünftige Schwiegertochter aufnimmt und die Schwester dich als ihre Lieblingsschwägerin ansieht. Sobald du diesen »Freifahrtschein« in der Handtasche hast, beginnst du die Eliminierung seiner Ursprungsfamilie und zeigst ihm, WER jetzt seine NEUE Familie ist.

○ Die Urlaubsplanung erfolgt rein nach eigenen Interessen – dabei dem Mann aber IMMER das Gefühl geben, er hätte die Entscheidungsmacht.

○ Peu à peu wirst du seinen Style verändern, wie es dir gefällt.

○ Die Junggesellenwohnung wird nach DEINEN Wünschen umgestaltet. Dabei »klein« anfangen: hier ein rosa Kissen, da ein Deko-Engel, neue Bettwäsche (ohne Fußball- oder Hanf-Print!).

○ Die Dartscheibe wird durch ein Foto von euch in einem kitschigen Rahmen ersetzt.

○ Danach sind die finanziellen Ausgaben UMZULEGEN. Ab sofort finden statt Investments in Technik, Werkzeuge und Autos nur noch Investments in wichtige Dinge statt: Beauty-produkte, Schuhe, Schmuck, Kerzen, Teppiche, eine große, gemütliche Couch für gemeinsame romantische Film-abende (vorzugsweise *Liebe braucht keine Ferien oder Wie ein einziger Tag*).

○ Sein Fitnessraum ist in einen begehbaren Kleiderschrank zu verwandeln. Hier gilt ebenso die Regel: In der Ruhe liegt die Kraft. Erst ein paar Schuhe »aus Versehen« vergessen, dann »ganz zufällig« das gesamte Wintersortiment an Pullovern, schließlich trifft auch die Handtaschenauswahl ein. Ganz unerwartet. Irgendwann darf er dann seinen ehemaligen Herzensplatz nicht mehr BETRETEN, für den er extra die größere Wohnung angemietet hat, obwohl die 300 Euro teurer war.

○ Dann heißt es, sein Essverhalten an deines anzupassen!! Er muss natürlich deine Diät mitmachen.

○ Wenn es perfekt läuft: Fehler suchen! Bloß keine Kompromisse.

Manche Beziehungen sind wie Überraschungseier

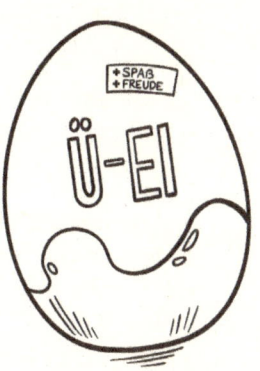

Mein Exfreund Dennis ist einer dieser Männer, bei denen meine Freunde sagen würden: »In den warst du RICHTIG verschossen, da kannst du sagen, was du willst!« Und ja, das gebe ich auch zu. Hast du auch diesen einen Mann gehabt, bei dem du wusstest, für diese Beziehung würdest du alles tun, Hauptsache, es funktioniert?

Dennis war mein Überraschungsei. Der Blick auf die ansprechende, glänzende Folie war vielversprechend. Er wirkte sehr gepflegt und hinterließ einen positiven Eindruck. Er war kein Schönling, aber attraktiv, und er hatte was. Zum Beispiel die Gabe, zuzuhören. Okay, im Nachhinein weiß ich, er hat immer nur so getan, als würde er zuhören, dabei hatte er Kopfhörer drin und hat Musik gehört. Dennis hatte viele Freunde, war beliebt und EXTREM WITZIG! Ich konnte mit ihm stundenlang im Auto sitzen und ununterbrochen lachen. Unser Humor hat gut harmoniert.

Dennis hat meine Freunde kennengelernt und den perfekten Zuhörer gespielt, mit dem ich immer und überall lachen konnte. Die Kennenlernphase war bestanden und so habe ich langsam die Folie vom Überraschungsei entfernt. Da war sie dann – die leckere Schokolade. Also der Anfang einer tollen Beziehung, wie ich dachte. Diese Schokolade schmeckte soooo gut. Zuckersüß und zart schmelzend. Wir hatten viele schöne Dates, sind stundenlang rumgefahren, ohne über die Uhrzeit nachzudenken, und haben ganze Nächte durchgemacht. Damals fand ich es noch nicht komisch, dass wir uns nie bei ihm zu Hause, sondern immer nur im Auto getroffen haben. Körperlich sind wir uns auch nähergekommen und es hat gematcht.

Ich dachte: *Liebes Universum, womit habe ich so viel Glück verdient?*

Dann bekam ich noch mit, dass Dennis MEGAerfolgreich war und sich zielstrebig hochgearbeitet hatte. Ich lernte seine Mitarbeiter kennen, die mit großem Respekt zu ihm aufblickten. Das ist für uns Frauen ein riesiger Pluspunkt, auch wenn wir es nicht gern zugeben wollen. Er hatte ein schönes Büro mitten in Frankfurt und ich war begeistert. WOW, auch noch ein Mann mit Visionen. Also kaum zu übertreffen! Ich genoss die Schokolade des Überraschungseis in vollen Zügen, sie war einfach KÖSTLICH. Ich war im Rausch meiner Gefühle und für mich war absolut klar: Das wird der Vater meiner Kinder! Kleine Macken wie zum Beispiel, dass Dennis manchmal einfach zwei Stunden zu spät kam und abends plötzlich stundenlang nicht geschrieben hat, sind mir in der Schokiphase (noch) nicht aufgefallen.

Tja, was soll ich sagen, irgendwann ist die Schokolade vom Ü-Ei halt aufgegessen – genauso wie die erste Verliebtheitsphase früher oder später leider vorbei ist. Plötzlich siehst du die hässliche gelbe Plastikverpackung darunter. Die Enttäuschung ist groß! Mmmh, dabei hat mich die Schokolade doch so glücklich gemacht … Aber du denkst dir, hm, da ist ja jetzt noch eine kleine Überraschung drin. Auch wenn du absolut keinen Schimmer hast, was genau dich in der kleinen gelben Verpackung erwartet, empfindest du Vorfreude und Hoffnung.

Ab diesem Punkt fing es bei Dennis und mir an zu bröckeln und es ging steil bergab. Es gab immer mehr Tage und Abende, an denen er zu unseren Treffen viel zu spät erschien. Dann kam die Zeit, als er sich plötzlich vier bis fünf Tage nicht gemeldet hat – mit der Erklärung, er sei total erkältet gewesen. Er wurde zunehmend unzuverlässiger und seine Nachrichten immer unbedeutender. Die Mühe, die er sich am Anfang gegeben hatte, wurde ständig weniger. Aus regelmäßigen Treffen an jedem zweiten Tag wurden Verabredungen maximal zweimal pro Woche.

Ich dachte mir nur: Was zur Hölle? Wie kann sich ein Mensch, der am Anfang so einen grandiosen Eindruck gemacht hat, plötzlich so verwandeln? Wo ist die verdammte Schokolade hin??? Ich habe angefangen, Freundinnen anzurufen und über meine plötzlich schwankende Beziehung zu reden. Ich habe gehofft, aufbauende Worte zu bekommen. Statt einfach mal den Tatsachen in die Augen zu blicken und mir genau anzusehen, was sich wirklich in dieser gelben Packung befand.

Irgendwann kam dann der Moment des Erwachens – ein Schock: Mein guter Kumpel Barto rief mich an und nahm mir den Schleier von den Augen.

»Ich muss dir was sagen. Dennis war bis vor Kurzem verheiratet und hat zwei Kinder.«

Als wäre das nicht genug, kam noch raus, dass er ständig mit anderen Frauen Party gemacht und sein Doppelleben mit viel Alkohol und anderen Rauschmitteln zelebriert hat.

Die gelbe Verpackung war also jetzt auf einmal geöffnet und darin lag ein hässliches Spielzeug – in meinem Fall »der wahre Dennis«.

Viel Spaß mit dem hässlichen Spielzeug!

Nachdem ich ihn zur Rede gestellt hatte, rief er mich Tag und Nacht an und kämpfte um mich. Das ist der Moment, wenn das kaputte, hässliche Spielzeug auf Mitleid hofft und am liebsten sogar noch von dir aufgebaut werden möchte.

Das Problem an Überraschungseiern ist, dass du dir – weil du dich ja so weit vorgearbeitet und Zeit sowie Mühe investiert hast – denkst: »Ach, dieses Spielzeug kann ich doch jetzt nicht einfach wegschmeißen!«

Ich war eine verliebte Frau, die immer noch die anfängliche Schokoladenphase im Kopf hatte, und versuchte, mein Spielzeug mit aller Gewalt zusammenzubauen. Schön blöd! Meine Freundinnen bemerkten, dass ich scheiterte, und fragten mich immer wieder: »Was willst du denn mit dem? Du hast etwas so viel Besseres verdient!!« Nur schaffte ich es dann leider sogar, eine noch stärkere Bindung zu ihm aufzubauen, und reagierte auf meine Freunde mit Widerstand. »Der wird sich noch für mich ändern!« oder »Ich bin doch aber total glücklich mit ihm!« waren ganz typische Sätze. Je mehr Widerstand von außen, umso mehr wollte ich ihn festhalten. Dieses Spiel ging etwa drei Jahre so weiter. So lange, bis es keine Beleidigungen mehr gab, die Dennis und ich uns noch nicht an den Kopf geschmissen hatten.

Mittlerweile folgt Dennis mir sogar auf Instagram und kommentiert alle Videos, die ich über meine Exfreunde gedreht habe. Wir haben inzwischen ein freundschaftliches Verhältnis. Denn eines hatte Dennis immer: Humor.

Hattest du auch schon ein Überraschungsei in deinem Leben?

Die Überraschungsei-Beziehung ist nur eine Variante in der weiten Welt der Beziehungstypen. Wenn man sich im eigenen Freundeskreis so umschaut und reflektiert, merkt man, dass es viele verschiedene Varianten gibt. Ich habe dir hier die häufigsten und auffälligsten zusammengestellt.

Die verschiedenen Beziehungstypen

Es gibt viele verschiedene Beziehungstypen bei Frauen und Männern. Nicht jede Beziehung ist gleich, und das macht dieses Thema so interessant. Ich liebe es, meine Umgebung zu beobachten, um zu gucken, in welchen Beziehungen meine Freunde (weiblich und männlich) sich befinden.

WIR-SYNDROM

Ein Syndrom, das alle Außenstehenden in den Wahnsinn treibt. Ich frage mich, was passieren muss, dass man die Ich-Form komplett aus dem Wortschatz entfernt und nur noch im WIR spricht. Die Paare, die am WIR-Syndrom leiden, bilden plötzlich nur noch Sätze wie:

Wir lieben es, zu reisen.
Wir lieben kuschelige Abende auf der Couch.
Wir lieben Partner-Handschuhe, die man sich teilen kann.
Wir lieben Partnerlook-Pyjamas.

Ich frage mich dabei oft, was wohl geschieht, wenn mal ausnahmsweise nicht beide etwas mögen. Wird es dann komplett aus dem Leben gestrichen? Wird es peinlich totgeschwiegen? Machen sie Schluss? Wandert einer der beiden aus? Paare, die nur noch im Wir sprechen, sind auch genau die Paare, die nicht einzeln auf einer Party auftauchen würden und mit der Ausrede absagen:

Liebste Freunde,

WIR haben uns leider sehr stark erkältet. Und solange WIR nicht wieder gesund sind, werden WIR erst mal das Haus nicht mehr verlassen. WIR wünschen euch aber ganz, ganz viel Spaß beim Feiern, ihr Lieben!

Ganz, ganz liebe Grüße von UNS

Jutta und Rudi mit Golden Retriever Bonnie

Zu Weihnachten machen sie, unterm Weihnachtsbaum sitzend und Nikolausmützen tragend, gemeinsam mit ihrem Hund* Fotos mit Selbstauslöser und verschicken sie dann per Whatsapp an ihre »Liebsten«. (Mit den Liebsten ist die gesamte Kontaktliste inklusive Steuerberater Jens Bachmann gemeint.)

MEIN-FREUND-/MEINE-FREUNDIN-SYNDROM

Ich hatte eine Freundin, die anderthalb Jahre gebraucht hat, bis sie mit ihrem Typen zusammengekommen ist. In der ganzen Zeit davor haben wir uns bereits über ihren jetzigen Ehemann Toni unterhalten. Das heißt: JEDES von ihren Mädels wusste nicht nur, wie er heißt, sondern auch, wo er wohnt, was er gerne trinkt und wie groß sein Penis ist. Aus irgendeinem mir wirklich nicht bekannten Grund hat sie ab dem Tag, an dem sie zusammengekommen sind, Toni nie wieder beim Namen genannt, sondern nur noch MEIN FREUND gesagt. Als ob auf einmal niemand mehr wüsste, wer Toni ist. Außerdem zählt ab sofort keine andere Meinung mehr. Nur noch seine. Solche Frauen sind noch eine Stufe schlimmer als jene, die in einer WIR-Beziehung stecken. Denn für sie gelten nur noch die Worte, Interessen und Ansichten von MEINEM FREUND. Gespräche mit diesen Mädels laufen so ab: Also mein FREUUUND kann das ja gar nicht ab. Im Gegensatz zu den WIR-Paaren stellt eine Partnerin mit MEIN-FREUND-Syndrom die Bedürfnisse IHRES FREUNDES immer über ihre eigenen.

Egal, welches Thema aufkommt, sie findet immer einen Bezug zu IHREM FREUND.

»Ach, du magst Tomaten? Also MEIN FREUND hasst Tomaten. Es kann aber an der schwierigen Kindheit liegen, die MEIN FREUND durchstehen musste.«

* Der Hund hat selbstverständlich auch eine Nikolausmütze auf.

»Ob ich heute Abend Zeit habe, um auf deinen Geburtstag zu kommen, auf den ich schon seit einem halben Jahr eingeladen bin? Also, ich weiß nicht, ob das MEINEM FREUND recht wäre.«

Es gibt auch viele Männer, die umgekehrt nur noch von »Meine Frau« sprechen.

Früher hieß es noch: Ich bin ein eigenständiger Mensch, habe eine eigene Meinung, eigene Interessen.

Nach dem Zusammenkommen heißt es nur noch: MEIN FREUND, MEIN FREUND, MEIN FREUND, MEIN FREUND.

MUTTI-/VATI-SYNDROM

Freundinnen mit MUTTI-Syndrom lieben es, ihn zu bemuttern und sich aufzuopfern. Sie tun alles für ihren Herzensmenschen. Wenn so eine Frau Single ist, kommt uns Freundinnen das sehr zugute. Sie ist nämlich für alle Bedürfnisse jederzeit gerne da! Das ist die einzige Freundin, die du auch dann anrufen kannst, wenn du am anderen Ende der Welt festsitzt und nicht weiterweißt. Sie regelt es. Sie regelt einfach alles. Wenn sie in einer Beziehung ist, hat der Typ einen Jackpot. Sie bemuttert ihn und kümmert sich darum, dass es ihrem Jüngling gut geht. Sie holt ihn von der Arbeit ab, packt ihm eine Lunchbox, geht einkaufen, macht seine Wäsche, räumt ihm seine Socken hinterher – und das, ohne (wie andere Frauen) darüber zu meckern. Sie kümmert sich auch um seinen Papierkram, jegliche Freizeitbeschäftigungen plant sie, damit auch das soziale Leben ihres kleinen Prinzen nie auf der Strecke bleibt. Sein Lieblingsbier ist zu jeder Zeit kühl gestellt, und wenn die beiden in den Urlaub fliegen, packt sie seinen Koffer, schon fünf Tage bevor sie ihren eigenen überhaupt aus dem Keller holt. Sie kann ihm oft nicht böse sein, weil bereits bei der kleinsten Diskussion starke Beschützerinstinkte sie einholen. Sie weiß, welche Freunde ihrem kleinen Schützling guttun, und redet immer über ihn, wie ich über meinen kleinen Chihuahua rede, wenn er Husten hat. Alles schön und gut. Aber ich frage mich, ob sie wenigstens im Bett die Rolle der Mutter loslassen kann oder ob … Ach, lassen wir es. Ich will darüber nicht mehr nachdenken …

Das Syndrom existiert auch umgekehrt: Es gibt auch Männer, die väterlich mit ihren Frauen umgehen.

KONTROLLFREAKS

Kontrollfreaks haben IMMER Angst. Angst, betrogen zu werden. Angst, dass nicht alles so läuft, wie sie es sich vorstellen. Sie kontrollieren ALLES. Mit wem geht er aus? Wie lange arbeitet er? Das Herauskriegen des Handy-Codes und Onlinebanking-Zugangs steht für sie an allererster Stelle. Ohne den Handy-Code funktioniert hier rein GAR NICHTS. Sie kontrolliert regelmäßig die Telefonliste. Seinen Whatsapp-Verlauf kennt sie besser als der Typ selbst und ein Einzelverbindungsnachweis ist das BESTE, was einem Kontrollfreak passieren kann. (Wie lange hat er mit welcher Nummer zu welcher Uhrzeit und an welchem Tag telefoniert?) Kreditkartenabrechnungen, E-Mails (auch die geschäftlichen), Essverhalten – alles muss kontrolliert werden. Letzteres, damit er auf gar keinen Fall zunimmt. Die Ortungsdienste sind dauerhaft aktiviert und sie weiß, ohne dass er es weiß, IMMER, wo er ist. Kontrolle ist alles. Der Mann hat hier eigentlich keine Chance, jemals alles richtig zu machen. Denn: Wer sucht, der findet.

ON/OFF ODER »CRAZY IN LOVE«

Dieses Paar (dessen Beziehung auch toxische Hassliebe genannt wird) kann nicht mit und auch nicht ohne einander leben. Deswegen machen sie sich nicht nur ihr eigenes Leben schwer, sondern auch das aller Mitmenschen. Sie lieben sich, sie streiten sich, sie trennen sich und kommen dann wieder zusammen. Nach einem Hoch kommt IMMER ein Tief, sodass alle anderen schon auf dem Höhepunkt des Hochs auf den tiefen Fall warten. Wenn das Tief gekommen ist, kotzen sie sich bei Freunden, Familienmitgliedern und bei der Aldi-Verkäuferin übereinander aus. Sie haben dann sehr, sehr viel Negatives zu berichten. Sobald sich die Versöhnung wieder nähert, wird alles totgeschwiegen oder die Probleme werden kleingeredet. Und plötzlich sind sie erneut vereint und wieder eins. Das Hoch ist zurück. Sie lassen sich überall zusammen sehen und es scheint so, als wäre nie etwas passiert. Sie lieben sich. Aber sie tun sich zu keiner Zeit wirklich gut. Sie saugen sich gegenseitig aus und beide wissen, dass das Tief nicht mehr weit weg ist. Die ON/OFF-Uhr tickt nämlich IMMER.

EXFREUND/-IN MIT IN DIE NEUE BEZIEHUNG EINSCHLEPPEN

Hier sprechen wir von Frauen und Männern, die ihre letzte Beziehung noch lange nicht abgeschlossen haben. Sie kommen oft entweder aus einer toxischen oder aus einer Überraschungsei-Beziehung und wurden meistens tief verletzt. Statt die alte Beziehung erst mal in Ruhe zu verarbeiten, stürzen sie sich aus Angst vor dem Alleinsein Hals über Kopf ins nächste Chaos. Dabei ist es ganz egal, mit welchem Typ Mann (oder Frau) er/sie zusammenkommt. Die neue Beziehung ist so oder so zum Scheitern verurteilt. Jeder Wesenszug, mit dem der Neue (Lückenbüßer) oder die Neue dem Exfreund oder der Exfreundin auch nur ansatzweise ähnelt, führt zu einem negativen Throwback-Moment und triggert einen Ausraster. Es ist, als würden die Expartner auf den Schultern sitzen und jede Situation kommentieren.

Wenn der neue Partner auch nur ein Telefonat annimmt und kurz den Raum verlässt, ist die Frau plötzlich wieder in der Vergangenheit und schließt auf frühere Momente mit ihrem Ex. Der Ex sagt dann mit einem breiten Grinsen: »Weißt du noch, als ich damals immer mit Jessica telefoniert habe und dir gesagt habe, dass meine Mutter am Telefon ist?« Aber auch schöne Momente können ein Trigger sein. Wenn sie zusammen lachen und eigentlich gerade glücklich sind, flüstert die imaginäre Exfreundin ihm ein: »Wir waren so ein schönes Paar und hatten eine wundervolle Zeit miteinander. So schlimm war es doch gar nicht.«

Alles erinnert dann plötzlich wieder an die alte Beziehung. Man kramt im Laptop nach alten Bildern, die in der Cloud gespeichert sind, und hört die alten gemeinsamen Lieder.

Ich frage mich dabei meistens nur: Welche Funktion hat denn eigentlich der neue Partner? Soll er dabei helfen, über den/die Ex hinwegzukommen? Das hat in meinem Umfeld nur in den seltensten Fällen funktioniert.

ABER-SUCHER (SÜCHTIG NACH DRAMA, ACTION, FETZEREI)

Dieser Beziehungstyp ist auch sehr interessant. Solche Frauen und Männer können nicht glauben, dass es jetzt die oder der optimale Partner/-in ist und können ihr Glück nicht fassen. Deshalb suchen sie nach Fehlern. Irgendwo muss doch da der Haken sein. Das sind meist jene, die aus Beziehungen kommen, in denen es Drama ohne Ende gab. Etwa aus toxischen Beziehungen oder türkischen Romanzen. Ihnen fehlen die Action und die Fetzerei. Sie suchen in ihrer eigentlich glücklichen, perfekten Beziehung, auf die JEDER im Freundeskreis neidisch ist, verbissen nach einem Fehler und somit nach dem ewigen ABER. Es ist die persönliche Droge – ohne Drama, Action und Fetzerei geht nichts. Die besten Frauen und Männer versagen hier.

TÜRKISCHE ROMANZE – IM FILM LEBEN
(DRAMA, SCHMERZ, VERSÖHNUNG)

Paare, die in ihrem eigenen Film leben, dramatisieren gern jede Kleinigkeit. Der Mann ist schon fünf Minuten zu spät und sie will sofort die Polizei alarmieren. In ihrem Kopf stellt sie sich vor, wie er angeschossen wurde und gerade im Sterben liegt. Er kommt nach Hause und sie fängt an zu schreien. Sie sagt ihm, wie sehr sie gelitten habe. Der Freund hält verdattert ihre Hand. Er verspricht ihr, sie nie wieder fünf Minuten warten zu lassen. Dieses Pärchen sucht nach Drama und Schmerz. Sie hören gerne schmerzvolle Songs, die von Liebe und Leiden handeln. Das sind auch die Paare, die Hochzeitsfotos auswählen, auf denen sie gerade am Weinen sind. Die laden sie dann auf Facebook hoch und bekommen 100 000 Klicks dafür. Phänomenal! Wenn die Freundin keine Aufmerksamkeit bekommt, holt sie sich die Aufmerksamkeit durch Streit. Du willst keinen Film und keine Serie gucken? Dann landest du eben in meiner Drama-Soap. Und jedes Mal, wenn er denkt, diese Soap ist zu Ende, wird die Soap um eine weitere Staffel verlängert.

AUSSERGEWÖHNLICHE PAARE

Das sind die Paare, die optisch und charakterlich überhaupt nicht zusammenpassen. Beispielsweise ist der Mann 2 Meter groß und die Frau nur 1,50 Meter. Schon allein dadurch fallen sie optisch zusammen auf. Oder es ist der soziale Status. Wenn eine Frau in wohlhabenden Verhältnissen groß geworden ist, kommt sie plötzlich mit einem Mann zusammen, der in sehr bescheidenen und einfachen Verhältnissen aufgewachsen ist. Wenn beide einigermaßen kompromissbereit sind, bleiben diese Paare in der Regel sogar sehr lange glücklich zusammen, gerade weil ihre Kontraste sie sogar noch mehr aneinander binden.

SEID IHR ZWILLINGE?

Es gibt Paare, bei denen man denkt, die müssen Zwillinge sein. Du musst mal darauf achten, das sind diese Momente, wenn du dich fragst: eineiig oder zweieiig? Und dann küssen die beiden sich auf einmal. Es ist ein ziemlich komischer Moment. Ist das echt ein Pärchen? Haben die wirklich Sex miteinander?

Ich frage mich jedes Mal: Wie geil muss man eigentlich sein eigenes Spiegelbild finden, dass man mit einer Person, die einem extrem ähnlich sieht, ein Leben lang Sex haben möchte? Das Witzige ist, dass genau diese Paare oft am längsten zusammenbleiben.

SOCIAL-MEDIA-PERFECT-LOVE

Diesen Paaren begegne ich in der virtuellen Welt immer ausgerechnet dann, wenn ich schlecht drauf bin, einen langen Tag hatte und allein zu Hause im Bett liege. Genau das wollen sie auch bezwecken mit ihren Bildern, die sie um Punkt 21 Uhr perfekt bearbeitet posten. Natürlich mit den passenden Hashtags #couplegoals, #myoneandonlylove, #youandme, #rideordie, #bonnieandclyde, #nurmitdir, #quality, #treatedlikeaprincess, #ohnedichistallesdoof, #soulmate, #trueloveneverends, #neverendinglovestory, #hubby, #wifey, #wearefamily *(obwohl die noch gar nicht verheiratet sind?!?!)*, #findyourrightperson, #wirsindschwanger, #dubistdasbestewasmirjepassiertist.

Sie posten Bilder in Paris, auf Bali, in der Toskana, auf den Malediven und halten dabei IMMER ihre Hände ganz fest. Manchmal sind sogar nur die Hände zu sehen. Bei Paaren, die »open minded« sind, sieht man zufällig den Hintern der Freundin im Fokus des Bildes – natürlich vollkommen UNBEARBEITET. #holdmeclose, #youandmearoundtheworld.

Ich frage mich jedes Mal, wie viele Versuche sie gebraucht haben, bis sie ein Bild SO hinbekommen haben. Ich kenne uns Frauen. So etwas dauert. Besonders, wenn man möchte, dass auch der »Boyfriend« perfekt in Szene gesetzt ist. Damit bloß alle anderen abends neidisch im Bett liegen und sich einreden, dass sie auch ein #reallifematch brauchen. Ich kannte mal so ein Social-Media-perfect-Couple, und die beiden haben abseits der Posts, im echten Leben, überhaupt kein Gespräch führen können. Es kann aber auch daran liegen, dass beide viel zu beschäftigt damit waren, über den nächsten Post nachzudenken. Welches Bild wann in den Feed passt. Die #worklifebalance war irgendwie »not so balanced«.

Frauen, die sich so verhalten, kann man ja irgendwie noch akzeptieren. Aber wenn Männer anfangen, freiwillig in die Kamera zu posen und sich für Bilder wie eine Fee zur Schau zu stellen, kann es dafür nur zwei Gründe geben: Entweder haben sie eine so hübsche Freundin, dass sie daraus Profit schlagen wollen. Oder sie haben ihre Männlichkeit in diesem ganzen Social-Media-Rausch leider verloren.

Das große Geheimnis der Frauenwelt

Eines verrätst du als Frau ungern der Männerwelt: dass er nicht nur eine Beziehung mit dir führt, sondern auch mit deiner besten Freundin. Es gibt immer diese eine Frau, die von Beginn an alles über ihn weiß. Sie weiß, welche Interessen er hat, wie er sich in der Beziehung verhält und welche Probleme die Beziehung hat. Die beste Freundin der Frau spielt eine extrem große Rolle in einer Beziehung. Also ist ein schlauer Mann immer nett zu der besten Freundin, denn sie hat den größten Einfluss auf die Frau. Sollte sie den Freund einmal auf dem Kieker haben, weiß sie genau, was sie tun muss, um die beiden auseinanderzubringen. Außerdem hat die beste Freundin immer einen klaren Blick von außen auf die Beziehung und keine rosarote Brille auf. Wenn der Mann also Mist baut und seine Partnerin das nicht wahrhaben will, ist es ihre Aufgabe, ihre Freundin zu warnen. Auch wenn sie dadurch einen Streit riskiert. Wenn es eine echte »beste Freundschaft« ist, wird diese Freundschaft jede Beziehung überleben. Das Urteil einer besten Freundin ist genauso wie ihre Komplimente: einfach gnadenlos ehrlich.

KAPITEL 11

CHANNING-TATUM-SYNDROM

Kennst du Channing Tatum? Falls du Channing Tatum nicht kennst, solltest du dir auf jeden Fall die Zeit nehmen und ihn kurz bei Onkel GOOGLE suchen. Glaub mir, es lohnt sich! Für mich ist er der coolste Schauspieler aller Zeiten. Channing Tatum sieht nicht nur unglaublich H.O.T aus, sondern hat eine so sympathische, bescheidene Ausstrahlung. Selbst wenn er optisch nicht dein Typ sein sollte, kannst du nicht anders, als ihn sympathisch zu finden. Er hat immer ein Lächeln auf den Lippen und ist sogar etwas schüchtern. Ich finde ihn einfach klasse. Leider finden ihn aber auch Millionen von anderen Frauen klasse, weshalb wir wahrscheinlich nie zusammenfinden werden. Ich liebe Channing. Bedingungslos. Okay, das war jetzt ein bisschen übertrieben. Es ist aber die Wahrheit. Was ist nun das Channing-Tatum-Syndrom?

Es ist ein Syndrom, das dich immer wieder dazu bringt, jemanden in deinen Gedanken so zu pushen, bis er in deinem Kopf die maximalen »Attraktivitätspunkte« erreicht, und das, ohne diese Punkte wirklich zu verdienen. Das Channing-Tatum-Syndrom taucht meistens bei Typen auf, die nicht gut für dich sind. Bei Typen, mit denen du den Kontakt am besten nur auf »Hallo!« und »Tschüss!« beschränken solltest. Bei mir ist die höchste Punktzahl, die ein Mann bekommen kann, Channing Tatum. Das ist natürlich bei jeder von uns unterschiedlich …

An sich ist ja nichts verkehrt daran, die positiven Seiten an einem anderen zu suchen und in den Blick zu nehmen. Das Problem ist nur, wir machen es meistens bei den falschen Männern! Ganz ehrlich, wir Frauen suchen doch insgeheim immer nach dem ABER, oder? Die Wahrheit ist, auch wenn viele von uns nicht mehr so ganz daran glauben: Es gibt immer noch deutlich mehr Top-Männer, als es schlechte Männer gibt!

Ich habe es viel zu oft erlebt, dass ich die Flop-Männer in den »Channing-Tatum-Olymp« fantasiert habe und bei den Top-Männern angefangen habe, nach ihren verdammten Fehlern zu suchen. Bei den

Typen, bei denen ich eigentlich schon von Anfang an wusste, dass sie nur Probleme bringen würden, habe ich mich so reingesteigert, die positiven Seiten zu finden. Ich habe mich richtig daran geklammert, sie in meinem Kopf (!) zur Königsklasse zu machen – zu »meinen Channing Tatums«. Wenn es keine positiven Eigenschaften gab, habe ich meine Imaginationskraft eingesetzt, um krampfhaft welche zu erzeugen. (Wenn ich als Frau eine Sache gut kann, dann ist es das Imaginieren!)

Ist das nicht komisch? Bis heute frage ich mich, warum ich mir ausgerechnet die schlechten Kerle gutrede. Dabei habe ich damals so viele tolle Männer kennengelernt. Richtig gute Männer. Potenzielle Ehemänner! Nur in meinem Kopf lief alles anders …

Ich denke: *ER ist so perfekt. Aber irgendwas fehlt mir.*

Was mir fehlte? Drama, Action, Tränen, Streit und Versöhnung. Oder habt ihr schon mal von einer Freundin gehört: »Hey, kennst du schon den neuen Kinofilm? Es geht 90 Minuten lang um einen Typen, der kein Drama macht, der keine anderen Frauen ansieht, er ist megatreu, sitzt nur zu Hause, massiert seine Frau und es wird nicht einmal gestritten. Es regnet nicht in dem Film und es fließt keine einzige Träne. Auch bei dir nicht. Garantiert! Da musst du unbedingt rein. Das Gute ist, dass du freie Platzwahl hast, weil keiner außer dir im Kino sitzen wird, um den Film zu sehen.«

Mein Exfreund Dennis war beispielsweise einer dieser Männer, bei denen mich alle meine Freunde direkt von Anfang an gewarnt haben, dass ich bloß die Finger von ihm lassen solle. Aber ausgerechnet bei ihm habe ich das Channing-Tatum-Syndrom bekommen. Also habe ich ihn in meiner Fantasie zum Traummann ernannt und mir vorgestellt, dass er die Lösung all meiner Probleme sein wird. Ich weiß nicht, ob es dir auch schon mal so ging, aber mir hat er auf den ersten Blick GAR NICHT gefallen. Er war für mich ein unterdurchschnittlich aussehender Typ, der nichts Besonderes an sich hatte. Als ich dann aber ein paarmal mit ihm aus war, hat er irgend-etwas Mysteriöses bekommen. Plötzlich hatte er »etwas«. Also habe ich ihn weiter gedatet. Nach ein paar Dates fand ich ihn dann nur noch mega und ließ ihm auf einmal alles durchgehen. Alles! Er hätte popeln und mir dabei in die Augen schauen können, ich hätte ge-dacht: *Wow, er ist voll authentisch! Es interessiert ihn gar nicht, was die anderen denken!*

Heute weiß ich, dass es einen Riesenunterschied gibt zwischen »Er ist mysteriös« und »Er hat in der Woche nur zehn Minuten Zeit für dich«.

Dennis war ein Arschloch zu mir. Ich wünsche ihm nichts Schlech-tes, er soll nur nie wieder glücklich werden. Nein, Spaß! Ich habe ihm verziehen. Wir liken sogar noch gegenseitig unsere Bilder.

Jedenfalls haben wir beide während der Beziehung nur eine Sache gemacht:

Er: hat nur Mist gebaut.

Ich: habe mir seinen Mist schöngeredet.

Du willst ein »haariges« Beispiel? Du kriegst eins! Dennis hatte eine eher ausgeprägte Körperbehaarung und einen leichten Bierbauch. Einmal kam er aus der Dusche und sagte: »Schatz, wo ist der Nagel-knipser, meine Fußnägel sind meeegaaalang!«

Alles, was ich in meinem Kopf hörte, war:

»IF YOU WANT IT, LET'S DO THIS, RIDE IT, MY PONY …« (der Song von Magic Mike, wo Channing Tatum mitgespielt und einen grandiosen Strip hingelegt hat. Uuuhhh …)

Und ich nur so: »YES, I WANT IT …«

Dass er aber nicht Magic Mike, sondern eher Dragic Mike war, wollte ich zu dem Zeitpunkt natürlich nicht wahrhaben.

Wenn er stundenlang nicht ans Handy gegangen ist, mich nicht zurückgerufen und danach ein Bild beim Feiern gepostet hat, habe ich es mir schöngeredet. *Er hat einfach viel zu tun und ist ein Businessman. Heutzutage connectet man im Club. So läuft das halt. Obwohl zu seinem Kundenstamm eigentlich nur Männer gehören, versucht er, sein Business im Club wohl auf besoffene, operierte, freizügige Frauen zu erweitern. Ist doch KLAR.* Dass er auch ab und zu in den Stripclubs der Stadt gesehen wurde, ist ja auch was ganz Normales. Ein Unternehmer unternimmt eben auch mal was. Was für ein Unternehmer wäre er, wenn er nicht hin und wieder mal was unternehmen würde?

Warum er sich nie mit mir in der Öffentlichkeit zeigen wollte? Damit es zwischen uns romantisch bleibt! Ist doch logisch.

Dass unsere Treffen auf dem Hinterhof von McDonald's stattfanden, wunderte mich zuerst wenig. Und dass es immer der McDonald's in der Nachbarstadt sein musste, fand ich sogar noch super. So konnte ich auch mal die McDonald's-Parkplätze anderer Städte kennenlernen.

Ach ja, wenn man mit so einem »Channing« zusammen ist, kommt man halt viel rum. Mit rumkommen ist zwar Hattersheim gemeint, aber gut.

Dennis und ich hatten einen Altersunterschied von 14 Jahren. Wenn mich meine Freunde gefragt haben, ob er denn nicht ein bisschen zu alt für mich sei, habe ich geantwortet: »Ach, der Dennis, der erinnert mich so an meinen Opa. Ihr wisst doch, wie sehr ich meinen Opa liebe.«

Er hat mir übrigens nie erzählt, wo er wohnt, und ich dachte mir: *Vielleicht hat er eine Junggesellenwohnung, für die er sich schämt. Ich möchte einen erwachsenen Mann, der schon seit 20 Jahren im Berufsleben steht, nun mal nicht einschüchtern. Ihn nicht unter Druck setzen. Mann, Mann, Mann, er muss sich mega für seine Wohnung schämen, auch wenn er mich jedes Mal mit einem Jaguar besuchen kommt.*

Für ihn war es auf jeden Fall ein Riesenglück, dass ich unter dem Channing-Tatum-Syndrom litt und mir auch sein Aussehen so schöngeredet habe, dass aus einem wirklich nicht besonders attraktiven Typen mit Haaren auf dem Rücken und Bierbauch für mich der schönste Mann aller Zeiten wurde. Ich dachte: *JEDE Frau auf dieser Welt ist heiß auf ihn und würde ihn am liebsten sofort ausziehen und mit ihm schlafen.* Wenn meine Freunde mir höflich beibringen wollten, dass er nicht der schönste Mann, sondern HÄSSLICH war, dachte ich mir nur: *NATÜRLICH. Ihr seid doch nur neidisch auf unsere tiefgründige Beziehung.*

Wenn du einmal anfängst, den Mann in den Himmel zu loben, und den Bezug zur Realität verlierst, gibt es zwei Möglichkeiten. Entweder ist er wirklich ein guter Fang und nutzt es nicht aus, dass du ihn so pushst. Dann könnte eine gute Beziehung daraus werden.

Oder der Mann hat, wie in den meisten Fällen, doch ein paar große Fehler, die die du dann übersiehst, weil du ja, wie gesagt, am Channing-Tatum-Syndrom leidest. Ich nenne diese Fehler »STOPP-schilder«. Da sollten wir anhalten und direkt die Richtung wechseln. Aber wir sehen die offensichtlichsten Stoppschilder nicht! Hört auf die Warnungen. Bitte. Ich spreche aus Erfahrung.

Wenn er nie abnimmt, wenn du anrufst, sondern immer später zurückruft, stimmt was nicht!

Wenn er sein Handy immer umgedreht auf den Tisch legt, es minutenlang vibriert und er nicht abhebt, stimmt was nicht!

Wenn er dich nur auf dem Parkplatz trifft und versucht, im Auto mit dir zu vögeln, stimmt was nicht!

Ach ja …

Wenn du mit ihm telefonierst und im Hintergrund jemand ruft: »Schatziiiiii, das Essen ist fertig!«, und er sagt: »Ich komme, war eh falsch verbunden« und dich dann wegdrückt, dann stimmt was nicht!

Also hier die endgültige Definition des Channing-Tatum-Syndroms.

Channing-Tatum-Syndrom
Sich einen Typen immer und immer wieder schönreden.
Seine negativen Eigenschaften so lange ignorieren, bis ein perfektes Bild von einem Wunder-Menschen entsteht, einem absolut unfehlbaren Traummann. Obwohl der echte nicht mal ansatzweise so gut ist, wie du ihn dir fantasierst …
Ihn schöner finden, als er eigentlich ist.
Keine Signale erkennen.
Nicht auf deine Freunde hören, die dich vor ihm warnen.

Hinweis: Allein die Tatsache, dass selbst unsere Lieblingsschauspieler im Reallife auch einige Fehler haben, spricht dafür, dass wir bei unserem Typen einfach generell mal ein bisschen den Ball flach halten sollten. Für ein bisschen mehr Realität im Channing-Tatum-Syndrom.

Das Syndrom lässt sich natürlich, je nach Vorlieben, auch auf andere Schauspieler übertragen.

* Ryan-Gosling-Syndrom
* George-Clooney-Syndrom
* Brad-Pitt-Syndrom
* Tom-Cruise-Syndrom (hatte ich auch mal)
* Jude-Law-Syndrom
* ...

ERSTE ANZEICHEN? SOFORT HANDELN!

Wenn man anfängt, die ersten Anzeichen des Syndroms zu spüren, sollte man sich sofort Hilfe holen und sich auch helfen lassen. Das Gleiche tun wir ja auch bei unseren Freundinnen.

Was aus mir und meinem Ex Dennis geworden ist

Ich kann zum Glück von mir behaupten, dass ich inzwischen vom Channing-Tatum-Syndrom geheilt bin, denn ... Dennis hat mich vor ein paar Monaten mal angerufen und gefragt, wie es mir geht. Statt des Songs »Pony«
von vorhin in der Badezimmersituation kam dabei ein ganz anderes Bild in meinen Kopf.

Halloo, mein Name Borrrat!

Freundinnen sind deine Heilmittel!

Das Gute an Freundschaften unter Frauen ist, dass wir unsere Freundinnen kennen. Also auch ihre Muster und ihre Neigungen. Die Person, die ich immer aufsuche, sobald ich merke, dass ich einen Kerl ein bisschen zu heiß finde, ist meine ältere Cousine. Sie kennt mich einfach perfekt und ich weiß ganz genau, dass ich ihr nur ein Bild von ihm schicken muss, wenn ich wieder kurz davor bin, einen Mann »Typ Dennis« zu daten. Sie analysiert ihn dann sofort und antwortet mir: »Finger weg von ihm! Der bringt dir nur Probleme!« Ja, wir Mädels wissen ganz genau, wann sich eine von uns in der Gefahrenzone befindet, und können sie perfekt vorwarnen. Bei uns selbst funktioniert das irgendwie nicht so gut.

Einen neuen, interessanten Typen kennenzulernen, der nach Problemen riecht, ist so, als wären wir kurz davor, eine dünne Eisfläche oder ein einsturzgefährdetes, verfallenes Haus zu betreten.

ACHTUNG! BITTE NICHT BETRETEN!

Viele Frauen benehmen sich wie Kinder, sobald sie das Schild mit der Warnung sehen, und wollen – jetzt erst recht – am liebsten sofort drauflosstürmen. Gefahr ist interessant für das weibliche Gehirn.

Unser Gefühl sagt uns zwar schon: *Irgendwas stimmt da nicht, lassen wir lieber die Finger von ihm.* Aber ein anderes Gefühl sagt: *ACTION, Baby!* Wie lange hattest du schon keinen Kerl mehr am Start, der dich mal ein bisschen zum Nachdenken bringt? Dich fordert. Alle deine Freundinnen reden ständig über Kerle und bei dir geht nichts. Du musst endlich wieder mitreden! Keine Frau organisiert eine Pyjamaparty und sagt: »Lass uns die Singlefrau Negah einladen, die uns was von Eckhart Tolle und ihren neuen spirituellen Erfahrungen erzählt.«

> **" MÄNNER LIEBEN BERGSTEIGEN, ZOCKEN UND BUNGEEJUMPING UND FRAUEN BRAUCHEN HALT AB UND ZU EIN ARSCHLOCH. "**

Unsere innere Weisheit rät uns aber trotzdem immer noch, eine zweite Meinung einzuholen oder eine dritte, vierte oder zehnte … Also holen wir uns Hilfe bei unseren Freundinnen. Am besten so schnell wie möglich, denn am Anfang fällt es uns noch leicht(er), BYE-BYE zu sagen. Wenn wir erst einmal drin sind im Eiswasser, kommen wir so leicht nicht mehr raus.

Gute Freundinnen brauchen nur ein Bild von dem neuen Kerl zu sehen und wissen alles. Es ist wie Magie. Sie reisen mit dir in die Zukunft, sie können dir anhand des Bildes direkt sagen, ob der Typ Zukunftspotenzial hat. Ich glaube, es ist die weibliche Intuition, die uns ganz klar spüren lässt: *JA, dieser Mann könnte gut sein, oder NEIN, er ist nicht gut für dich.*

TRIGGER-WARNUNG: Meine Freundin Sina in der Gefahrenzone

Genauso wie letztens bei meiner Freundin Sina. Beim Kaffeetrinken grinste sie auffällig glücklich. Irgendwie überglücklich. Wenn eine Frau ein bisschen zu glücklich grinst, kann das eigentlich nur zwei Gründe haben. Entweder hat sie gerade ein paar neue Schuhe zum Schnäppchenpreis ergattert oder sie hat einen neuen heißen Typen kennengelernt.

Sina lacht also überglücklich und fragt mich: »Und Schatz? Was gibt es bei dir Neues? Wie läuft die Arbeit?«

Was sie denkt: *Erzähl bloß nicht zu viel, ich will dir was erzählen.*

Was ich denke: *Warum fragen mich eigentlich immer alle nur nach meinem Job? Vielleicht habe ich ja auch mal einen Kerl am Start. Okay, das ist ziemlich unwahrscheinlich. Egal. Ich komme bei ihr direkt zum Punkt.*

Was ich sage: »Ach, alles gut. Alles suuuuper und bei dir? Wie läuft es mit den Männern?«

Was Sina denkt: *Warum fragt sie mich nicht, wie es bei mir im Job läuft? Habe ich so wenig Erfolg? Na ja, aber ich wollte eh nur über Christian reden. Uhhhh ... Mein Herz kribbelt, wenn ich an ihn denke!*

Was Sina sagt: »Ich habe einen Typen kennengelernt, Christian, wirklich ein ganz toller Mann.«

Was ich denke: *Hoffentlich nicht wieder so ein Schmarotzer wie beim letzten Mal, bei dem du aus Höflichkeit die Rechnung übernommen hast. Danach hat er dich zum Dank noch allein und betrunken 60 Kilometer nach Hause fahren lassen.*

Was ich sage: »Cool, zeig mal sein Profil!«

Sina holt ihr Handy raus und zeigt mir das Profil.

Achtung, jetzt kommt eines dieser Profile, die ich so gut wie möglich zusammenzufassen versuche …

* Eine Rolex auf jedem zweiten Bild.
* Ein Mercedes AMG auf jedem dritten Bild.
* Auf jedem Bild sind folgende Elemente und Eindrücke zu sehen
* Louis+Louis+Louis+Louis+Gucci+Gucci+Gucci+Versace+ Balenciaga+Louis+Gucci-Schuhe+Louis-Schal+Moët& Chandon+Auto-Lenkrad vom Porsche = *Ich liebe es, in die Türkei zu reisen, um irgendwelche billigen Fakes zu kaufen.*

Oder:

Ich bin neureich und lebe nach dem »Viel hilft viel«-Prinzip und muss jedem zeigen, dass ich Geld verdiene. Ach ja: Besonders Frauen muss ich damit überzeugen, weil es mir an charakterlicher Selbstsicherheit fehlt.

Ich denke: *Oh NEIN!*

Ich sage: »Oh nein!«

Ich denke: *Oh nein, ich habe wieder mal laut gedacht und »Oh nein« gesagt.*

Ich sage: »Oh nein, die Gucci-Schuhe, die hatte mein Exfreund auch. Krass!«

Ich denke: *GUT GERETTET!*

Sina denkt: *Shit, kein gutes Zeichen, wenn sie so reagiert.*

Sie sagt: »Und, wie findest du ihn?«

Ich denke: *Er ist ein Prolet, der dir das Herz brechen wird. Du bist so eine schöne Frau, warum landest du immer wieder bei denselben Typen?*

Ich sage: »Na ja, weiß nicht. Es fällt mir schwer, unter seiner riesigen Gucci-Sonnenbrille eine Persönlichkeit zu erkennen. Hat der auch ein Bild, auf dem man seine Augen sieht?«

Sie denkt: *Jetzt will sie seine Augen sehen, um ihre »Die Augen sind das Tor zur Seele«-Nummer abzuziehen, die eh nie stimmt.*

Sie sagt: »Ja, vielleicht sein Whatsapp-Profilbild.«

Sie holt sein Whatsapp-Bild und plötzlich sind wir im Untersuchungsmodus: Innerhalb von Millisekunden scannen wir das Bild und fangen an, den Typen mit allen Sinnen zu durchforsten:

* seine Seele zu durchschauen,
* sein Gesicht zu analysieren,
* seine Augen,
* seine Haut,
* seinen Blick,
* sein Lächeln.

Mithilfe einer Freundin bekommen wir eine ganz neue Sicht auf unseren Typen. Die Perspektive verändert sich und wir sehen Dinge, die wir vorher überschen haben oder auch übersehen wollten.

Ich liebe Sina und will nur das Beste für sie, und um ehrlich zu sein, ist sein Whatsapp-Bild echt viel besser als sein Instagram-Profil. Er erinnert mich aber einfach zu sehr an ihren Exfreund, an den sie emotional noch sehr gebunden ist, und ich weiß, dass so etwas NIE gut ausgeht. Einen Typen durch einen anderen, auch noch sehr ähnlichen Kerl zu ersetzen bedeutet meistens ein vorhersehbares Desaster. Ich will ihr die Hoffnung auf eine neue Beziehung nicht nehmen, andererseits weiß ich, dass sie unbedingt meine ehrliche, ungefilterte Meinung will.

Sie ist hin und weg und sucht immer wieder Gründe, um ihn gut zu finden. Also landen wir in der Anwaltsperspektive. Ich werde dann zu ihrer Anwältin, die versucht, den Typen zu verurteilen, um sie vor einem Desaster zu retten. Das Schlimme an diesem Rollenspiel ist, dass es manche Frauen noch mehr an den Typen schweißt, weil Widerstand die Bindung stärkt. Aber ich kann es manchmal einfach nicht lassen, die Rolle der Anwältin einzunehmen. Besonders, wenn ich sehe, dass sie denselben Typ Mann anzieht, der ihr das Leben immer wieder zur Hölle macht.

Ich im Anwaltsmodus: »Er hat viel zu viele Partybilder in seinen Social-Media-Profilen. Willst du jetzt schon wieder einen, der jeden Donnerstag, Freitag und Samstag feiern ist, und das immer mit anderen Frauen?«

Sina als Verteidigerin: »Es sind ältere Bilder, die letzten sechs Monate hat mein Mandant keine Partybilder mehr gepostet.«

Ich: »Er ist 46, noch Single und postet viel zu viele Bilder von sich selbst. Er fotografiert sich im Spiegel. Meinst du nicht, dass es einen Grund dafür gibt, dass er immer noch allein ist? Vielleicht hat er ja auch eine Frau und Kinder zu Hause, von denen du nichts weißt. Das wäre jetzt auch kein neuer Fall bei solch einem Typen.«

Sie: »Ich glaube nicht, dass er Frau und Kinder hat.«

Ich unterbreche: »Einspruch. Mutmaßung. Hierfür gibt es keinerlei Beweise. Glauben oder Wissen?«

Sie: »So gut kenne ich ihn auch nicht.«

Ich: »Wieso schreibst du denn nicht mal den guten Kerlen zurück, die einfach normal aussehen? Ein guter Kerl, der lieb ist und sich nicht durch 80 Champagnerflaschen auf seinen Posts definiert.«

Sie: »Es geht mir nicht um die Champagnerflaschen. Ich finde ihn einfach megasympathisch.«

Ich: »Mein Schatz, du bist wieder im selben Muster gefangen und findest ihn einfach nur geil, weil er dich an deinen Exfreund erinnert. GLAUB MIR, ich kenne dich mittlerweile, Schatz. Ich will doch nur dein Bestes.«

Sina: »Ich finde ihn viel hübscher als meinen Exfreund und außerdem liegt es nur daran, dass beide denselben Style haben. Er ist wirklich ganz anders.«

Ich sage nichts.

Sina: »Ich werde mich einmal mit ihm treffen und mal sehen, wie er mir gefällt.«

Fazit: Sina wird die Eisfläche auf eigene Gefahr betreten!

Die rosarote Brille

Die rosarote Brille ist eine extremere Version des Channing-Tatum-Syndroms. Bei Verliebten kann sie extrem schnell auftreten und ist während »der Infektion« damit auch nur schwer behandelbar. Die rosarote Brille ist per se nichts Schlechtes, sie ist eher wie ein Rauschmittel, welches dein Bewusstsein verändert. Es lässt dich die Dinge anders sehen, als sie in der Realität wirklich sind. Die rosarote Brille ist wie ein Schleier, der sich auf unser Leben setzt und alles beeinflusst. Meistens tritt sie in dein Leben, wenn du dich verliebt hast. Du kannst nicht mehr klar denken und bist wie eine Betrunkene.

Jemand, der zwar noch ein wenig davon mitkriegt, was er da gerade tut, aber nicht an die Konsequenzen denkt. Die rosarote Brille verdeckt beim Sehen einen ganz wichtigen Bereich – die Wirklichkeit. Das Ding ist, dass sie deine Sicht nicht wirklich rosarot färbt, sodass du merken könntest: *Hey, ich habe jetzt die rosarote Brille auf.*

Es geschieht meistens, ohne dass du es bemerkst. Nur deine Umgebung merkt es nach und nach. Die rosarote Brille lässt nicht nur den Charakter deines Typen besser wirken, sondern auch sein Aussehen, seine Lebensumstände, die Nachrichten, die er dir schickt, und natürlich auch seine Handlungen. Es ist eine Wahrnehmungsstörung, die leider das gesamte Sichtfeld verändert und auch Einfluss auf unsere Gedanken hat. Auch diese werden auf einmal rosarot. All unsere alten Erfahrungen, aus denen wir eigentlich gelernt haben und die jetzt dafür da sein sollten, uns zu warnen, auch sie werden eingefärbt. Mit der rosaroten Brille bist du fest davon überzeugt, dass ER die Quelle deines Glücks ist.

Ich fühle mich mit ihm glücklich und habe durch ihn genau das, was mir vorher gefehlt hat, gefunden.

Das Gefühl ist wunderschön und kann für eine gewisse Zeit so intensiv sein, dass du, auch wenn die Beziehung anfängt zu kriseln, an der schönen Vergangenheit am Anfang der Beziehung festhältst und die rosarote Brille einfach nicht mehr ablegen willst.

Aber es war doch am Anfang sooo schön. Er war doch so perfekt! Wie kann er sich denn so verändert haben? Es wird doch bestimmt wieder alles so, wie es mal war!

ANZEICHEN DAFÜR, DASS DU DIE ROSAROTE BRILLE AUFHAST

— Du hast Angst um diesen wunderschönen Kerl und wirst eifersüchtig.

— Weil er für dich die Quelle des Glücks geworden ist, denkst du, dass auch jede andere Frau ihn als die Quelle ihres Glücks haben will.

— Du hast Angst davor, dass er genau dieselben schönen Erfahrungen mit einer anderen Frau teilen könnte.

— Er sieht für dich in jeder Lebenslage WUNDERSCHÖN aus.

— Du ignorierst klare Anzeichen, die darauf hindeuten, dass er nicht gut für dich ist.

— Du fängst an zu klammern.

— Du verfällst in pure Abhängigkeit.

— Deine Freundinnen sagen Sätze wie »Ich verstehe nicht, was du von ihm willst«, »Was findest du nur an ihm?«, »Ih! Ich find den voll eklig!«, »Hä? Du spielst doch in einer ganz anderen Liga. Der ist doch nicht mal Kreisliga!«, »Der passt null zu dir, ich find den auch nicht sympathisch«, »Sorry, aber der geht gar nicht, Schatz!«.

— Du wirst immer wieder mit negativen Eigenschaften konfrontiert und redest es dir selbst schön.

— Du entfernst dich von Freunden, die dich vor ihm warnen wollen.

— Sein Ego wird immer größer und du bist sein einziger Ego-Push.

— Der Typ verliert den Respekt.

- Du postest nichts von ihm aus Angst, andere Frauen könnten ihn anschreiben.

- Du postest nichts von ihm, weil er es nicht will, und du findest das »ganz normal«.

- Deine Insta-Storys machen erst dann einen Sinn, wenn er sie geschaut hat.

- Deine Beiträge gefallen dir nur dann wirklich, wenn er sie gelikt hat.

- Du kriegst immer nur dann Glücksgefühle, wenn er dir geschrieben hat, und kannst dich über sonst nichts mehr wirklich freuen.

Wenn du in dieser Situation bist: Beruhige dich. Niemand will ihn so sehr wie du. Es ist zu 80 Prozent Einbildung. Der einzige Grund, warum andere Frauen ihn wollen, ist, weil du ihn so pushst und sie sich denken: »Irgendwas muss er ja haben. Vielleicht ist er im Bett brutal gut, denn sonst hat der doch nichts, oder?«

Denk immer daran: Nicht jede Frau sieht ihn durch die rosarote Brille. Den meisten Frauen geht der Typ, auf gut Deutsch gesagt, am Arsch vorbei. Also hör auf damit, ihn wie einen Superstar zu sehen. Er ist kein Superstar. Er ist ein ganz normaler Mann, der für dich (und die Betonung liegt auf DICH) zum Superstar geworden ist.

Wenn du die rosarote Brille aufhast	Wenn du die rosarote Brille abgesetzt hast
Dein Leben macht ohne ihn keinen Sinn. Ein Tag ohne ihn ist ein verlorener Tag.	Du siehst ihn ein paar Jahre später und denkst dir nur: *Really?!*
Du denkst, du bist ohne ihn nichts wert. Soll nur einer sagen, dass die Beziehung mit ihm keinen Sinn macht. Diese Person wird aus deinem Leben eliminiert.	Plötzlich siehst du ihn wieder mit klaren Augen und denkst dir nur: Danke, liebes Universum, dass du mich vor dieser Katastrophe gerettet hast.
Plötzlich hast du nur noch Leute um dich herum, die ihn gut finden. Also seine Mutter und seine Schwester.	Du rufst deine Freundinnen an, um zu erzählen, dass du deinen Exfreund gesehen hast. Du fragst sie, warum sie dich damals nicht gewarnt haben, obwohl sie dich jeden Tag gewarnt haben und du davon nur nichts mitbekommen hast.
Ach so. Du hast auch noch die Freundin seines besten Kumpels um dich herum, die aber auch nur so tut, als würde sie ihn mögen.	Du rufst noch mal bei deinen Freundinnen an, um dich zu entschuldigen.
Du übersiehst, dass er beim Lachen klingt wie ein angeschossenes Wildschwein und dass seine Schuhe abgrundtief hässlich sind.	Du denkst dir: *Echt jetzt? Seinetwegen habe ich damals so rumgeheult und dachte, jede Frau möchte ihn am liebsten anspringen?*
Du merkst nicht, dass er dir nie die Tür aufhält, brutalen Mundi hat und eigentlich eine glatte 4 ist, der sich nach einer 10 wie dir die Finger lecken sollte.	Du fängst an, Comedy zu machen, und schreibst ein Buch darüber, was Frauen denken, aber nicht sagen …

KAPITEL 12

STOP OVERTHINKING!

Du bist soooo kompliziert.

Mach doch nicht immer so einen auf Diva!

Du hast sie doch nicht mehr alle!

Was hab ich denn jetzt schon wieder falsch gemacht?

Langsam blick ich nicht mehr durch bei dir.

Kriegst du schon wieder deine Tage oder was?

Du bist schlimmer als meine Ex!

Du Psychobraut!

Manche Männer behaupten, wir Frauen würden von einer auf die andere Sekunde ausrasten … Also, wenn eine meiner Freundinnen sieht, dass ihr Freund ein Bild von einer hübschen Fremden gelikt hat, sie dann völlig ausrastet und mit ihm Schluss macht, wird ER vielleicht erzählen: »Die hat nur mit mir Schluss gemacht, weil ich das Bild gelikt hab!« Die Wahrheit aber ist, es geht gar nicht um das Bild. Es geht eigentlich um die letzten drei Monate in denen er zu viele Fehler gemacht und sie nichts gesagt, sondern ihren Frust runtergeschluckt hat.

Keines meiner Mädels hat jemals zu einem Mann gesagt: »Oh mein Gott, gut, dass du es mir sagst – ich glaube, ich kriege wirklich meine Tage. Ich werde mich jetzt einfach in mein Zimmer zurückziehen und dich mit meiner schlechten Laune in Ruhe lassen. Meine Hormone drehen mal wieder durch!! Dafür kannst du doch nichts, Honey. Ich entschuldige mich im Namen aller Frauen. Wir sind einfach solche Zicken …«

Ich garantiere: NEVER EVER wird so etwas jemals geschehen. Nope.

Wie wir wirklich reagieren, ist so:

»Du findest MICH kompliziert? Aha! Weißt du was, such dir einfach eine andere!«

»Ich bin eine DIVA? Wer ist denn hier das Kind, das ohne mich nichts hinkriegt? Du schaffst es ja nicht mal, deine Socken ohne mich wegzuräumen.«

»Hör auf, immer DEINE Fehler meinem Zyklus in die Schuhe zu schieben!!!«

»Wenn du nicht mit mir klarkommst, ist das dein Problem. Du musst dich ändern.«

»Ich bekomme N I C H T meine Tage!« (Obwohl sie wirklich in ein, zwei Tagen anstehen.)

»Kein Wunder, dass deine Ex mit dir Schluss gemacht hat!«

»Psychobraut kannst du deine Mutter und deine Schwester nennen. Nicht mich.«

»Ich schnapp mir einen von den Männern, die bei mir Schlange stehen!«

Wenn der Mann in dieser Situation ruhig bleibt, macht es uns wahnsinnig, weil wir denken, er interessiert sich nicht genug für uns. Sonst würde er ja darauf eingehen.

Wenn der Mann in dieser Situation mitstreitet, macht es uns wahnsinnig, weil wir denken, er ist unmännlich und leicht zu provozieren. Welcher Mann streitet sich wegen einem der obigen Sprüche mit einer Frau? Der war im letzten Leben bestimmt eine ziemlich zickige Frau …

Wenn der Mann uns stehen lässt und erst mal abhaut und sich dann auch noch tagelang gar nicht mehr meldet, macht es uns wahnsinnig, weil wir keine Kontrolle mehr haben und unser Kopfkino erst recht anfängt, sich alles Mögliche auszumalen.

Also egal, was der Mann macht, für uns kann es nur falsch sein … Haben wir Mitgefühl mit ihm? Natürlich nicht. Leidet er vielleicht auch unter der Situation? Das ist uns in dem Moment völlig egal.

Die 10 hartnäckigsten Mythen über Frauen

MYTHEN

Frauen ...

1. ... kommen nicht auf den Punkt.
2. ... reden stundenlang um den heißen Brei herum.
3. ... können keine Entscheidungen treffen.
4. ... interpretieren immer in alles etwas hinein.
5. ... können keinen Film schauen, ohne zu reden.
6. ... meinen immer zu wissen, was ein Mann denkt und will.
7. ... können aus einer Kleinigkeit eine Riesenszene machen.
8. ... sind launisch, zickig und hormongesteuert.
9. ... wollen immer das Gefühl haben, dass sie die Kontrolle haben.
10. ... sind krankhaft eifersüchtig.

FAKTEN

1. Frauen brauchen einfach länger.
2. Wir übermitteln unsere Botschaften durch die Blume, um andere Lebewesen nicht zu verletzen.
3. Jede Entscheidung könnte große Konsequenzen haben, deshalb spielen wir alle Szenarien vorher tagelang in unserem Kopf durch.
4. Mit unserer weiblichen Intuition erkennen wir Dinge, die manchmal vielleicht nie geschehen werden.
5. Wir Frauen machen keine halben Sachen: Wir schauen nicht einfach nur einen Film, wir ERLEBEN das Gesehene und da tauchen nun mal Fragen auf, die wir umgehend klären wollen.
6. Wir wissen definitiv, was der Mann will. Und wenn er es nicht weiß (und das ist fast immer der Fall), zeigen wir es ihm.
7. Jede Riesenszene ist die Summe Tausender ärgerlicher Geschehnisse, die wir davor heruntergeschluckt haben.
8. Wir sind nicht launisch, wir können nur die Launen anderer nicht ertragen.
9. Frauen wollen auf keinen Fall mit jemandem zusammen sein, der langweilig ist und keine Ideen einbringt.
10. Wir wollen unseren Mann vor anderen Frauen beschützen, vor allem vor den schönen, intelligenten, schlanken und erfolgreichen.

Kontrolle ist gut – Diktatur ist besser

Frauen lieben es, alles unter Kontrolle zu haben. Noch mehr lieben wir es, die Alleinherrscherinnen über die Beziehung zu sein und alles zu bestimmen, dabei aber so zu tun, als hätte der Mann die Zügel in der Hand. Ich habe daher für die lieben Männer, denen ihre Freundin das Buch bis hierhin vorgelesen hat, eine Strategie entwickelt, mit der sie Konflikte vermeiden können:

* Keine Bilder anderer Frauen liken. Niemals andere Frauen angucken. Du solltest nicht in einer Stadt leben, in der auch andere Frauen wohnen. Am besten ziehst du in eine Stadt, in der nur Rentner sind.
* Es ist okay, wenn du dich nicht jeden Tag 24 Stunden mit mir befassen kannst. Es reichen auch 23.
* Du kannst gerne weggehen, solange du mir währenddessen sekündlich schreibst.
* Du musst nicht ständig Beweisfotos davon machen, was du gerade tust. Ein Instagram-Live-Video reicht völlig. Aber bitte ohne andere Zuschauer.
* Die einzigen Follower, die du haben darfst, sind ich und meine 14 Fake-Accounts.
* Meine Fake-Accounts fragen dich alle 20 Minuten nach Dates, um zu testen, ob du treu bist. Oder einfach nur, ob du online bist.
* Wenn du auch nur einem dieser Fake-Accounts antwortest, ist es vorbei. Selbst wenn du Nein sagst.
* Wenn du schreibst: »Nein, ich liebe meine Freundin«, mache ich Schluss, obwohl wir noch gar nicht zusammen sind.
* Ich checke sogar dein Insta, wenn du neben mir sitzt. Und ich mache auch Kontrollanrufe bei dir, während du neben mir sitzt.
* Ich wünsche mir auch von dir eine gewisse Eifersucht. Aber genau in dem Maß, in dem ich es gut finde. Du sollst alle Typen hassen, die mit mir reden, aber trotzdem der Beliebteste auf der Party sein.

* Du sollst anderen Typen klarmachen, dass sie nicht mit mir reden sollen, aber bitte auf eine Art und Weise, dass sie dann trotzdem noch mit mir reden, sonst ist es ja langweilig.
* Wenn mich ein anderer anmacht, sollst du richtig sauer werden, aber dabei trotzdem gute Laune verbreiten.
* Wenn mir jemand ungefragt an den Hintern fasst, solltest du ihn verprügeln und die Schlägerei gewinnen.
* Ich will, dass du mir die Freiheit gibst, das zu tun und zu lassen, was ich will, und das, von dem ich selbst noch nicht mal weiß, ob ich es überhaupt will.
* Alle sollen auf dich stehen, aber du darfst auf keine andere stehen.
* Auf keinen Fall darfst du die Meinung einer anderen Frau haben oder überhaupt eine Meinung, die von meiner abweicht.

Typisch Frau?

Eine meiner größten Leidenschaften ist es, Situationen kontrollieren zu wollen. Und zwar so sehr, dass alles außer Kontrolle gerät. Ich will mein Leben im Griff haben und vor allem auch jedem zeigen, dass ich mein Leben im Griff habe. Manchmal gebe ich mir so viel Mühe dabei, bloß keine Fehler zu machen, dass ich eine ganz normale Situation in eine schwierige Challenge verwandle.

Immer wieder schaffe ich es, mich in eine ungute Lage zu bringen, weil ich eine einfache Situation soooo hart verkompliziert habe, dass jeder Mensch in meiner Umgebung denkt: *Was läuft mit DER bitte falsch? Welche Drogen hat die denn genommen? Wieso ist sie so?* Bestes Beispiel: Essen gehen! Eigentlich ja so simpel …

Ein anderer meiner Exfreunde, Daniel, und ich sind früher öfter zum Essen gegangen. Na ja, ich konnte und kann bis heute einfach nicht kochen. Da hat Daniel sich gedacht: Ich gehe lieber mit ihr essen, bevor sie wieder ein Rührei zaubert, das ungenießbar ist.

Ich richte mich also schön her und wir gehen zu unserem Lieb-
lingsitaliener. Wir sitzen an unserem Tisch und Daniel sieht aus wie
IMMER.

Was Daniel sagt:
»Boah, ich hab so einen Hunger! Ich hau jetzt richtig rein.«

Was er denkt:
PIZZA, PASTA, der Rest ist mir egal. PIZZA, PASTA. Nur der FCB.

Was ich sage:
»Ich hab heute Mittag schon was gegessen. Brauch nicht viel. Außerdem ess ich doch eh grad nur Sirtfood. Du weißt schon: gesund und
besser, alles mit Schutzenzym Sirtuin. Adele hat damit 45 Kilo ab-
genommen! Da sind sogar Rotwein und Schokolade erlaubt. Kann
ich dir nur empfehlen. Das ist megaunkompliziert. Kann zwar nicht
jeder durchziehen, braucht man schon Disziplin für, aber du kennst
mich ja mittlerweile.«

Ich bemerke noch nicht mal, dass ich wie die künstlichen Influence-
rinnen rede, über die ich mich jeden Tag aufrege.

Was er denkt:
*Alter, ich blick da nicht mehr durch. Die soll einfach essen, was sie will,
und mich damit in Ruhe lassen. Ich bleib bei dem, was satt macht.
Heute spielt Bayern, Hauptsache, wir sind zum Anstoß um 21 Uhr zu
Hause!*

Was er sagt: »Okay.«

Was ich denke:
*Schutzenzym Sirtuin? Sritunin? Serotonin? Schutzsenium? Keratin?
Coenzym 10? Nee, wie heißt das Ding jetzt noch mal? Ich hab zwar
keine Ahnung, was das genau ist, aber diese Diät von Adele probier ich
jetzt trotzdem aus.*

Was ich noch denke:
Ich hab sooooo einen Hunger. Seit drei Tagen habe ich die neue Diät nicht mehr durchgezogen. Das kann ich ihm aber nicht sagen, dann denkt er doch nur, dass ich schon wieder unnötig Geld für etwas ausgegeben habe, an dem ich nicht dranbleibe. Ich werde es irgendwann durchziehen. Weil das Konzept ist an sich ja echt ganz toll.

Genauso verzweifelt geht es weiter. Es ist jedes Mal das Gleiche. Zehn Minuten nachdem ER sich entschieden hat, was er essen wird, habe ich noch nicht mal die Entscheidung zwischen Wasser mit oder ohne Kohlensäure getroffen. Und es wird im Laufe des Abends nicht besser …

Was Daniel sieht: eine ganz normale Speisekarte mit Gerichten, aus denen er sich eins aussuchen kann.

Was ICH sehe: ein kompliziertes Buch mit Hieroglyphen … Jede Entscheidung, die ich hier treffe, wird einen riesigen Einfluss auf meine komplette Zukunft haben. Beziehung, Beruf, Körper. Nicht umsonst sagt man: Behandle deinen Körper wie einen Tempel. Ich bin eine Frau, die ihr Leben im Griff hat. Das werde ich mit der Wahl meines Gerichtes beweisen. Es ist vor allem eine riesige Herausforderung. Überforderung mit Druck und Angst, aber ich werde die richtige Entscheidung treffen. Dafür stehe ich mit meinem Namen.

Mein Blick auf die Menükarte

Hatte ich letzte Woche schon

Zu kleine Portion

MENÜ

Insalate

1 SALAMONE .... 9,00 €
Gemischter Salat, Oliven, Peperoni

2 MISTA .... 5,50 €
Gemischter Salat, Oliven, Peperoni

3 GRANDE MISTA .... 8,50 €
Salat, Oliven, Peperoni, Hirtenkäse

4 BELLA ITALIA .... 9,00 €
Salat, Oliven, Peperoni, Schinken, Käse

5 CAERESA .... 8,50 €
Tomaten, Mozzarella, Basilikum, Essig, Öl

Antipasti

1 BRUSCHETTA .... 5,00 €
Tomaten, Knoblauch, Basilikum

2 CAPRESE .... 9,50 €
Tomaten, Mozzarella, Olivenöl

3 CASARECCIO .... 7,00 €
Gemischtes Gemüse

4 ITALIANO .... 8,50 €
Gemüse, Käse, Wurst

Ist zu fettig

Pasta

1 PASTA SUGO .... 7,50 €
Tomatensauce

2 PASTA RAGU .... 8,50 €
Hackfleischtomatensauce

3 PASTA AL FORNO .... 9,00 €
Nudeln im Ofen überbacken

4 LASAGNE .... 8,50 €
Nudel-Hackfleisch-Auflauf

Zuppe

1 MINESTRONE .... 6,90 €
Gemüsesuppe mit Parmesan

2 CREMA POMODORO .... 6,00 €
Tomatencremesuppe, Basilikum

3 STRACCIATELLA .... 5,00 €
mit Hähnchen und Nudeln

4 CREMA D'AGLIO .... 5,00 €
Knoblauchcremesuppe mit Ei

Wenn ich die jetzt esse, muss ich morgen doppelt so lange joggen

AUF KEINEN FALL KNOBLAUCHSUPPE, geht's noch !?!?

Zu große Portion

Zu günstig

Klingt nach einer hübschen Italienerin, nicht dass er auf dumme Gedanken kommt

Steinofenpizza

1 MARGHERITA	6,90 €	
Mozzarella, Basilikum		
2 SALAMI	8,30 €	
Mozzarella, Salami		
3 TONNO	9,00 €	
Mozzarella, Thunfisch		
4 PROSCIUTTO	9,00 €	
Mozzarella, gekochter Schinken		
5 FUNGHI	9,00 €	
Mozzarella, Champingnons		

1 SIZILIANA	9,00 €
Mozzarella, Kapern, Oliven, Sardellen	
2 CAPRESE	8,90 €
Mozzarella, Cherrytomaten, Basilikum	
3 PARMA E RUCOLA	13,50 €
Mozzarella, Parmaschinken, Rucola	
4 FRUTTI DI MARE	13,50 €
Mozzarella, Knoblauch, Meeresfrüchte	
5 VEGETARIANA	11,50 €
Mozzarella, verschiedenes Gemüse	

Zu teuer, wirke dann wie eine Gold-diggerin

Nicht vegan

Bevande

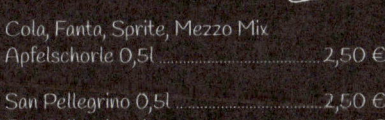

Cola, Fanta, Sprite, Mezzo Mix	
Apfelschorle 0,5l	2,50 €
San Pellegrino 0,5l	2,50 €
San Pellegrino 1l	4,50 €
Acqua Panna 0,5l	2,50 €
Säfte	2,50 €
Espresso	1,50 €
Cappuccino	2,50 €
Latte macchiato	2,50 €
Kaffee	1,50 €

Dolci

1 ZABAIONE	5,50€
Weinschaumcreme mit Marsala	
2 PANNA COTTA	5,00€
Italienisches Puddingdessert	
3 TIRAMISU	5,00 €
Mascarpone-Dessert mit Kaffeearoma	
4 GELATO MISTO	4,00 €
Gemischtes Eis mit Sahne	

443 Kalorien, niemals

442 Kalorien, das geht

Kann danach nicht schlafen

Hab ich immer mit meinem Exfreund gegessen

Was ich denke:

Wenn ich jetzt eine Pizza nehme, macht das überhaupt keinen Sinn, weil ich bestimmt nicht genug Zeit habe, beim Nach-Hause-Laufen die Pizza zu verdauen. Außerdem schlafe ich dann immer so schlecht, weil der Magen viel zu viel zu tun hat. Pizza hatte ich am Mittwoch, vor zwei Wochen hatte ich auch schon Pizza, und die hat eh nicht gut geschmeckt. Jetzt weiß ich auch gar nicht, ob ich überhaupt gerade Lust auf Pizza habe. Eigentlich würde ich lieber was Gesundes essen. Ich hab ja gestern auch so stolz erzählt, dass ich jetzt das Premium-Abo von Weight Watchers habe. Wie kommt das dann jetzt rüber, wenn ich direkt heute Abend Pizza esse. 1500 kcal plus der Verlust meiner Würde. Pasta geht dann aber auch schlecht, obwohl ich eigentlich voll Bock auf Penne Ragu hätte. Die waren hier das letzte Mal so krass. Die Schärfe burnt mir doch eh dann die Fettzellen alle weg. Vielleicht warte ich mal ab, was er isst. Wir können ja halbe-halbe machen. Dann kann ich einen gesunden Salat bestellen. Er bestellt die Nudeln und ich ess dann ein bisschen mit. Wenn er dann noch Hunger hat, können wir ja noch eine Pizza nachbestellen.

Ergebnis: Ich bestelle einen kleinen Salat. Er bestellt Pizza plus Penne Ragu.

Endergebnis: Mein Salat bleibt unangetastet stehen und wir bestellen noch eine Pizza zum Teilen nach.

Was ich denke:
Ich hasse mein Leben!

Was Daniel denkt:
Ich hasse meine Freundin!

Was der Kellner denkt:
Jedes Mal dieselbe Leier. Die Pizza haben wir eh schon vorbereitet, weil die Alte jedes Mal die gleiche Nummer abzieht. Der Salat wird wie immer hinten von mir vernascht. Ich will doch einfach nur mein Trinkgeld.

Was mein Magen am Abend denkt:
Will die mich komplett veräppeln? Ich wünschte, ich wäre der Magen eines anderen normalen Menschen. Eines Mannes zum Beispiel.

Fuck, der hätte wirklich Ehemannpotenzial gehabt!

Manchmal tue ich Dinge, die ich selbst nach ein paar Jahren noch bereue. Es gibt Geschichten, für die schäme ich mich bis heute. Eine davon stammt aus meiner dritten ernsten Beziehung mit Daniel. Er war einer von diesen Männern, die du heute ansiehst und dir denkst: *Fuck, der hätte wirklich Ehemannpotenzial gehabt.*

Aber kennt ihr diesen Typus Exfreund, der euch als so psycho abgespeichert hat, dass er lieber eine Woche Urlaub auf dem Bauernhof machen würde, ohne Handy und Internet und mit seiner Oma, als noch mal mit dir einen Tag zu verbringen? Das sind diese Exfreunde, die du im Club wiedertriffst und sofort denkst: *Boah, jetzt muss ich mich interessant machen!*

Du bewegst dich ganz bewusst, wackelst extra mit dem Hintern, machst deine Haare auf der Toilette noch mal zurecht, ziehst den Lippenstift nach, stopfst dir Toilettenpapier in den BH, damit deine Brüste größer aussehen, und wünschst dir, du hättest dir doch das Eyebrow-Lifting gegönnt ... Das alles nur, damit er denkt: *Wow, die sieht noch tausendmal geiler aus als früher.*

Falls andere Typen dich ansprechen, tust du so, als wärst du total schwer zu haben, bist aber trotzdem nicht abgeneigt. Er soll ja sehen: Die Frau ist nicht aus dem GAAAAME!

Daniel ist ein solcher Exfreund bei mir. In unserer Beziehung hatte ich das GAAAAME sicherlich noch nicht verstanden.

Ich weiß noch, wie ich einmal versucht habe, mit ihm über eine Bekannte zu lästern, die sich aus meiner Sicht an ihn rangemacht hatte …

Ich sagte zu ihm: »Boah, kennst du die noch? Das ist doch die … Die ist ja eigentlich echt hübsch …«

Was ich dachte: *Wenn er ihren Namen noch weiß, ist da was faul. Der kann sich doch normalerweise keine Namen merken. Und wenn er außerdem noch bestätigt, dass sie wirklich hübsch ist, dann ist Feierabend!!!*

Daniel dachte: *Diese Frage bedeutet nichts Gutes. Die testet mich doch schon wieder! Ich antworte lieber mal gar nicht. Jedes Wort, das ich sage, wird nur gegen mich verwendet.*

Daniel sagte: nichts.

Ich machte weiter: »Die hat schon 'ne gute Figur. Aber ich glaube, sie hat leider so 'ne leichte Essstörung. Aber ist ja auch egal, es ist ja ihr Körper.«

Was ich dachte: *Wenn er jetzt nicht antwortet, findet er sie 100-prozentig heiß.*

Daniel dachte: *Stimmt, die ist wirklich ziemlich heiß. Aber Essstörung … keine Ahnung, das interessiert mich auch nicht. Ich sag zur Sicherheit lieber gar nichts.*

Daniel sagte: nichts.

Was ich dachte: *Jetzt hast du den Bock abgeschossen!*

Was ich sagte: »Sag mal, stehst du auf sie? Warum reagierst du denn nicht, wenn ich mit dir darüber rede? Hast du was zu verheimlichen??!??!!«

Was er dachte: *Jetzt geht die Kacke wieder los. Wie schaffe ich es, aus der Nummer rauszukommen?*

Wie er reagierte: »Was interessiert mich ihre Essstörung? Ich kenn die doch kaum! Ich hab die zweimal in meinem Leben gesehen.«

Was ich dachte: *Tatsache ist, er erinnert sich daran, dass er sie zweimal gesehen hat. Das beweist ALLES!*

Ich antwortete: »Wie du hast sie zweimal gesehen? Wo und wann?«

Er: »Keine Ahnung, ich erinnere mich nicht, ich habe mit ihr vielleicht zwei Worte gewechselt.«

Ich: »Zwei Worte??? Was waren die zwei Worte? 'NIMM MICH', oder was???«

Er: »Glaub mir, das ist jetzt echt psycho. Dein Problem ist größer, als du denkst.«

Ich: »Ich ruf die jetzt an! Ich werde alles bis ins kleinste Detail herausfinden. Wann und wo du sie getroffen hast und seit wann ihr zusammen seid. So, wie du sie in Schutz nimmst, hast du mich noch NIE in Schutz genommen!!!«

Er: »Sag ihr ganz liebe Grüße von mir!«

Danach hatten Daniel und ich erst mal zwei Wochen »Beziehungspause« oder, wie ich es nenne, »Hättest du wohl gerne, ich folge dir auf Schritt und Tritt!«. Das war dann das echte Ende unserer Beziehung.

Das Traurige ist, ich hatte mich völlig reingesteigert. Er hatte wirklich nur zwei Worte mit ihr gewechselt, nicht mehr und nicht weniger. In so einer Situation hat ein Mann keine Chance, irgendetwas

richtig zu machen. Wenn ein Mann nicht auf unsere Vorwürfe ein-
geht, denken wir, er hat etwas zu verheimlichen. Geht er darauf ein
und lästert sogar mit uns über die andere Frau, finden wir das eine
Katastrophe – denn echte Männer lästern doch nicht. Die einzig
richtige Reaktion in so einem Fall ist, verständnisvoll mit Abstand
und männlich beschützend zu sagen: »Baby, ich stehe nicht auf so
dünne Frauen. Das gefällt mir gar nicht. Ich mag Kurven! Aber nur
DEINE Kurven, nicht die von anderen Frauen. Alle anderen Kurven
sind voll uninteressant.«

**Daniel, falls du dieses Buch jemals lesen wirst, ich gönne dir deine
gesunde Beziehung mit einer normalen Frau und süßen Kindern.
Bitte like mein Bild auf Instagram und ruf mich an, wenn du wieder Single bist! PS: Der Pulli, den ich dir geschenkt habe und den
du auf dem Foto trägst, das du am 15. Februar auf deinem Facebook-Profil gepostet hast, steht dir immer noch megagut.**

KAPITEL 13

LIPPENSTIFT STATT THERAPEUT

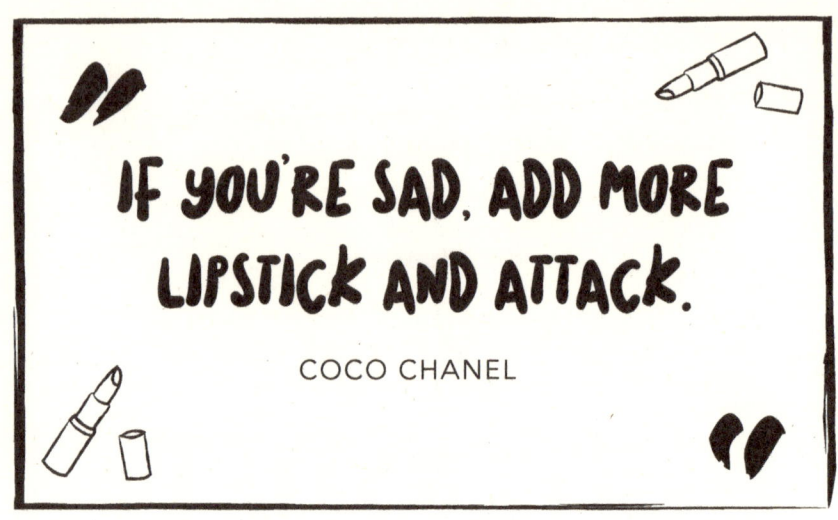

IF YOU'RE SAD, ADD MORE LIPSTICK AND ATTACK.

COCO CHANEL

Es ist ein ganz normaler Tag. Die Sonne scheint, es könnte ein guter Tag sein. Wären meine komischen Gedanken nicht so dominant. Es reicht mir natürlich nicht, dass gerade gutes Wetter ist. Ich schaue auf mein Handy und hoffe insgeheim, dass etwas Gutes passiert ist. Ich sehe: keine neuen Mitteilungen. Es gibt doch nichts Schlimmeres, oder? Es ist jedes Mal dasselbe. Wenn ich nicht darauf aus bin, zu texten oder mit Freunden zu schreiben, bekomm ich von allen Ecken Nachrichten. Aber kennst du das? Wenn du dein Handy bewusst über Nacht ausschaltest und dich schon darauf freust, dein Handy am nächsten Morgen anzumachen und von Nachrichten Tausender Menschen, die du magst, überflutet zu werden, schreibt auf einmal NIEMAND. Nicht mal meine Mutter schreibt mir, und die schreibt immer! Was mich aber in Wirklichkeit aufregt, ist, dass mein neuer Typ nicht schreibt. Mein neuer Typ. Wie er heißt? Neuer Typ. Mein neuer Typ sorgt gerade dafür, dass ich meine morgendlichen Endorphine nicht bekomme, und das geht mir ziemlich auf die Nerven. Jetzt muss ich die doppelte Menge Kaffee trinken, um wieder Glückshormone zu bekommen, oder ein Bild auf Instagram posten, das viele Likes kriegt.

Aber ich denke mir gerade nur: *Wieso schon wieder?*

Seien wir ehrlich. Es ist doch immer das Gleiche. Am Anfang bist du noch cool und unnahbar, weil der Typ unbedingt um dich kämpfen will und dadurch extrem heiß auf dich ist. Ich habe das Gefühl, sobald diese Anfangsarroganz der Frau wegfällt und man sich einem Typen öffnet, verliert er ganz schnell das Interesse. Ich meine, er wollte doch UNBEDINGT Kontakt zu mir? Dann soll er gefälligst auch genauso interessiert sein, wie er am Anfang war. Er war so oft präsent, dass ich einfach chillen konnte. Die gute alte Anfangsphase, in der Frauen unnahbar sind. Das ist unsere Macht-Phase. Was ist denn jetzt schon wieder passiert? Schon wieder bin ich so aufdringlich, ohne dass ich es wollte. Ich gehe unseren alten Verlauf durch und sehe den krassen Unterschied. Am Anfang habe ich noch kurze und knappe Antworten gegeben.

Früher

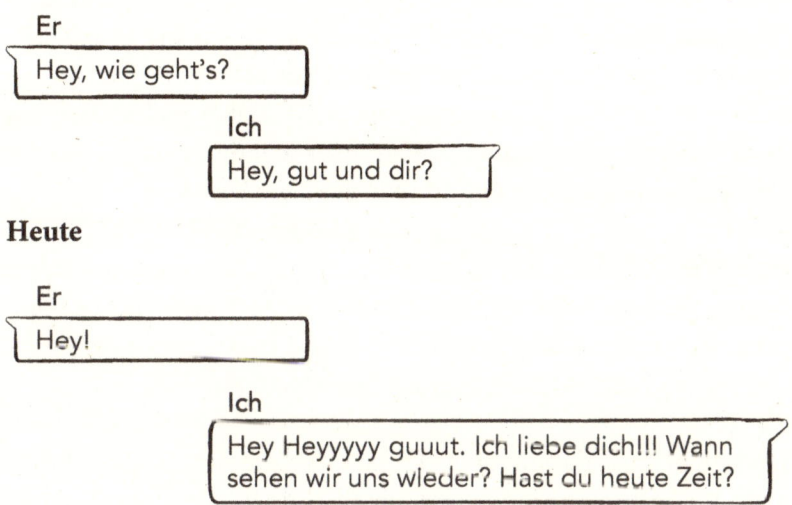

Heute

Ich soll jetzt genauso weitermachen, bis der Typ gar keinen Bock mehr hat und sich endgültig nicht mehr meldet? AUF KEINEN FALL! So geht es nicht mehr weiter. Ein Masterplan muss her! Ich muss mich wieder interessant machen, um unsere Beziehung zu retten. Wie mache ich mich am einfachsten interessant? Indem ich ihn eifersüchtig mache. Ich werde nicht nur genauso interessant wie früher, sondern die interessanteste Frau, die er JE gedatet hat. Ich hole mir meine Unnahbarkeit wieder zurück. Komme, was wolle.

Die Männer wissen nicht, dass wir Frauen ihre Gefühle lenken können, ohne dass sie es merken. Wenn eine Frau angeschrieben werden will, weiß sie genau, was sie tun muss, damit dies geschieht. Die Männer machen es uns ja auch einfach. Unsere Tricks klappen IMMER und IMMER wieder. Frauen besitzen die Gabe, einen Mann so schnell zu analysieren und zu durchschauen, dass sie ihn am Ende besser kennen als er sich selbst. Frauen wissen ganz genau, was sie tun müssen, um gewisse Gefühlszustände in ihm zu entfachen. Unterschätze niemals die Macht einer Frau. Wenn eine Frau sich nicht geliebt, verstanden, genug beachtet und wertgeschätzt fühlt, dann schraubt sie einfach ein bisschen rum und verwendet ein paar kleine Tricks und bringt den Mann am Ende dazu, ihr die gewünschte Beachtung zu schenken. Dies tut die Frau nicht mit einer bösen Absicht oder mit bösen Hintergedanken. Wirklich nicht. Ganz im Gegenteil. Sie tut es, um die Beziehung zu retten. Sie tut es, um die Beziehung wieder interessant zu machen. Wie versuche ich, meine Beziehung zu retten? ICH MUSS IHN EIFERSÜCHTIG MACHEN! Warum? Ganz einfach. Wenn mein Typ eifersüchtig wird, bekommt er Angst, mich zu verlieren, und gibt sich wieder mehr Mühe. Und wenn er sich mehr Mühe gibt, weil er Angst hat, mich zu verlieren, ist das für mich der Beweis, dass ich ihm etwas wert bin.

Ich bin nicht stolz darauf, aber das ist eines der Dinge, die ich immer, ob unbewusst oder bewusst, getan habe in der Überzeugung, dass ich damit meine Beziehung retten kann. Ich weiß nicht, wieso ich jedes Mal wieder damit anfange. Es ist das Spiel mit dem Feuer. Einen Typen eifersüchtig zu machen ist manchmal gar nicht so verkehrt, aber es kommt auf die Dosis an. Du darfst nicht übertreiben. Aber sag das mal einer Frau. Wenn du einmal Erfolg damit hast und durch diese Methode Aufmerksamkeit bekommst, solltest du danach sehr vorsichtig sein. Es ist wie ein Antibiotikum. Man sollte es nur selten verwenden und auch nur, wenn es dringend notwendig ist. Irgendwann verliert es nämlich an Wirkung und der Körper wird immun. Jedes Mal, wenn ich versuche, etwas nicht zu übertreiben, übertreibe ich es so sehr, dass es gar keine Steigerung mehr gibt. Ich weiß nicht, was in mir passiert, dass ich dann immer denke: *Dem muss ich zeigen, dass mich auch andere Männer wollen. Ich weiß, es ist giftig, aber jede Frau hat eine kleine Hexe in sich, die den Mann ein bisschen triggern möchte!*

Na ja, meine Logik ist folgende: Wenn die Luft aus einer Beziehung raus ist, gibt es diese zwei Möglichkeiten.

ENTWEDER	ODER
Paartherapie, um die Beziehung zu retten	Roter Lippenstift, ein hottes Kleid & gaffende Männer

Denn es gibt eine mathematische Gleichung, die immer funktioniert:

$$(\text{Roter Lippenstift} + \text{hottes Kleid}) \times \text{Bar} = \text{Gaffende Männer} \approx$$
$$\text{eifersüchtiger Freund} \approx \text{glückliche Beziehung}$$

Seine Gedanken: *Alle Typen wollen mir meine Freundin wegschnappen! Ich muss jetzt Gas geben, um sie nicht zu verlieren.*

Mit richtig viel Geld kann man zwar eine gute Paartherapie bekommen, die möglicherweise die Beziehung rettet, aber mit wenig Geld kann man roten Lippenstift kaufen. Außerdem führen die Blicke anderer Männer dazu, dass der Freund sich wieder Mühe gibt und vor allem dass ER die Beziehung rettet. Bei der Variante »Roter Lippenstift + Kleid« entschuldigt er sich am Ende sogar noch. Bei einer

Paartherapie heißt es letztlich womöglich noch, dass ich auch daran schuld bin, dass die Beziehung eintönig geworden ist, und dass wir uns beide nicht genug bemüht haben.

Fazit: Mit weniger Geld kommt man am Ende sogar zu einem besseren Ergebnis. Oder wie es in der BWL heißt:

$$\text{Minimaler Aufwand} \longrightarrow \text{maximaler Ertrag}$$

Viele denken immer, weil eine Frau ihren Freund eifersüchtig macht, ist es eine toxische Beziehung. Nein. Sie macht es nur, um sicherzugehen, dass er sie weiterhin behalten möchte. Das heißt nicht, dass sie eine Crazy Bitch ist, ein Psycho oder manipulativ. Es bedeutet, dass sie es ernst meint und ihn lieb hat.

$$\textit{Eifersüchtig machen} \approx \textit{wahre Liebe}$$

Ganz ehrlich, ich bin der Meinung, frau sollte ihn ab und zu, also alle paar Monate, mal richtig eifersüchtig machen. Nur um zu checken, ob er noch Angst hat, einen zu verlieren. Wie eine TÜV-Inspektion beim Auto. Die ist einfach nur dazu da, um zu prüfen, ob auch wirklich noch alles okay ist. Wenn er den TÜV bestanden hat, läuft der Countdown bis zum nächsten Check. Genug Lippenstift ist ja da.

Es gibt zwei Phasen, in denen Frauen einen Mann eifersüchtig machen wollen:

1. Am Anfang
Wenn er sich noch nicht zu uns »committen« will (engl. »bekennen/verpflichten« – Achtung, es kommt im 21. Jahrhundert oft vor, dass es gar nicht über diese Schwelle hinausgeht. Dazu aber später.

2. Während der Beziehung
Wenn wir nicht mehr die Aufmerksamkeit kriegen, die wir am

Anfang bekommen haben, und/oder immer dann, wenn wir Komplexe bekommen.

Ich sitze mit meinem Typen im Restaurant und merke, dass er nicht ganz bei der Sache ist. Er schaut die ganze Zeit auf sein Handy und telefoniert nonstop.

Ich denke mir: *Für was habe ich mich denn heute gefühlt drei Jahre aufgestylt, mich geschminkt und meine Brüste mit dem neuen Push-up-BH hochgefakt? Dafür, dass er nur auf sein Handy schaut?*

Als er mal nicht auf sein Handy schaut, sieht er mich an und ich nutze die Chance und starte ein Gespräch.

Was ich sage: »Und, wie läuft das Business?«

Was ich denke: *Es ist mir so egal, wie dein Business läuft. Schenk mir deine verdammte Aufmerksamkeit. Ich bin 25 und das Leben ist begrenzt. Ich könnte gerade mit jemandem zusammen sein, der mir seine volle Aufmerksamkeit schenkt, und du Idiot redest über Laminatboden?*

Er schaut mich verwirrt an und sagt: »Alles gut, viel zu tun halt!«

Was er denkt: *Alles gut, viel zu tun halt!*

Er schaut wieder auf sein Handy.

Du schenkst mir keine Aufmerksamkeit auf diese einfache Weise? Dann bekomme ich meine Aufmerksamkeit eben auf die schwierige Weise. Ich schaue ihn mit einem dreckigen, hinterhältigen Blick an und denke mir: *Jetzt der Trick 17!* Plötzlich bekomme ich die Fähigkeit, meine Umgebung wie eine Eule im 360-Grad-Winkel zu sehen und alles zu scannen, obwohl ich an einem Tisch sitze. Vorher war meine Aufmerksamkeit auf ihn gerichtet, aber auf einmal geht es darum, aus diesem langweiligen Abend das Beste rauszuholen!

Ohne dass es auffällt, kann ich plötzlich alles einordnen: Wer sitzt wo? Wie viele Frauen? Wie viele Typen? Wo sind die Männer, die jede Frau anbaggern würden, und wie ist deren Sichtmöglichkeit zu mir? Ist der Blickwinkel gut? Jackpot! Hinter mir, auf 19 Uhr, sind gerade ein paar Typen gekommen. Wenn ich es schaffe, auf dem Weg zur Toilette einen so grandiosen Walk hinzulegen, dass sie sich komplett nach mir umdrehen, wird mein Typ es sehen und merken, wie heiß die Jungs auf mich sind. Genau so sind übrigens die Stöckelschuhe erfunden worden. Also bereite ich mich mental darauf vor und visualisiere alles noch mal. Ich muss es irgendwie schaffen, dass diese Männer auf mich aufmerksam werden und mich so hart angaffen, dass mein Freund das auf jeden Fall mitbekommt. Ich hole meinen kleinen Spiegel raus und beobachte die Männer darin; es sieht ganz gut aus. Ich hole meine Waffe raus. Den roten Lippenstift. Ich schmiere ihn mir auf die Lippen. In diesem Moment fühle ich mich wie Batman, wenn er die Brille aufsetzt! Danach decke ich meine Augenränder mit einer reichlichen Portion Concealer ab. Und wenn wir schon dabei sind, auch noch ein bisschen Rouge.

Ich höre, dass diese Männer im Restaurant gerade ganz wichtige Gespräche führen wie:

»Bruder, die Eintracht hat gerade einen sehr guten Lauf, wenn die so weitermachen, dann bald Champions League!«

»Ja, Bro, aber letzte Saison war nicht so.«

»Bruder, glaub mir, Kovac hat Eintracht gerettet.«

»Kovac? Guter Mann, er fährt AMG.«

»Habe mir auch gerade ein neues Auto angeschaut, Mercedes C63, mattschwarz, tiefergelegt und brutale Carbonfelgen, Bruder. Guck mal!«

»Wenn heute Bayern gewinnt und ich richtig gewettet habe, gibt es noch mal ordentlich Cash. Dann Essen morgen auf mich, Jungs.«

Am Tisch nebenan sitzen drei Frauen, deren Gespräche ganz andere sind.

Ich denke: *Woah, wie gerne würde ich gerade bei denen sitzen.*

»Hier, das ist seine neue Freundin!«

»Oh Gott! Die ist doch voll gemacht.«

»Die kann dir wirklich nicht das Wasser reichen. Außerdem, sorry, aber dein Exfreund war eh hässlich!«

»Ja, dein Ex war echt hässlich und hatte Mundgeruch. Wir wussten alle gar nicht, was du von ihm wolltest.«

»Du brauchst einen neuen Typen. Guck mal, der rechte da am Nachbartisch, der wäre doch was für dich!«

»Ihh, ne. Der sieht aus wie ein Typ, der keine anderen Gespräche hat als Autos und Fußball. Lass mal. Ich bleib jetzt erst mal Single. Ich will eh gerade nichts von Männern wissen.«

Frauen tun zwar immer so, als wären sie nicht wegen Männern beim Essen, sie tun auch so, als würden sie gar nicht mitbekommen, wer alles so um sie herum sitzt. Insgeheim aber warten wir IMMER auf gute Männer und sind bereit, anzugreifen.

Ein Abend ohne gute Männer im Restaurant ist ein verlorener Abend, auch wenn wir es nicht zugeben wollen. Wie traurig, und ich sitze hier mit einem guten Mann und der Idiot beachtet mich nicht richtig.

Auf jeden Fall muss ich ihn eifersüchtig machen, also schiebe ich beim Aufstehen meinen Stuhl extra laut nach hinten, damit alle erst mal akustisch aufmerksam werden, bevor sie dann optisch auf mich aufmerksam werden. Scheiße, hört sich eher an wie ein Riesenfurz! Egal, ich stehe auf, gerade Schultern, Hintern raus und wackele extra mit meinem nicht vorhandenen Hintern, als hätte ich einen Hintern. Ich spüre schon die Blicke der Männer! Liebe Männer, Frauen sehen zwar nicht, wenn sie von hinten angeguckt werden, aber sie spüren es!

Ich denke mir: *Jackpot!*, und lege einen grandiosen Lauf mit meinen viel zu hohen Schuhen hin, während ich panische Angst habe, auf die Fresse zu fliegen. Die Typen haben mich auf jeden Fall bemerkt. So, jetzt bin ich auf der Toilette, ohne aufs Klo gehen zu müssen. Also halte ich mich hier eine kurze Weile auf. Aber nicht zu lange, sonst könnten alle denken, dass ich kacken bin, und das könnte ein Abturner sein. Ich wasche mir meine Hände, damit es realistisch ist, dass ich wirklich aufs Klo musste. Ich laufe zurück und merke, wie die Typen mich wieder angaffen, und ich halte extra ein bisschen Blickkontakt mit ihnen, damit sie bloß nicht aufhören zu gucken und mein Freund das auch in jedem Fall mitkriegt.

Die Typen denken sich bestimmt:
Was ist das denn für eine? Die ist hier mit ihrem Freund, aber schaut andere Männer an.

Aber ich denke mir:
Brudi, glaub mir, du bist mir so was von egal und ich finde dich auch nicht gut. Ich muss aber meine Beziehung retten, und dafür tue ich alles.

So, meine oscarreife Laufstegaktion ist vorbei und in solchen Situationen gibt es nur zwei Optionen. Entweder mein Typ guckt in die Richtung der Typen und sein Ego wird geweckt, also wirft er den Männern einen bösen Blick zu und kriegt danach Verlustängste. Fazit: Jackpot! Oder es läuft so, wie es jetzt bei mir wieder gelaufen ist: Mein Typ merkt es nicht einmal und schaut immer noch genauso auf sein verdammtes Handy, wie er es getan hat, als ich aufgestanden bin. Fazit: Fail.

Ach, ist mir jetzt auch egal, denke ich. Also fange ich an, sinnlose Nachrichten in meine Whatsapp-Mädelsgruppe zu senden und mit ihnen über meinen Freund zu lästern. In meinem Inneren kommuniziere ich wütend mit meinem Freund, ohne es auszusprechen:

Dieses Mal bist du mir davongekommen, aber glaub mir, ich kriege dich noch.

Manchmal passiert es aus dem Nichts!

Ich sitze mit meinem Crush auf der Couch und merke, dass er mich schon wieder nicht richtig beachtet. In meinem Kopf ist wieder Gedankenparty. Einerseits denke ich mir: *Ach, der Arme, hat so viel gearbeitet und ist bestimmt einfach nur müde.* Andererseits denke ich mir: *Einfach nur müde? Er hat früher genauso viel gearbeitet und war nicht müde.* Mir springt wieder der Artikel über Männer in den Kopf, den ich vor Kurzem gelesen habe. Darin stand, dass Männer auch einfach nur dasitzen und an NICHTS denken können. Einfach an gar nichts. *Wie geht das nur? Meditiert er gerade? Seit wann macht er das denn? Vielleicht ist er deshalb gerade so ruhig.* Dann fällt mir wiederum auf, dass er gerade an irgendwas denken muss, weil er seine Augen nach oben gedreht hat. *Worüber denkt er gerade nach? Was oder wer ist wichtiger als ich? Vielleicht hat er ja eine neue Arbeitskollegin, die er heiß findet, und er denkt gerade an sie? Was ist, wenn er gerade am Überlegen ist, sie anzuschreiben? Ich muss es endlich schaffen, ihn eifersüchtig zu machen. Im Restaurant hat es ja nicht geklappt. Vielleicht klappt es mit einer anderen Methode.* Also hole ich mein Handy raus und fange an, laut zu lachen, sodass er fragen muss, worüber ich gerade lache.

Ich: »Hahahahahahahahha!«

Er: reagiert nicht.

Ich denke: *Okay, ich muss noch etwas dazu sagen, damit er aufmerksam wird.*

Ich: »Hahahahaha! So ein witziger Typ!«

Er denkt sich: *Worüber lacht sie denn? Vielleicht ist es echt witzig. Will auch lachen.*

Er sagt: »Welcher witzige Typ?«

Ich denke: *OH MEIN GOTT, er hat reagiert. Ich habe nur eine Chance, mich interessant zu machen. Ich darf es jetzt nicht verkacken.*

Ich sage: »Ach, dieser witzige Typ hat mir wieder eine sinnlose Nachricht geschrieben.«

Währenddessen habe ich auf meinem iPhone eine alte Nachricht von vor zwei Jahren geöffnet. In der Zeit hat mir ein Typ mehrmals geschrieben. Ich halte das Datum zu, damit er nicht sehen kann, dass die Nachricht alt ist.

Er schaut auf mein Display, sieht sein Profilbild und denkt sich: *Der Typ sieht ja sogar ganz okay aus.*

Er sagt: »Zeig mal sein Profil!«

Ich denke: *Jackpot, gleich habe ich ihn!!!*

Ich sage: »Ach, egal, Schatz, scheiß drauf. Unwichtig.«

Er denkt: *Was unwichtig? Hat die was zu verheimlichen?*

Er sagt: »Zeig mir bitte sein Profil.«

Er geht auf das Profil und sagt: »Der hat doch eine Freundin! Was für ein Hurensohn. Vergeben und macht andere Frauen an.«

Plötzlich fällt mir auf, dass ich einen Mann, der mir mal vor zwei Jahren geschrieben hat, als Betrüger darstelle, und schäme mich ein bisschen.

Aber hey, das Positive ist: Er hat mich danach in den Arm genommen und mir einen Kuss auf die Stirn gegeben.

Also, was lernen wir daraus? Wenn eine Frau zu ihrem Freund sagt: »Krass! Weißt du, wer mein Bild gelikt hat?«, will sie ihn nicht eifersüchtig machen, um ihn zu provozieren, sondern ihn dazu bringen, sein Handy wegzulegen und mit ihr zu kuscheln.

Eifersüchtig machen, aber so richtig!

Zum Abschluss dieses Kapitels möchte ich dir verschiedene Methoden vorstellen zum Eifersüchtigmachen. Übrigens alle auf eigene Gefahr und ohne Gewähr!

1. Durch verbale Kommunikation

Hier versuchen wir, ihn mit Worten eifersüchtig zu machen. ACHTUNG! Diese Form ist die wohl auffälligste, muss also geübt sein, sonst kann sie schnell sehr peinlich enden. Frauen, die sehr verzweifelt sind, weil sie viel zu wenig Aufmerksamkeit bekommen, sagen ihrem Typen Sätze wie »Weißt du eigentlich, wie viele Männer Schlange stehen, um mich kennenzulernen?«. Auch verwenden sie Sätze, die eine kleine Bedrohung beinhalten: »An deiner Stelle würde ich mir ein bisschen mehr Mühe geben, sonst bin ich ganz schnell bei einem der 1000 Männer, die mir schreiben und alles für mich tun würden.« Ich habe das in meinen sehr verzweifelten Phasen mehrmals gemacht und die Antwort von ihm war immer die gleiche: »Dann nimm doch einen der 1000 Männer. Ich werde dich nicht aufhalten, wenn du das unbedingt willst. Viel Erfolg dabei!«

2. Durch materielle Hilfsmittel

Männer haben oft einen inneren Kampf in Bezug auf Status, Geld und Erfolg. Das wissen wir. Bei manchen Männern ist dieser innere Kampf besonders stark ausgeprägt. Wenn wir das wissen, nutzen wir es aus. Sind wir zum Beispiel verzweifelt, weil er uns eine Abfuhr gegeben hat und sich nicht mehr meldet, suchen wir einen Typen, der finanziell über ihm steht. Einen, der Dinge besitzt, die er gerne hätte. Jeder hat in der Familie diesen einen reichen Onkel. Dann posten wir nur ein Bild, auf dem man zufälligerweise eine männliche Hand mit einer teuren Rolex sieht. Dass es die Hand von unserem Onkel ist, weiß er ja nicht. Das, was er sieht, ist nur eine teure Uhr und eine Männerhand. Schwups, denkt er sich: *Nicht, dass die jetzt einen Typen bekommt, der mir finanziell überlegen ist.* Er wird eifersüchtig. Dieser Trick klappt immer sehr gut, hat aber nur eine kurzfristige Wirkung. Hier ein paar andere Hilfsmittel, die eine Rolex ersetzen können: Mercedes-, Porsche-, Lamborghini- oder Ferrari-Schlüssel, ein dicker Stapel von Geldscheinen, die mit einer Spange zusammengehalten werden, ein Lottoschein, eine schwarze Kreditkarte, teure Restaurants.

3. Durch Romantik

Wenn eine Frau sich in der Beziehung mehr Romantik wünscht und diese nie bekommen hat, tut sie nach der Trennung eben so, als würden jetzt andere Männer ihr romantische Geschenke machen. Sie kauft sich 50 teure, große rote Rosen und postet eine Story davon mit dem Text »OMG. Wer war das? #heimlicherverehrer #werbistdu #thankful #happy«.

Ob wir uns schämen, dass wir fünf Minuten zuvor selbst im Blumengeschäft waren und die Rosen gekauft haben? Niemals. Wir kämpfen gerade um unsere Beziehung. Da gibt es keinen Platz für

Reue und Scham. Rosen sind allerdings nicht das einzige Hilfsmittel für diese Methode. In meiner verzweifelten Phase nach der Trennung habe ich einen Typen eifersüchtig machen wollen, indem ich Videos von meiner Freundin verwendet habe, in denen man immer eine Männerhand gesehen hat, die ihr verschiedenste Gerichte auf einem Teller angerichtet hat. Man hat immer nur einen Teller, die Männerhand und einen haarigen Arm gesehen. Kein Gesicht. Meine Freundin war so nett und hat mir die Videos zur Verfügung gestellt, damit ich sie online stellen konnte. Leider hat der Trick dafür gesorgt, dass mir mein Typ entfolgt ist und sich nie wieder gemeldet hat. Na ja, einen Versuch war es wert.

4. Durch wilde Partys

Das Letzte, worauf Frauen Bock haben, während die Beziehung in die Brüche geht, sind Partys. Wir wollen dann eigentlich überhaupt nicht feiern. Der einzige Grund, warum wir plötzlich anfangen, so viel auszugehen, ist, dass wir unseren »Spatz« eifersüchtig machen wollen. Ich erinnere mich noch genau daran, wie ich voll oft mit anderen Jungs aus war, die öfter mal Frauen dabeihatten, als mein Exfreund nicht mehr so viel Interesse an unserer Beziehung zeigte. Ich habe vorher nicht mal einen Schluck Alkohol getrunken. Nur um ihn eifersüchtig zu machen und ihm zufällig auf einer Party zu begegnen, habe ich mich dann mit alten Freunden getroffen, die immer feste Tische im Club hatten, die mit Champagnerflaschen vollgestellt waren. An den Tischen saßen immer irgendwelche Profifußballer. Mein einziges Interesse war, dass er mich sieht und denkt: *Boah, die ist mit anderen Typen unterwegs und macht Party auf hohem Niveau. Ich glaube, ich muss wieder um sie kämpfen.*

Manchmal hat er mich gefragt, was ich am Abend mache. Er hat es eigentlich nur gefragt, um zu vermeiden, dass wir uns irgendwo begegnen. Diese Chance habe ich aber gerne genutzt.

»Ich habe eine Einladung von einem Typen vom ›Soho House‹. Da kommen nur Special Guests rein. Ist 'ne private Party mit Code.«

Einmal habe ich ihm sogar erzählt, dass der Bodyguard von Chris Brown mich angeschrieben und er mich zum Chillen eingeladen habe. Ich weiß, das klingt alles sehr abartig und verzweifelt, aber ich war halt nicht mehr ich selbst.

5. Durch enge Freundschaften

Wenn eine Frau in der Beziehung das Gefühl hat, dass der Partner lieber etwas mit seinen Jungs unternehmen möchte als mit ihr, weil es mit den Jungs »entspannter« und »witziger« ist, dann will sie ihm zeigen, dass andere Männer diese Meinung nicht teilen. Sie kramt plötzlich und aus heiterem Himmel ihre guten alten männlichen besten Freunde raus. Nicht, weil sie diese Freunde vermisst hat, sondern, um zu zeigen: Sieh mal, mit mir hängen andere Männer gerne ab, weil ich so megacool bin, und du bist so blöd und nimmst dir nicht genug Zeit für mich. Um zu demonstrieren, wie gut sie sich mit anderen Männern versteht und wie cool sie ist, lacht sie laut über die Witze anderer Männer, schreit hysterisch: »Haha! Oh mein Gott, du bist so lustig.« Sie macht plötzlich Dinge, auf die sie eigentlich gar keinen Bock hat, und tut so, als hätte sie Bock drauf. Alles nur, um ihren Spatz auf folgenden Gedanken zu bringen: *Wenn andere Männer gerne mit ihr abhängen, kann ich doch auch öfter mal mit ihr chillen statt mit meinen Jungs. Wenn sie jetzt gerne Fußball guckt, umso besser.*

6. Durch Social Media

Zu guter Letzt die am häufigsten verwendete und in der heutigen Zeit mit Abstand einfachste Methode. Bilder auf Instagram oder Facebook posten und alle zwei Minuten das Profilbild auf Whatsapp ändern, um auf sich aufmerksam zu machen. Die Strategie geht am besten auf, wenn ganz viele notgeile Männer, auf die wir keinen Bock haben, unser Bild kommentieren, sodass er es mitkriegt. Natürlich müssen auch die Mädels dann sofort wieder parat sein und kommentieren. Der Support auf Social Media, besonders während der Eifersüchtig-mach-Phase, ist ein absolutes Muss in einer Mädelsfreundschaft.

Ich glaube, jede Frau hat schon versucht, auf solch negative Weise die Aufmerksamkeit ihres Freundes/Crushs/Schwarms/Fuckboys/whate-ver zu bekommen. Es ist so, als würde sich die innere Selbstzerstöre-rin einschalten und dich und deine Beziehung komplett vernichten wollen. Dass ich dir diese Methoden beschreibe, dient nicht dazu, dir diese Verhaltensweisen anzupreisen, sondern eher, dir einen breiten Spiegel vorzuhalten, um zu zeigen, wie wir uns manchmal verhalten, wenn wir uns nicht genug wertgeschätzt fühlen. Seien wir mal ehr-lich, diese Tricks haben doch langfristig nie wirklich was gebracht, sondern ganz im Gegenteil. Sie sabotieren die Beziehung noch mehr. Mir ist es bei meinem Exfreund passiert, dass ich ihn damit komplett vergrault habe. Er ist irgendwann nicht mehr mit meinen Spielchen klargekommen. Am Ende kam raus, dass er so viele Probleme hatte und sie mir einfach nicht erzählen wollte, um mich damit nicht unnö-tig zu belasten. Wenn du in der Beziehung nicht mehr dieselbe Auf-merksamkeit bekommst wie am Anfang, heißt es nicht immer, dass er eine NEUE hat oder nicht mehr weiß, was er an dir hat. Du weißt nicht, ob er gerade etwas durchmacht und dich vielleicht nur schützen will. Wir sollten nicht immer gleich alles auf uns beziehen, sondern manchmal den Fokus auf die andere Person lenken, dann merken wir vielleicht, was im Gegenüber vorgeht, können darauf eingehen und für ihn da sein. Jetzt mal Realtalk: Was bringt diese Eifersuchtsma-cherei am Ende? NICHTS. Ganz im Gegenteil, der Typ haut meistens komplett ab, weil er sich denkt: *Das ging ja schnell bei ihr. Die chillt schon mit anderen Typen, die 'ne Rolex am Arm haben. Das ist keine Frau, mit der ich es auf Dauer ernst meinen kann, wenn die schon direkt zum Nächstbesten rennt und sich von ihm aushalten lässt.*

Realtalk over.

See you im nächsten Kapitel.

KAPITEL 14

FREUNDSCHAFT PLUS ODER: DER BEGINN EINER MÖGLICHEN KATASTROPHE

„MÄNNER GERATEN IN DIE FRIENDZONE UND FRAUEN IN DIE FRIENDS-WITH-BENEFITS-ZONE. BEDEUTET NICHTS ANDERES ALS: MÄNNERN WIRD DER SEX VERWEHRT UND FRAUEN DIE BEZIEHUNG.

Ich bin mir ziemlich sicher, schon als du den Titel dieses Kapitels gelesen hast, dachtest du dir: *Oh, nein! Bitte nicht dieses Thema!!!* Ob Mann oder Frau, Freundschaft Plus ist leider oft problematisch. Kein Wunder: Nichts bringt so viele Konflikte in unser Leben wie eine Freundschaft mit gewissen Vorzügen. Für alle, die sich darunter nichts vorstellen können: Es ist eine meist stillschweigende Vereinbarung zwischen zwei Menschen, ganz einfach nur hin und wieder Sex miteinander zu haben – ohne Verbindlichkeit oder irgendwelche Verpflichtungen. Also ohne die Absicht, eine feste Beziehung daraus zu machen. Kurz: Freundschaft Plus, abgekürzt F+, bedeutet Sex ohne Beziehung. Nicht zu verwechseln mit der entgegengesetzten Variante: Beziehung ohne Sex. Die Ehe. Daneben existiert dann noch die Friendzone, die Freundschaft ohne Sex. Das ist dir zu kompliziert? Dann hilft dir diese kleine Übersicht bestimmt weiter:

Friendzone oder Freundschaft Plus?	
Friendzone	Ihr seid offiziell kein Paar, auch wenn das viele denken, denn ihr versteht euch super, verbringt megaviel Zeit miteinander, habt immer eine Menge Spaß zusammen. Mehr als euch kurz mal umarmt oder beim Filmgucken bisschen gekuschelt habt ihr nicht? Dann könnte es sein, dass du in die Friendzone geraten bist! Das erkennst du daran, dass sich alles anfühlt wie in einer Beziehung, bloß ohne Verbindlichkeit, Romantik und Sex. Wenn du »gefriendzoned« wurdest, hast du vielleicht auch den Satz gehört: »Du, lass uns einfach Freunde bleiben.« Übrigens: Der Übergang zur Freundschaft Plus kann fließend sein …
Freundschaft Plus (abgekürzt F+) oder auch Friends with Benefits – Freunde mit gewissen Vorzügen	Hat mit einer echten Freundschaft eher wenig zu tun. Füreinander da sein, dem anderen interessiert zuhören, an den Geburtstag denken oder beim Umzug helfen? Fehlanzeige! Die F+ ist eigentlich eine Sex-Affäre. Keine Verbindlichkeit, keine Verpflichtungen, keine Beziehung. Es geht beim Treffen vor allem um eins: Sex.

An sich klingt der Begriff »Freundschaft Plus« ja erst einmal positiv. Wie Super bleifrei plus. Plus ist ja eigentlich immer etwas Positives. Die Formel, die wir in unseren Köpfen abgespeichert haben, lautet

»Plus = positiv«. Aber zwischen Mann und Frau ist die Sache wesentlich komplexer!

Meistens entsteht eine Freundschaft Plus, wenn ein Mann und eine Frau Sex miteinander haben und dann EINER der beiden (in neun von zehn Fällen ist das der Mann) auf die Idee kommt: *Hey, mit der will ich keine Beziehung führen, aber der Sex ist gut! Also kann ich doch einfach nur Sex mit ihr haben. Ganz ohne Verantwortung und Verbindlichkeiten.*

Er sagt: »Ich will mich momentan einfach nicht fest binden. Ich muss erst mal zu mir selbst finden. Aber wir können ja mal sehen, wohin das Ganze führt! Wäre ja schade, wir haben doch eine gute Zeit zusammen, ODER?«

Er denkt: *Gar keinen Bock auf Stress und Drama. Ich find dich geil und will bumsen. Punkt.* Manchen (Männern) reicht also nur der Sex.

Was SIE versteht: *Ich wurde in meiner letzten Beziehung verletzt und habe Angst, dass auch du mich verletzt, deswegen habe ich NOCH Bindungsängste. Davon musst du mich befreien, denn ich finde dich so unglaublich toll, dass ich mir schon jetzt ein Leben ohne dich nicht mehr vorstellen kann. Aus uns wird einmal ein ganz tolles Paar, wir werden wunderschöne Kinder haben und ich werde dich auf Händen tragen. Du wirst es schaffen, mich davon zu überzeugen, dass du anders bist als meine Exfreundin. Dass du die eine bist für mich. Du bist so sexy und wunderschön, dass ich meine Hände gar nicht von dir lassen kann. Der Sex mit dir ist einfach atemberaubend. Aber kein Wunder, wir sind eben ein absolutes Real-Life-Match.*

Was sie denkt: *Der Arme. Ich werde ihm schon zeigen, dass es bei uns anders ist. Dann wird er auch eine Beziehung wollen.*

Sie sagt: »Alles cool, kein Problem. Ich möchte mich ja sowieso auch nicht fest binden.«

Die Vorteile einer Freundschaft Plus sind, dass niemand Forderungen stellt oder bestimmte Erwartungen hat (der letzte Punkt ist oft genau der Haken an der Sache!). Dafür gibt es Sex, Vertrautheit und gemeinsame Unternehmungen. Jeder nimmt den anderen so, wie er ist. All das macht die F+ intimer und emotional befriedigender als einen One-Night-Stand.

Für den heutigen Durchschnittsmann, sagen wir mal zwischen 18 und 30 Jahren, bedeutet F+ eigentlich einen Jackpot.

Viele Männer, die in einer Beziehung sind, nehmen den Beziehungsstress, die Eifersucht und die Verpflichtungen hin, nur um den Sex zu bekommen. Bei einer F+ hingegen bekommt der Mann den Sex ohne den ganzen Rest. Es ist so, als müsse man nicht zur Arbeit gehen, könne jeden Tag ausschlafen und bekäme trotzdem regelmäßig sein Geld überwiesen.

Eine F+ ist sozusagen das Hartz IV
unter den Beziehungen.

Wenn eine Frau ihrem F+-Buddy diesen Status nehmen will, verhält er sich wie ein Arbeitsloser, der dem Jobcenter immer wieder eine neue Geschichte erzählt, warum er nicht arbeiten gehen kann.

»Aber ich habe doch Bindungsängste!«

Die arbeitende männliche Bevölkerung kann es nicht fassen: »Wir müssen jeden Tag hart arbeiten, Beziehungsdramen ertragen und die Frau regelmäßig beschenken, einladen und sie verehren. Und er nimmt sich einfach nur das Gelbe vom Ei?«

Eine F+ an sich kann ziemlich entspannt sein, wenn man ehrlich und offen an die Sache rangeht – ohne Lügen und ohne dem anderen unnötige Hoffnungen zu machen.

Es müssen gewisse Regeln festgelegt sein. Man trifft sich, hat Spaß miteinander, geht am Wochenende aus. Und das alles ohne Verpflichtungen und vor allem ohne Eifersucht. Keine Rechtfertigungen, keine Gefühle, keine Treue und Verbindlichkeit. Keine solchen Whatsapp-Nachrichten, wenn man ohne einander unterwegs ist:

»Wo bist du?«
»Warum gehst du nicht ans Telefon?«
»Schick mir Beweisfotos!«
»Wann kommst du heim?«
»Mit wem bist du unterwegs?«
»Schon wieder feiern?«
»Du machst ganz schön oft Männerabend/Mädelsabend momentan.«
»Liege ganz allein auf der Couch, kommst du jetzt endlich vorbei?!«
»Ich will nicht, dass du da hingehst.«
»… wenn dir das wichtiger ist.«

Dieses Modell kann klappen. Voraussetzung ist aber, dass beide nur das eine wollen. Denn die Sache wird unglaublich schwierig, wenn einer der beiden plötzlich mehr Gefühle entwickelt und der andere eben nicht. Vor allem den Frauen passiert es nicht selten, dass sie sich in ihre F+ verlieben. Ich kenne jedenfalls viele, denen es so ging.

Die meisten meiner Freundinnen wollten eigentlich während ihrer F+ nur eine Sache: den Mann davon überzeugen, dass sie für immer zusammengehören.

Wir Mädels befolgen also die eigentlichen Regeln von Anfang an nicht. Nein, wir überlesen sie extra oder schreiben sie einfach gleich um, ohne ihm Bescheid zu sagen. Er wird ja sowieso am Ende dankbar sein und schon wissen, was er an uns hat, wenn er uns erst mal kennt. Er hat das Ganze ja eingeleitet. Wir haben uns einmal, zweimal oder mehrmals mit ihm getroffen. Das war für uns Frauen ja eigentlich schon so viel Aufwand, so viele Stunden harte Arbeit und noch dazu zeit- und geldintensiv. Und dann sagt er auf einmal, dass er sich nicht binden will und lieber eine F+ will? Auf keinen Fall. Also sagen wir Ja, um ihn vom Gegenteil zu überzeugen und umzustimmen. Er will sich mit uns binden, weiß es nur noch nicht.

Was würde wohl passieren, wenn die Frau in einer F+ plötzlich sagt: »Hey, ab jetzt haben wir eine Freundschaft ohne Plus.«
Wie würde der Mann denn da reagieren?
»Geht klar, ab jetzt nur noch Freundschaft!«
Niemals.

Genau hier fängt das Problem an. Denn der Freundschaft-Plus-Typ ist selten ein richtig guter Freund. Im Grunde ist er überhaupt gar kein Freund.

Manchmal frage ich mich, wieso es überhaupt »Freundschaft Plus« heißt, denn meistens ist in einer F+ eine wirkliche Freundschaft gar nicht enthalten. Man versteht sich vielleicht tatsächlich gut, aber eine echte Freundschaft entsteht dabei eher selten, oder? Dafür ist doch gar nicht so viel Zeit. Wieso wird es nicht danach benannt, was es wirklich ist? Friendly fucking! Wir treffen uns, um netten Sex zu haben, und ich darf mich nicht verlieben.

Manche von euch werden jetzt denken: *Warum sollten Frauen nicht genauso viel Spaß an unverbindlichem Sex haben wie Männer? Nicht jede Frau möchte gleich eine Beziehung mit einem Mann. Manchmal reicht es, einfach nur guten Sex mit einem Kerl zu haben. Oder mit zweien. Oder auch dreien. Je nachdem, wie es in den Terminkalender passt.*

Dazu kann ich nur sagen: »Go for it, girl!« Ich feiere deine Einstellung und habe Respekt davor, dass du Sex von Gefühlen trennen kannst und auch dazu stehst. Und falls du dich angesprochen fühlst, bin ich offen für ein paar Tipps, wie du das hinbekommst! Ich habe allerdings schon oft mitbekommen, dass auch bei euch der Plan nicht ganz aufgeht. Ihr seid ja keine Eisklötze – und wenn es doch der Richtige ist ...

Auf jeden Fall spreche ich hier aber eher über die Frauen, die tief im Inneren eine verbindliche und liebevolle, treue Beziehung führen möchten. Die Frauen also, die die monogame wahre Liebe suchen. Für diese Frauen ist F+ nämlich der Anfang einer wahren Katastrophe. Weil der Begriff »Plus« für sie nicht Sex bedeutet, sondern: plus Hochzeit, plus gemeinsames Haus, plus Familiengründung.

Gründe, warum Frauen sich auf eine F+ einlassen

»Ich werde ihn noch von mir überzeugen können.«

»Ich bin so verliebt, dass ich ihn nicht ganz loslassen kann. So kann ich zumindest Zeit mit ihm verbringen.«

»Wenn ich im Bett gut genug performe, sodass er nicht mehr klar denken kann, wird er sowieso niemals loslassen können!«

»Vielleicht begegne ich bei einem unserer Sex-Treffen ja zufälligerweise seiner Mutter. Die wird ihm schon sagen, was ich für eine tolle Schwiegertochter wäre!«

Ich weiß, dass es viele Frauen gibt, die so ticken. Ich selbst war auch schon mal in so einer Situation. Nur war bei mir der dumme Unterschied, dass ich selbst eine F+ angeboten habe, weil **ich** Angst davor hatte, mich zu binden. Tief in meinem Inneren wollte ich mich aber eigentlich binden. Klingt unlogisch, und das ist es auch.

Wie wir Frauen uns fühlen, wenn wir in eine F+ geraten, ist wahrscheinlich vergleichbar damit, wie sich Männer fühlen, wenn sie in der Friendzone landen. Die Männer in der Friendzone bekommen den – für sie – wichtigsten Part nicht: Sex + Nähe.

Frauen in der F+ bekommen auch den für sie wichtigsten Part nicht: tiefgründige Unterhaltungen, Treue, Gefühle, Zuneigung, Kommunikation und tägliche Guten-Morgen- sowie Gute-Nacht-Nachrichten.

Ich war also in dieser Situation, dass ich in einer F+ war, die ich zwar angeboten hatte, eigentlich aber gar nicht wollte, und mich dabei auch sehr unwohl fühlte. Ich fand es nicht geil. Ein Typ, der mich nur anruft und sich eine halbe Stunde mit mir trifft, um gemeinsam »Spaß« zu haben? Wobei ich sagen muss, Spaß ist hier eine Sache der Perspektive. Ja, er hatte Spaß. Ich hatte Sex. Mit »gemeinsam« hatte das irgendwie so gar nichts zu tun. Die Treffen wurden auch immer kürzer und kürzer, am Anfang war es noch vergleichbar mit einem »Fine Dining«-5-Gänge-Menü. Irgendwann wurde es nur noch zu einem zackigen McDrive-Imbiss to go.

An diesem Punkt habe ich es beendet, weil ich mir einfach zu dumm vorgekommen bin, nur noch Sex mit ihm zu haben, obwohl er sich am Anfang noch so viel Mühe gegeben hatte.

Frauen wollen das All-inclusive-Paket!

Ich glaube, dass eine F+ bei uns Frauen nur dann funktionieren kann, wenn wir einen besten Freund haben, der uns den Teil gibt, den uns die Freundschaft Plus nicht gibt. Das Ganze aber, ohne dass du deinem besten Freund den Teil gibst, den der F+-Typ von dir bekommt. Deswegen muss man lernen, wie man seinen Kumpel in der Friendzone hält, ohne dass er gehen will oder Forderungen stellt. Und der F+-Typ darf den besten Freund nicht als Konkurrenten ansehen, weil es dann mit der F+ meistens schnell vorbei ist.

Für Männer ist Sex ohne den ganzen Beziehungskram wie für einen Fitnessfreak die Chance, täglich bei McFit zu trainieren, ohne einen Beitrag zu bezahlen.

»Wir sind ein selbstständiges Fitnessstudio ganz ohne Pflichten. Wir wollen nur, dass du bei uns trainierst, dich wohlfühlst und dir einfach alles nimmst, was du brauchst.«

Die meisten Männer denken sich – <u>nicht</u>: *Och Manno. Ich will aber viel lieber das ganze Spektrum an der Frau. Was soll ich mit »nur Sex«, wenn ich uneingeschränkt leben muss, sie mir ihre Alltagsprobleme vorenthält und ich anderen Frauen hinterhergucken darf?*

Mein Kumpel Michael hat mir mal erzählt, dass er nur noch mit seiner Freundin zusammen ist, weil der Sex so gut ist. Die Zeit vom Sex bis zum nächsten Sex ist eben die Zeit, die er dafür ertragen muss. Das ist sein »Mitgliedsbeitrag«. Er hat die ganzen »Couplegoals«-Dinge mitgemacht, aber eben immer halbherzig. Ob das für seine Freundin die bessere Option war, als Single zu sein oder mit ihm einfach eine F+ zu führen? Sicher nicht.

Die verschiedenen F+-Typen

DER KARRIERETYP

Er hat so viel um die Ohren und ist so hart beschäftigt, dass er absolut keine Zeit hat, über eine Beziehung nachzudenken. Er ist ständig unterwegs und reist viel. Dieser Typ hat gar keine Lust und auch keine Zeit für Anrufe, die ihm kein Geld bringen. Eine Frau, die ihn anruft und nach seinem Tag fragt, braucht er nicht. Dafür bezahlt er seine Sekretärin. Er möchte unverbindlichen Spaß. Alles soll einfach sein. Keine Bindung, aber eine zuverlässige »Freundin«, die sich immer dann Zeit nimmt, wenn er gerade eine Lücke im Kalender hat. Am besten in jeder Stadt eine davon. Wenn er gut drauf ist, geht er mit seiner F+ schön essen, um sie danach zu vernaschen. Das Essen fällt meistens eher kurz und knapp aus, in Kombination mit viel Alkohol. Bloß keine Zeit verschwenden, denn Zeit ist Geld. Eine betrunkene Frau kann am besten seinen egoistischen Charakter ignorieren und mit ihm vergnügt ins Bett springen. Er nennt alle Frauen »Schatz«, weil er sich die echten Namen nicht mehr merken kann. Er ist null emotional, redet immer Tacheles und sagt den Frauen, dass er momentan einen anderen Fokus hat. Der Karrieretyp kann Frauen gut einschätzen und trifft bei der Wahl eine sichere Entscheidung.

DER FREMDGEHER

Er hat eine Ehefrau zu Hause, meistens sogar Kinder. Dieser Typ möchte einfach nur einen Ausgleich zu seinem Leben. Er liebt seine Ehefrau und seine Familie, aber seinen Schniedel eben mehr. Man fragt sich bei solchen Typen, wie sie es hinbekommen, eine oder mehrere F+ zu führen, ohne dass die Frau es merkt. Entweder die Ehefrauen ignorieren die Anzeichen einfach, weil es ihnen egal ist oder sie sogar froh sind, dass er anderweitig »versorgt« wird und sie selbst nicht mehr ranmüssen. Oder sie bemerken die Anzeichen nicht, weil sie damit beschäftigt sind, seine Wäsche zu waschen, ihm hinterherzuputzen oder seine Kinder zu erziehen. Woran du den Fremdgeher erkennst? Er möchte keine Bilder machen, sein Handy ist immer umgedreht, du darfst ihn nicht nach 18 Uhr anrufen, am Wochenende sowieso nicht und die Treffen finden in Hinterhöfen, Autos oder eben bei dir statt.

DER VERLETZTE

Er ist eigentlich eine arme Seele. Dieser Typ hat gerade eine extrem harte Trennung hinter sich. Er kommt meistens aus einer Beziehung, in der die Frau eine Furie war. Sie macht ihm auch nach der Trennung das Leben zur Hölle. Der Verletzte ist völlig verstört, traut sich auch noch gar nicht, öffentlich eine neue Frau zu präsentieren, weil seine »Alte« sonst komplett explodiert. Weiterhin hat er emotional gerade einfach keine Kapazität für eine ernsthafte Bindung.

Sobald er merkt, mit einer Frau könnte es in eine ernste Richtung gehen, will er entweder abhauen oder bietet eine F+ an. Das ist einer der Typen, die in uns den Modus »Ich kann ihn heilen und bei uns wird's anders« anspringen lassen.

DER MÖCHTEGERN-CASANOVA

Dies ist die bekannteste Figur der F+-Typen. Ich weiß gar nicht, ob hierfür »Freundschaft Plus« überhaupt der richtige Begriff ist. Oder eher Freundschaft PlusPlusPlusPlusPlus. Das sind die Typen, die samstags im Club zwei Champagnerflaschen durch die Gegend spritzen und denken: Quantität vor Qualität. Bei ihnen gilt: MEHR ist MEHR. Der Möchtegern-Casanova misst sein Selbstwertgefühl anhand der Anzahl von Mädels in seinen Whatsapp-Verläufen. Hierbei sind die Kontakte noch nicht einmal abgespeichert oder sie werden einfach nach Alphabet sortiert und heißen in seinem Handy A, B, C ... Z. Viel mehr Platz möchte ich dem Möchtegern-Casanova in diesem Buch nicht geben.

DER EX

Gerade dann, wenn die Beziehung zwischen dir und deinem Ex nicht funktioniert hat, der Sex aber sehr gut war, ist es verständlich, dass der Gedanke an »Friends with Benefits« verlockend klingt. Immerhin kennt ihr den Körper des anderen besonders gut und der Sex läuft ja. Man sehnt sich nach einer Trennung meistens auch nicht direkt nach einer neuen Partnerschaft, also eigentlich die perfekte Lösung, oder? Nein. Selbst wenn die Trennung friedlich war, ist das wahrscheinlich die schlechteste Idee ever. Wenn du eine F+ mit deinem Ex anfängst, musst du dich von Anfang an damit abfinden, dass du irgendwann gegen jemand anderen ausgetauscht wirst. Spätestens dann ist die Sache nicht mehr so lustig.

Dein bester Freund und du. Es liegt eigentlich auf der Hand, denn ihr kennt euch gut, du fühlst dich bei ihm wohl und ihr seid ja sowieso schon »nur Freunde«. Jetzt fehlt nur noch das Plus. Er schlägt dir eine F+ vor, alles ganz unkompliziert. Wenn ihr nicht mehr wollt, könnt ihr danach ja einfach wieder »nur Freunde« sein. Egal ob auf Dauer oder ob eine einmalige Sache, eines ist klar: Sex verändert eure Freundschaft. Ihr könnt einfach nicht mehr genauso locker zusammen chillen, gemeinsam entspannt ausgehen oder netflixen. Noch komplizierter wird es, wenn durch den Sex die Gefühle der Freundschaft über den Kopf wachsen.

Die fünf Phasen der F+ oder: eine emotional labile Tankstellen-Bekanntschaft

Ich möchte dir eine Geschichte aus meinem eigenen Leben erzählen. Und zwar die von meiner Tankstellen-Bekanntschaft. Ich vermisse sie irgendwie. In meiner alten Wohngegend gab es eine megacoole Tankstelle, bei der ich mir jeden Morgen einen Kaffee geholt habe. Nach einiger Zeit kennst du natürlich die Mitarbeiter. Eine Verkäuferin war ganz besonders. Melli. Ich kenne alle Details aus ihrem Leben. Ich bin so ein Mensch, man vertraut mir irgendwie sofort die Lebensgeschichte an, ohne dass ich überhaupt danach gefragt habe (und trotz des Risikos, dass ich sie in einem Buch verwenden könnte). Melli hat also angefangen, mir aus ihrem Leben zu erzählen, während sie mir meinen morgendlichen Kaffee gemacht hat. Irgendwann kamen wir natürlich auf das Thema Beziehung und sie meinte, dass sie es auf Nils abgesehen habe. Nils arbeitete auch an der Tankstelle, hatte aber immer eine andere Schicht. Sie schwärmte mir erst mal vor, wie heiß sie ihn fand und wie gut sich die zwei verstanden.

So, und da sind wir schon bei der ersten Phase in der Entstehung einer F+.

PHASE 1: DIE SCHWÄRMPHASE

In der Schwärmphase fängt die Frau an, ihre Beute besser kennen-zulernen. Er hat in ihr ein gutes Gefühl ausgelöst und sie merkt, dass sie in seiner Gegenwart lachen kann und sich bei ihm wohlfühlt. Im Falle von Melli war es so, dass sie auch nach der Arbeit ab und zu an ihn denken musste und sich bereits darauf freute, ihm beim Schichtwechsel wieder zu begegnen. Ihr Herz kribbelte schon leicht, wenn sie zur Arbeit losging, und die Tankstelle verwandelte sich in eine Flirt-Arena.

Das ist übrigens der Moment, in dem wir Frauen plötzlich anfangen, uns doppelt so viele Gedanken darüber zu machen, was wir denn nun beim Arbeiten anziehen und wie wir uns schminken sollen. Der Job wird plötzlich aufregend. Diese Phase ist eine unbeschwerte und coole Phase. Meine Tankstellen-Bekanntschaft hatte noch keinerlei Erwartungen und alles, was Nils machte, fand sie einfach klasse.

»Oh, der Nils hat gerade den Schrank aufgeräumt. Wie er das macht, ist sooo heiß.«

»Er sieht so männlich aus, während er die Kundin bedient, die sich gerade sieben Packungen Marlboro light holt. Wie kann man so viel rauchen? Egal. Megasexy, der Nils.«

»Oh mein Gott, der Nils hat bei der Begrüßung meinen Arm be-rührt. Ist das ein Zeichen, dass er mich gut findet?«

»Nils hat mir auf die Brüste geschaut. Das ist ein Beweis für sein Interesse!«

»Oh Mann, ich hoffe, er schaut noch mal.«

Kurz vor Schichtwechsel oder: Melli dreht durch

In 30 Minuten wird Nils sie in der Tankstelle ablösen. Man könnte sagen, das ist die härteste Zeit ihrer ganzen Schicht. Melli denkt: *Nils wird in einer halben Stunde auftauchen, um genauer zu sein in 27 Minuten, er ist immer 3 Minuten zu früh. Ich hoffe nicht, dass er dieselbe Philosophie auch beim Sex hat. Noch mal schnell den Lippenstift nachziehen, er könnte jeden Moment auftauchen. Es muss aber trotzdem so aussehen, als würde ich den ganzen Tag so arbeiten. Als wäre ich den ganzen Tag von anderen Männern angebaggert worden und hätte auf das Spiel keine Lust mehr.*

20 Sekunden bevor Nils kommt, steigt ihre Nervosität ins Unermessliche. Adrenalin, Ängste, Zweifel, Liebe, Hoffnung. Mellis Gefühle fahren Achterbahn …

Melli denkt: *Ich muss so aussehen, als würde ich seine Ankunft gar nicht erwarten. Also muss ich total überrascht wirken darüber, dass er heute Schicht hat. Sonst könnte er denken, dass ich mich für ihn aufgestylt habe. Ich muss in Action sein und total beschäftigt wirken.* So fängt sie an, Kaugummis zu sortieren, die eigentlich schon perfekt sortiert sind, und übt währenddessen die Begrüßung.

Sie denkt: *Was soll ich heute sagen? Gestern habe ich gesagt: »Hey Nils, ach du heute hier? Wusste gar nicht, dass du Schicht hast.« Heute muss ich also was Neues finden. Hauptsache, es wirkt megacool, weil der Nils ist echt so ein hotter Macker. Wie wär's mit: »Hey Nilsssss, was geht, du Streuner?« OMG, nein, das kann ich nicht sagen, wie assi ist das denn? Oder: »Heyyyyy Nils!« – Ja, doch, das geht, das ist gut …*

Nils kommt an.

Uuuund ACTION …

Melli sagt: »Heyyy Nils, was geht, du kleiner Streuner?«

Nils denkt: *Streuner? What the fuck! Was redet die denn? Die sieht nicht schlecht aus heute. Kann es sein, dass sie seit ein paar Tagen heißer geworden ist?*

Sie denkt: *DAS HABE ICH GERADE NICHT GESAGT! OKAY, ICH HABE ES FÜR IMMER VERKACKT! ICH HASSE MEIN LEBEN. WEG HIER, ABER SCHNELL.*

Sie sagt: »Wusste gar nicht, dass du wieder Schicht hast. Du arbeitest echt oft diese Woche.«

Er denkt: *Es steht groß auf dem Schichtplan. Typisch Frau, die checken halt nicht so viel. Warum hat die so einen großen Ausschnitt? Nicht schlecht.*

Er sagt: »Es steht doch auf dem Schichtplan. Guckst du da nicht manchmal drauf?«

Sie denkt: *Ich gucke da jede Sekunde drauf, du Mann meiner Träume. Allein, um deinen tollen Namen zu lesen. Warum siehst du wieder so gut aus heute? Du riechst so lecker. Du bist echt männlich. Mein Mann. Ich lieb dich.*

Was sie sagt: »Du, eigentlich so gut wie nie. Bin viel zu sehr mit mir selbst beschäftigt und versuche, mich auf mich selbst zu fokussieren. Ich habe ja auch megaviel zu tun heute.«

Er denkt: *An einem Sonntag, an dem zwei Kunden in drei Stunden reinkommen. Na ja, gut. Frau halt. Überdramatisch.*

Er sagt: »Ja, klar, versteh ich.«

Sie denkt: *ICH MUSS MICH INTERESSANT MACHEN. Einen guten Abgang machen.*

Sie sagt: »Du, ich muss jetzt langsam los, muss noch superviel erledigen heute. Die Uni ruft.«

Sie denkt: *Warum sag ich das? Ich studiere doch noch nicht mal!*

Sie sagt: »Außerdem muss ich heute babysitten. Meine Tante meint, ich kann so gut mit Kindern.«

Sie denkt: *Oh Gott, ich hasse Kinder.*

Sie sagt: »Also viel Spaß noch, ne. Vielleicht bis bald!«

Sie denkt: *Wir sehen uns genau in 48 Stunden hier an derselben Stelle wieder. Ich werde beim nächsten Mal das beige Oberteil anhaben, das ich eigentlich heute anziehen wollte. Außerdem werde ich einen guten Kumpel arrangieren, der genau zu dem Zeitpunkt da ist und mich anbaggert, damit du denkst, ich sei megabeliebt und käme brutal gut bei Männern an. Du sollst das Gefühl bekommen, dass du um mich kämpfen musst.*

Er denkt: *Irgendwie gefällt mir ihre komische Art.*

Er sagt: »Ehm, ich brauche mal deine Nummer. Mir hat letztens ein Kunde eine Frage gestellt, und die konnte ich nicht beantworten. Du bist doch schon länger hier. Kannst die Nummer ja mal kurz bei mir eintippen.«

Und jetzt holt er holt sein Handy raus, ohne sich dabei überhaupt irgendetwas zu denken (normaler Mann eben) ...

Sie denkt: *ICH LIEBE MEIN LEBEN! Ich danke dem Universum für diesen Moment. Ich danke meiner Mama, dass sie mich geboren hat. Ich danke allen Menschen, die mit daran beteiligt sind, dass ich diesen wichtigen Punkt in meinem Leben erreicht habe.*

Sie sagt: »Ja, klar. Aber bitte vertraulich behandeln. Weil ich viele Stalker habe, die einfach nicht loslassen können. Seitdem bin ich sehr vorsichtig.«

Er denkt: *Jetzt übertreibt sie. Wem soll ich schon ihre Nummer geben?*

Er sagt: »Ja, kein Ding. Tipp ein.«

Melli versucht, so normal wie möglich aus der Tankstelle rauszugehen, obwohl sie am liebsten gleich drei Saltos hintereinander machen möchte.

PHASE 2: DIE BEUTE SPRINGT AN

Ein paar Tage später, als ich sie um 7 Uhr morgens wieder bei ihrer Schicht treffe, merke ich an ihren Augen, dass sie etwas zu erzählen hat. Ihr »Guten Morgen« ist mir um diese Uhrzeit eine Spur zu euphorisch. Ich liebe es. Vor allem, wie sie es schafft, null Interesse an mir zu zeigen, und einfach, ohne mich zu fragen, wie es mir geht, direkt mit ihrer Geschichte loslegt. Das ist mir viel sympathischer, als wenn jemand fake fragt: »Wie geht's?«, und ich antworten muss, obwohl ich genau spüre, dass es denjenigen eh nicht interessiert.

Sie erzählt mir also, dass Nils sie beim Schichtwechsel nach ihrer Nummer gefragt hat und dass die beiden seitdem miteinander whatsappen. Ich erfahre jedes einzelne Wort, wie genau er sie angeschrieben hat und dass er ihr ständig Bilder mit »lustigen Sprüchen« schickt. Eins der Bilder hat sie mir weitergeleitet, das habe ich sogar noch auf meinem Handy.

Sprüche wie diesen findet Melli eindeutig nur lustig, weil sie Nils gut findet. Auf jeden Fall ist sie megahappy und voll im Rausch, weil Nils gerne mit ihr schreibt. Die Beute ist also angesprungen und sie scheinen sich (auf Whatsapp) gut zu verstehen. In dieser Phase lernen sich die beiden unverbindlich und völlig ohne Erwartungen kennen. Das ist für Männer die unkomplizierteste Phase (wenn man sich schon live gesehen hat). Die Kommunikation läuft ungefähr so ab:

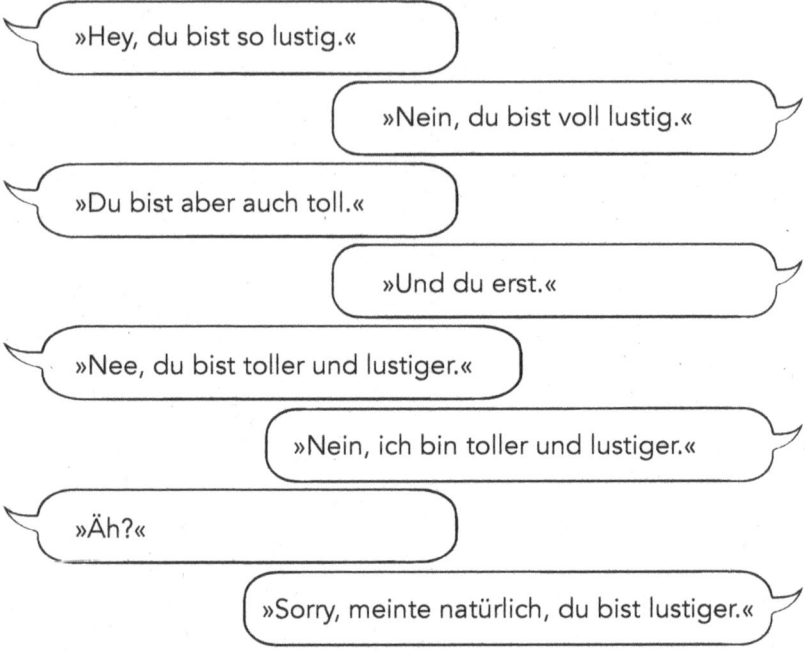

»Hey, du bist so lustig.«

»Nein, du bist voll lustig.«

»Du bist aber auch toll.«

»Und du erst.«

»Nee, du bist toller und lustiger.«

»Nein, ich bin toller und lustiger.«

»Äh?«

»Sorry, meinte natürlich, du bist lustiger.«

Es ist die Phase, in der man stundenlang wach bleibt und miteinander schreibt und nicht aufhören kann zu texten, bis einem die Augen zufallen und man im Halbschlaf »Gute Nacht« schreibt. Wenn Nils und Melli sich beim Schichtwechsel sehen, reden sie deutlich mehr miteinander als zu Anfang und manchmal knutschen sie sogar heimlich hinter dem Tresen. Nach der Arbeit treffen sie sich immer öfter und …

PHASE 3: DIE BEUTE WILL ABSPRINGEN

Nils merkt irgendwann, dass Melli sehr verliebt ist und auch er kurz davor ist, Gefühle zu entwickeln. Er hat aber keine Lust, sich verbindlich zu zeigen oder zu binden, denn er hat mit seiner Ex zwei

Kinder und denkt sich: *Noch mal die ganzen Kopfschmerzen? Ne, gar keine Lust.*

Für ihn ist es so, wie es gerade ist, eigentlich zu schön, um wahr zu sein. Er möchte nicht, dass sich auch daraus wieder ein Drama entwickelt. Eigentlich ist es schon dabei, sich zu einem Drama zu entwickeln. Also distanziert er sich und schreibt immer weniger. Er fängt an zu zweifeln, ob es überhaupt Sinn macht, sich öfter mit ihr zu treffen und ständig hin- und herzuschreiben.

Nils hat keinen Bock auf:

* eine verbindliche Beziehung,
* die Verantwortung für eine verbindliche Beziehung,
* weniger Zeit für seine Kinder,
* noch eine zusätzliche Aufgabe neben seinen Kindern,
* den Zwang, ihr immer schreiben zu müssen.

Obwohl Nils und Melli sich prima verstehen und alles PRO Beziehung spricht, hat Nils keinen Bock auf eine feste Bindung. Sie haben aber von Anfang an nie darüber gesprochen, wohin das Ganze führen soll. Also ist für Melli automatisch die Erwartung da, dass die beiden in einer festen Beziehung enden.

PHASE 4: DER KOMPROMISS

Melli versteht die Welt nicht mehr und möchte wissen, warum er sich auf einmal so von ihr distanziert.

Melli denkt: *Habe ich irgendetwas falsch gemacht? Ich hab mir doch so viel Mühe gegeben, dieses Mal nicht so zu klammern. Warum meldet er sich nicht mehr den ganzen Tag? Gestern Abend kam weder ein »Guten Morgen, Schönheit« noch »Gute Nacht, Süße. Träum was Schönes!«. Vor ein paar Tagen war das noch der Standard.*

Melli schreibt ihm: »Sag mal, ist alles okay? Du meldest dich gar nicht mehr so oft …«

Nils: »Ja … I know. Ich glaub, wir müssen mal reden.«

Melli denkt: *NEIN. Shit. Sag ich doch. Ich hab irgendwas falsch gemacht …*

Melli schreibt: »Ähm, okay. Willst du telefonieren?«

Nils ruft an.

Nils: »Hey du …«

Melli: »Hallo … Was ist denn los? Ist etwas passiert?«

Nils: »Nein, nein. Und es ist auch alles cool zwischen uns. Sogar sehr. Ich finde es alles genau perfekt, wie es gerade ist. Aber ich will nicht, dass du dir Hoffnungen machst, weil ich bin gerade nicht bereit für eine ernsthafte Beziehung. Ich weiß nicht, wie es bei dir ist, aber ich fände es eigentlich cool, wenn wir es lassen, wie es ist.«

Melli denkt: *Das ist jetzt nicht dein Ernst!!!! $$%&/!!!!!!!!!!???? ???????==/(/($%$($(()$«$/)$(/$)&. Jetzt habe ich ihn schon so weit, den Rest schaffe ich auch noch. Ich werde ihn schon noch rumkriegen. Er will es. Er weiß es nur noch nicht.*

Melli: »Oh nein. Ich mache mir gar keine Hoffnungen. Ich finde es auch gut, wie es gerade ist.«

Nils: »Puh, echt? Da fällt mir ein Stein vom Herzen. Der Sex mit dir ist nämlich echt der Hammer und ich will da echt nicht drauf verzichten …«

Melli sagt dämlich grinsend: »Ja, das finde ich auch …«

Nils denkt: *GEIL! Bumsen ohne Risiko auf Drama! Muss ich den Jungs gleich erzählen, die werden neidisch sein.*

Nils: »Okay, nice. Was machst du heute Abend?«

Melli denkt: *Ich arbeite meinen Masterplan aus, damit du mir endgültig verfällst und dich unsterblich verliebst.*

Sie sagt: »Hab noch nichts vor. Ich kann dich von der Arbeit abholen und wir können was unternehmen.«

Nils denkt: *Hat die's nicht verstanden?*

Nils sagt: »Komm doch einfach direkt zu mir nach Hause. Ich hab so Bock auf dich.«

Melli denkt: *Du wirst schon noch sehen, wie viel Bock du auf mich hast. Bock auf eine gemeinsame Wohnung, Bock auf meine Familie, Bock auf Urlaub mit mir ...*

Melli sagt: »Ja, klar. Noch besser. Bis später!«

PHASE 5: DER SCHRECKEN OHNE ENDE

Melli befindet sich seit sechs Monaten in Phase 4, in der sie nie bleiben wollte. Sie hat den Kompromiss nur gemacht, um seine Einstellung indirekt und unauffällig zu verändern. Sie verhält sich cool und tut so, als würde sie das alles genau so wollen, wie es geschieht.

An einem verregneten Morgen komme ich in die Tankstelle und Melli schaut melancholisch aus dem Fenster, während die ganze Tankstelle von ihrer »Sad Lovesongs«-Playlist beschallt wird. Gerade läuft »Unbreak my Heart« von Toni Braxton. Ungläubig schaue ich sie an und kann es nicht fassen, wie unzufrieden sie aussieht. Ich frage sie, wie lange sie das noch mitmachen will. Ganz offensichtlich will Nils ja wirklich und noch immer keine Beziehung.

Sie sagt: »Nils und ich, wir verstehen uns super. Das muss ihm doch auch irgendwann auffallen. Ich kenne ihn mittlerweile echt gut und wir haben schon so viele Insider-Witze. Wir sind nur am Lachen und der Sex ist unglaublich. Danach kuscheln wir immer auf der Couch. Ich fühle mich soooo wohl bei ihm und ich glaube, er sich auch bei mir. Er ist sogar zu meinen Katzen total süß und sie mögen ihn, obwohl sie sonst echt gar keine Männer in meiner Wohnung akzeptieren. Es könnte alles so schön sein. Ich kann das jetzt nicht beenden!«

Ich war in den darauffolgenden Wochen regelmäßig an der Tankstelle, um mir meinen Kaffee bei Melli zu holen. Ihr Gesichtsausdruck wurde immer frustrierter und ihre Augen guckten mich zunehmend trauriger an. Einmal sprachen wir über den Film *Freunde mit gewissen Vorzügen* mit Mila Kunis und Justin Timberlake. Da gibt es am Schluss des Films natürlich ein Happy End, das dem Zuschauer suggeriert, dass Freundschaft Plus nur eine Vorstufe der echten, klassischen Beziehung ist. Im echten Leben ist das aber sicher nur in knapp 5 Prozent der Fälle so. Melli und Nils gehörten leider zu den übrigen 95 Prozent. Die »Freundschaft mit gewissen Vorzügen« hatte für Melli mehr »Nachzüge« als »Vorzüge«, das lange Hoffen endete eines Tages mit großem Herzschmerz.

Freundschaft Plus	
Wann sie funktioniert	**Wann sie NICHT funktioniert**
Wenn beide am Anfang und während der F+ keine Gefühle füreinander und Lust auf unverbindlichen Spaß haben	Wenn einer der beiden mehr als nur Sex möchte
Wenn beide ehrlich sind, es Regeln gibt und klare Grenzen definiert sind	Wenn sich einer der beiden mehr Hoffnungen macht
	Bei zu viel Nähe (je mehr Kuscheln, Streicheln und Nebeneinanderliegen, desto mehr wird das Bindungshormon Oxytocin ausgeschüttet. Es führt dazu, dass wir uns verbunden fühlen und eine tiefe Nähe empfinden)
	Sobald einer der beiden zweideutige Kommentare macht: »Wir wären ein super Paar!« oder »Ich will nie wieder Sex mit jemand anderem haben!«

Wenn du also gerade eine F+ am Laufen hast oder kurz davor bist, einem Mann zuliebe eine F+ einzugehen, aber eigentlich etwas ganz anderes willst, lass es lieber! Das ist meiner Meinung nach Selbstbetrug. Als Frau sollte deine oberste Regel sein:

meine Werte, meine Wünsche, meine Entscheidungen.

Mein persönliches Ziel ist es, das nie wieder zu ignorieren, nur um einem Mann, der mich anscheinend nicht genug liebt oder zu viele Probleme mit sich selbst hat, zu zeigen, dass ich die Richtige sein KÖNNTE. Denn ich BIN DIE RICHTIGE und auch DU bist die Richtige. Wenn ein Mann das nicht sieht und es nur auf das Sexuelle reduzieren will, du aber mehr willst, kann er bitte schön dort bleiben, wo der Pfeffer wächst.

Wir sind stark, wir sind genug und wir sind mehr als eine Sexpuppe, die er anrufen kann, wenn es ihm gerade passt.

In den meisten Fällen tut F+ einfach nur weh. Ein Mann, der dich nachts anrufen kann, nur weil er wieder Druck hat und du auf Abruf startklar sein sollst, um mit ihm in die Kiste zu springen? Du kannst mich altmodisch nennen, aber das geht gar nicht. Außer ich hätte gerade wirklich Bock auf unverbindlichen Sex. Dann ist es meine selbstbestimmte Entscheidung.

Eine Sache habe ich mit großer Sicherheit durch eigene Erfahrungen und die Geschichten meiner Mädels gelernt: Du kannst einen Mann, der mit dir keine Beziehung will, nicht so einfach mit Sex davon überzeugen, sich fest zu binden.

Ich will aber den Männern, die eine F+ führen wollen, hier keine Vorwürfe machen. Ich finde ihr Verhalten ehrlicher als das der Männer, die eine Beziehung eingehen und uns belügen und im schlimmsten Fall betrügen. Letztendlich ist es ja auch unsere Aufgabe, zu überlegen, ob wir das jetzt wirklich wollen oder nicht. So, wie Marilyn Monroe damals schon gesagt hat:

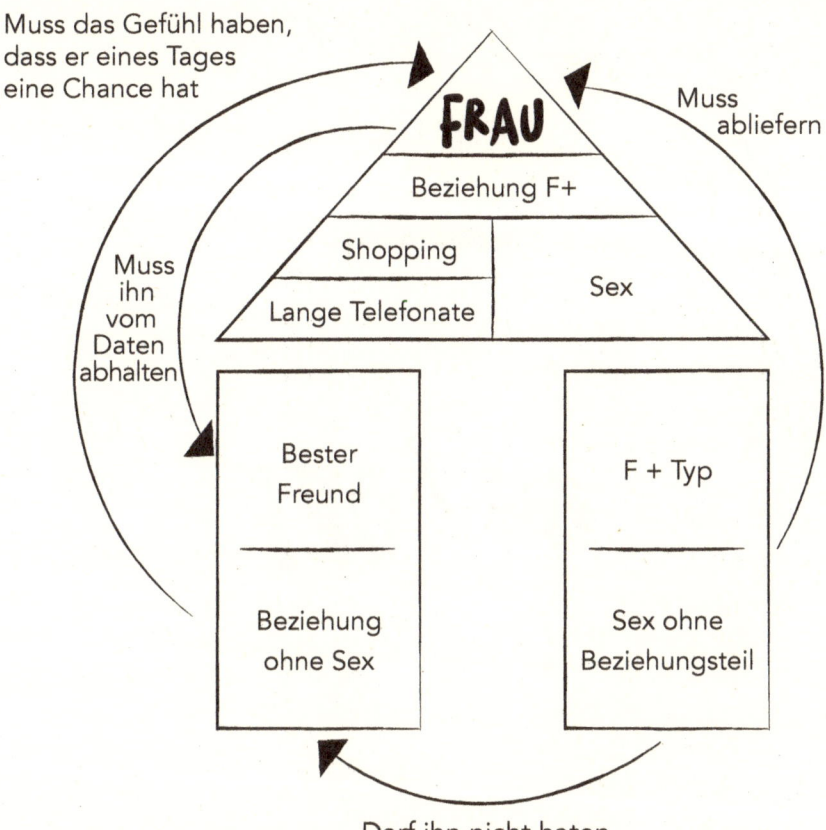

Muss das Gefühl haben,
dass er eines Tages
eine Chance hat

Muss
abliefern

FRAU

Beziehung F+

Shopping

Sex

Lange Telefonate

Muss
ihn
vom
Daten
abhalten

Bester
Freund

F + Typ

Beziehung
ohne Sex

Sex ohne
Beziehungsteil

Darf ihn nicht haten

Solange beide Turmbeine fest stehen bleiben, wird die F+-Beziehung funktionieren. Doch damit eine F+ funktioniert, braucht die Frau einen besten Freund, der den Beziehungspart des F+-Typen kompensiert. Ein intelligenter F+-Typ sollte nie auf ihren besten Freund eifersüchtig sein. Denn dank des besten Freundes funktioniert seine F+-Beziehung zu der Frau.

KAPITEL 15

ON/OFF

»Ich werde ihn nie wieder zurücknehmen.«

»Dieses Mal ist es endgültig vorbei.«

»Ich bin endlich über ihn hinweg.«

»Jetzt melde ich mich definitiv NIE wieder bei ihm.«

»Wenn ich mich noch mal bei ihm melden sollte, nenn mich Günther.«

»Ich habe alles von ihm gelöscht. Alle Bilder und die Chatverläufe.«

»Okay, du kannst mich ab sofort Günther nennen.«

Es gibt im Leben der meisten Frauen diese eine gute Freundin, die immer dann anruft, wenn es mit ihr und ihrem Freund mal wieder nicht mehr klappt und wenn sie jemanden zum Ausheulen braucht. Das sind die Freundinnen, die sich mit dir nur dann treffen, wenn sie frisch getrennt und kurze Zeit Single sind. Am Anfang einer neuen Beziehung sind sie irgendwie wie vom Erdboden verschluckt und nicht mehr auffindbar. Wenn sie nicht gerade total auf Wolke sieben schweben, stecken sie knietief im Beziehungsdrama, und das kostet ihre ganze Aufmerksamkeit. Die meinen das gar nicht böse, wenn sie sich nicht melden, es bleibt ihnen irgendwie einfach gar keine Zeit dafür.

Hast du auch so eine Freundin? Ich schon! Sie heißt Buket. Wenn ihr Name auf meinem Display erscheint, weiß ich sofort: *Ah! Die ist wieder von Sertac getrennt.*

Buket ist crazy in love und steckt seit sieben Jahren in einer On-off-Beziehung mit Sertac fest.

Der Verlauf ihrer Beziehung war ungefähr so: Buket und Sertac kamen zusammen, zwei Wochen später kam die Trennung, dann kamen sie wieder zusammen und ein paar Wochen später trennten sie sich wieder voneinander. Dann kamen sie wieder zusammen und daraufhin trennten sie sich wieder. Trennung. Versöhnung. Trennung. Versöhnung. Verlobung. Trennung. Versöhnung. Manchmal, wenn sie sich gerade mal wieder frisch getrennt haben, lässt sie die vollen Kisten mit ihren gepackten Sachen gleich vor der Wohnungstür stehen, weil sie ja eh nächste Woche wiederkommt. Die Trennungsgründe in dieser On-off-Beziehung werden immer absurder und skurriler. Buket hat sich einmal von Sertac getrennt, weil er, zwei Jahre bevor die beiden überhaupt zusammen kamen, eine Bekannte von ihr auf Facebook angeschrieben hatte. Sie können nicht mit und nicht ohne einander leben.

Wie schon erwähnt, meldet sich Buket immer zuverlässig bei mir, wenn sie sich gerade in der Trennungsphase befindet. Sonst eher selten. Aber auch da gibt es Ausnahmen, nämlich:

1. Sertac ist allein im Urlaub,
2. Sertac macht einen Männerabend und hat gerade keine Zeit für sie oder
3. Sertac muss beruflich ins Ausland und kann sie nicht mitnehmen.

In den meisten Fällen läuft die klassische Kommunikation zwischen mir und Buket in etwa so ab:

Buket ruft mich an.

Was sie denkt: *Hoffentlich geht sie schnell dran, sonst muss ich 30 Sekunden mit mir selbst Zeit verbringen, und das ertrage ich einfach nicht.*

Ich schaue auf mein Handy und denke mir: *Aha, Buket ist wieder aufgetaucht.*

Ich gehe dran und tue so, als wäre es ein ganz normaler Anruf: »Hey, Buket! Wie geht's dir?«

Was Buket denkt: *Sertac hat mich verlassen und ich ertrage diese Stille hier nicht, deshalb rufe ich an.*

Was Buket sagt: »Gut, Schatz, dir?«

Was ich denke: *Seit wie vielen Stunden die beiden wohl wieder getrennt sind? Seit einer oder vielleicht sogar zwei?*

Was ich sage: »Und? Wie läuft es mit Sertac? Immer noch crazy in love?«

Buket denkt: *Ich wünsche ihm gerade die Pest.*

Buket sagt: »Ach, muss ich dir in Ruhe erzählen, Schatz. Dieses Mal ist es endgültig vorbei! Jetzt hat er echt den Bock abgeschossen.«

Ich denke: *Den Bock abgeschossen, soso. Genauso wie die letzten 120 Male, als es endgültig vorbei war zwischen euch?*

Ich sage: »Ach Schatz, ihr kommt eh in drei Tagen wieder zusammen.«

Was Buket denkt: *NIEMALS!*

Was Buket sagt: »NIEMALS. Du wirst es sehen. Es gibt kein Zurück.«

Im Hintergrund läuft bei Buket ein Rap-Song namens »Es gibt kein Zurück!«.

Buket: »Kann ich zu dir kommen?«

Was ich denke: *Zu dir kommen oder, wie es übersetzt heißt: bei dir einziehen, bis Sertac wiederkommt! Na ja, ich mag sie und sie ist eine angenehme Person.*

Was ich sage: »Klar, Schatz. Komm vorbei.«

Buket kommt zu mir und erzählt mir wieder mal, wie sie sich gefetzt haben und wie sehr sie ihn hasst. Sie bleibt so lange bei mir, bis Sertac anruft und mit ihr reden will. Er meldet sich, weil er Angst hat, dass sie bei einem neuen Typen sein könnte.

Ich rate ihr davon ab, sich mit ihm zu treffen, weil es wieder von vorne losgehen wird.

Sie sagt »Okay«, schreibt ihm aber auch »Okay« dazu, dass sie sich treffen können. Währenddessen sagt sie: »Ich treffe mich nur, um jetzt endgültig Schluss zu machen. Es ist das letzte Gespräch. Ein Abschiedsgespräch.«

Danach höre ich wieder nichts mehr von ihr.

Zwei Wochen später mache ich eine unglaubliche Entdeckung!

Ich scrolle wieder wie ein Idiot auf Instagram hoch und runter, obwohl ich mir vorgenommen habe, weniger online zu sein. Parallel denke ich darüber nach, noch mal an den Kühlschrank zu gehen und zu checken, was da so geht. Obwohl ich mir gerade beim Durchscrollen von Insta-Pics mit völlig unrealistisch dargestellten Körpern vorgenommen habe, nicht mehr an den Kühlschrank zu gehen. Ich scrolle weiter auf selbstdarstellerische Männer, die sich vor dem Spiegel fotografieren, und denke mir: *Den perfekten Mann zu finden ist ein zunehmend unrealistisch werdendes Vorhaben. Mit »perfekt« meine ich einen Mann, der keine Röhrenjeans trägt und sich auch nicht vor dem Spiegel fotografiert.*

Ich finde ihn natürlich nicht. Den perfekten Mann. Stattdessen fällt mir direkt ein anderes Bild ins Auge: Buket und Sertac. Ich denke mir nur: *NICHT EUER ERNST??* Ich brauche erst mal 30 Sekunden, um damit klarzukommen. Buket und Sertac sind wieder ein Paar. Sie hat ein Bild gepostet, auf dem sie ganz romantisch Händchen halten. Als Bildunterschrift: »WIR gegen den REST der Welt #machtkeinaugezu #bonnieundclyde«.

Interessante Wortwahl, denke ich mir. Besonders weil sie mir gegenüber noch folgende Worte benutzt hat: »Ich würde lieber meine Hand ins Feuer legen, als den noch mal anzufassen. Dieser Penner soll sich nie wieder bei mir melden und kann von mir aus verrecken.« *Alles klar Buket – soll ich endgültig Günther zu dir sagen?*

Nur so am Rande: Ein glückliches Paar würde niemals solche Sprüche posten. Das »Wir gegen den Rest der Welt« posten meist Menschen, die ihren Freunden schon so oft mit ihrer On-off-Beziehung auf den Sack gegangen sind, dass die Freunde das Ganze einfach nicht mehr ertragen können und schon gar nicht mehr auf ihre toxischen Geschichten eingehen. Natürlich raten die guten Freunde ihnen weiterhin davon ab, wieder zusammenzukommen. Denn als Außenstehender sieht man natürlich, dass die zwei sich gegenseitig sabotieren, und will helfen. Wenn die beiden wieder mal frisch versöhnt sind, bilden sie aber ein Komplott gegen ihre Freunde und behaupten, dass ihnen keiner ihre Beziehung gönnt und alle nur neidisch auf ihre einzigartige Verbundenheit sind. Denn das, was die beiden verbindet, kann sonst niemand auf der Welt verstehen.

Warum ich das alles weiß? Weil ich selbst schon mal in einer On-off-Beziehung war.

Hier noch ein paar Sprüche, die sehr gerne von On-off-Paaren verwendet werden:

* »Liebe bedeutet nicht, dass es immer einfach ist. Liebe bedeutet aber, dass es die Mühe wert ist.«
* »Wahre Liebe zerbricht an keinem Streit. Sie wächst an jedem Streit. Immer, wenn man sich wieder verträgt, spürt man erst, wie sehr man den anderen braucht.«
* »Streiten, anschreien, hassen, vertragen und sich danach immer noch zu lieben. Das ist eine ernste Beziehung.«
* »Wir suchen in einer Beziehung jemanden, der bei uns bleibt, gerade wenn es mal nicht so leicht ist.«
* »Ich würde mich lieber mit dir streiten, als jemand anderen zu lieben.«
* »Man streitet sich nur, weil man sich gegenseitig was bedeutet. Wäre man dem anderen egal, würde man sich nicht streiten.«
* »Wenn du etwas liebst, lass es frei. Kommt es zurück, gehört es dir. Für immer.« **(Bitte nicht!)**

Die On-off-Beziehung ist die schlimmste Form der Beziehung, die man führen kann. Das sind Paare, die eigentlich ganz genau wissen, dass sie nicht zusammengehören. Nach außen tun sie aber immer so, als könnten sie es überhaupt nicht verstehen, warum alle so verwundert darüber sind, dass sie nach der 52. Trennung jetzt doch wieder zusammen sind. Gegenüber Dritten verteidigen sie ihre Beziehung immer. Natürlich nur dann, wenn sie gerade zusammen sind. Aus gegebenem Anlass habe ich die folgende Not-to-do-Liste erstellt. Für alle, die einen guten Freund oder eine beste Freundin haben, der oder die in einer On-off-Beziehung feststeckt.

NOT-TO-DO-LISTE FÜR ALLE, DEREN FREUNDE IN EINER ON-OFF-BEZIEHUNG STECKEN

— Rede während der Off-Phase bloß nicht schlecht über den Partner. Im nächsten Streit verwenden sie diese Information und du bist dann der oder die Dumme. Im schlimmsten Fall wird behauptet, dass du solche Dinge nur deshalb sagst, weil du neidisch auf die Beziehung bist.

— Leiste keinen Widerstand gegen ihre toxische Beziehung und versuche nicht krampfhaft, sie zu retten. Das wird die beiden noch mehr verbinden (#bonnieundclyde).

— Investiere auf gar keinen Fall zu viel Zeit und vor allem Energie, um über deren Beziehung zu reden. All die Energie, die du einbringst, wird zu totaler Leere oder verpufft einfach wie in einer Art schwarzem Loch.

— Hab bloß keine Erwartungen an Freunde, die in einer On-off-Beziehung sind. Sie werden dich enttäuschen und nicht erreichbar sein, wenn du sie brauchst.

Das Einzige, was du tun kannst, ist: in Streitphasen mit ihr oder ihm Zeit verbringen, einfach nur zuhören und für sie bzw. ihn da sein. Und ihr oder ihm die schönen Seiten des Singledaseins zeigen. (Eventuelle Hilfsmittel für sie: Dick-Pics, Channing Tatum und Vibratoren. Eventuelle Hilfsmittel für ihn: Dick-Pics verschicken, den neuen *Playboy* kaufen, Adriana Lima und Pornos. Natürlich ironisch gemeint, es gibt noch andere Vorteile. Zum Beispiel, dass es dir egal sein kann, wie du morgens aussiehst, du hast mehr Platz im Bett und absolute Flirtfreiheit ohne schlechtes Gewissen.)

Vier Monate später lädt mich Buket zu ihrem Geburtstag ein. Ich bin echt stolz auf sie, dass sie endlich mal wieder ihren Geburtstag feiert. Und das, obwohl sie noch immer mit Sertac zusammen ist. Auch Sertac wird auf der Geburtstagsfeier sein.

Als ich ankomme, sitzen Sertac und Buket eng ineinander verschlungen da. Sertac guckt mich aggressiv an. So gleicht er irgendwie einem Pitbull. Sertac hasst mittlerweile alle Freundinnen von Buket. Es ist seltsam, ich weiß alles über Sertac. Ich weiß von seinem starken Beleidigungsdrang, von seinem kleinen Penis, von seinen perversen Vorlieben (beispielsweise, dass er jedes Mal, kurz bevor sie Sex haben, nackt auf allen vieren krabbelt und ruft: »Paris ist die Hauptstadt von Frankreich!!!«). Ich weiß das alles und dann soll ich hier am Tisch sitzen, ihm in die Augen schauen und so tun, als wäre nichts? Ich glaube, Sertac weiß auch genau, dass ich alles über ihn weiß, und mag mich deshalb nicht mehr. Ich bleibe nett, tolerant, lächle ihm zu und mache ihm ein Kompliment über sein Hemd.

Was ich denke: *In deinem lächerlichen Versace-Hemd und mit deiner Goldkette siehst du aus wie ein Zuhälter. Hör auf, mich so böse anzugucken!*

Was ich sage: »Tolles Hemd, steht dir super!«

Sertac antwortet (gezwungenermaßen): »Danke!« Und nimmt mir lieblos das Geschenk ab, das ich für Buket gekauft habe.

Er wird mich so schnell nicht mehr mögen und ich weiß auch genau, woran es liegt. Das Problem ist: Wenn deine Freundin, die crazy in love ist, sich mit ihrem Typen streitet, benutzt und verrät sie unzensiert das, was du wirklich von ihm denkst.

»Übrigens! Negah denkt auch, dass du ein Opfer bist! Alle meine Freundinnen hassen dich.«

Natürlich will er dann, wenn sie wieder zusammen sind, nicht, dass sie mit mir Zeit verbringt.

Er sagt dann Dinge wie: »Negah ist kein gutes Mädchen. Ich will nicht, dass du so viel Zeit mit ihr verbringst.«

Übersetzt heißt das: *Ich will nicht, dass du mit einer abhängst, die die Wahrheit über mich kennt. Ich rede ihr jetzt Dinge ein wie: Sie ist neidisch auf unsere Beziehung, weil es bei ihr gerade nicht läuft. Oder: Wer kauft dir die Tasche? Sie oder ich? Oder: Was ist sie denn für eine Freundin, wenn sie nicht erkennt, dass ich die Liebe deines Lebens bin? Oder: Wer ist dir wichtiger?*

WAS PAARE IN ON-OFF-BEZIEHUNGEN DENKEN VS. REALITÄT

Was sie denken	Die Realität
Keiner liebt sich so, wie wir uns lieben.	Es interessiert niemanden.
Die wollen uns nur auseinanderbringen.	Niemand will euch auseinanderbringen.
Ich kann ohne den anderen nicht leben.	HAHA.
Jeder will so sein wie wir.	Ja, genau. HAHAHA.
Wir sind seelenverwandt.	HAHAHAHAHAHAHA. Nein.
Wir sind nicht eifersüchtig, wir sorgen nur füreinander.	Alles wird gut. Es interessiert immer noch niemanden.
Durch jeden Streit werden wir nur gemeinsam stärker.	WOW.
Bla, bla, bla, bla ...	Jap.

Die Vorteile einer On-off-Beziehung

* Deine Freunde rufen dich nicht an, wenn sie umziehen, und du musst ihnen auch sonst bei nichts helfen.
* Versöhnungssex.
* Man spart sich das Online-Dating.

* Wenn man sich im Off-Status der Beziehung befindet, kann man für ein paar Tage sein Singledasein ausleben. So hat man auf jeden Fall ein abwechslungsreiches Leben, weil man mal Single und mal vergeben ist.
* Mit jedem neuen »Zusammenkommen« reaktiviert man das »Verliebtheitsgefühl«.
* Man hat die Möglichkeit, an besonderen Tagen, wie zum Beispiel dem Valentinstag, extra ins Off zu gehen, um sich Geld und Mühe zu sparen.
* Wenn man wieder zusammenkommt, ist es ein Beweis, dass man geliebt wird. Oder nichts Besseres abkriegt oder eben beides.
* Man spart sich die Besuche bei Schwiegereltern, weil die einen auch irgendwann hassen.
* Man kann sich in der immer wiederkehrenden Trennungsphase richtig gehen lassen und Liebeslieder hören, Liebesfilme anschauen, Eis essen und weinen. Manchmal stehen wir Frauen da einfach drauf.
* Man macht wegen erhöhtem Eiskonsum mehr Sport.
* Man sitzt nicht immer aufeinander rum und kommt auch mal raus aus der Beziehungskiste.

Ach ja, fast hätte ich es vergessen: Was aus Buket und Sertac geworden ist? Die haben sich zwei Wohnungen nebeneinander gemietet. Damit sie, wenn sie nach der nächsten Trennung doch wieder zusammenziehen, nicht so einen weiten Weg und aufwendigen Umzug haben. Es kommt ja eh niemand mehr, um ihnen beim Umziehen zu helfen.

Und wenn sie nicht gestorben sind, dann trennen sie sich noch heute ...

KAPITEL 16

FRAUEN NACH DER TRENNUNG

Alles hat ein Ende, nur die Wurst hat zwei. Es ist nie schön und selten einfach, wenn eine Beziehung zu Ende geht, aber wer will denn schon einfach? Einfache Trennungen sind die, über die niemand spricht. Einfache Trennungen machen uns nicht so viel Spaß. Wenn die Trennung dir nicht richtig wehtut, war es keine wertvolle Beziehung für dich. Dann war es eine Beziehung, die dir nicht besonders wichtig war, oder du hast ein Herz aus Stein und spürst deshalb keinen Kummer. Einfache Trennungen sind wie ein Basic-Top von ZARA, das du verlierst. Es ist zwar ein bisschen blöd, aber es interessiert dich nicht lang. Aber wenn du dein absolutes Lieblingstop von Dolce & Gabbana verlierst, für das du ewig gespart hast, ist das echt dramatisch. Dann trauerst du darum, erzählst es deinen Freundinnen, damit sie dir entweder helfen, es wiederzufinden, oder dich darüber hinwegtrösten. Also, einfache Trennungen sind die, die kein Mensch braucht.

Kennst du diesen Satz?

»Wir sind im Guten auseinandergegangen.«

Oder wie ich das übersetzen würde:

»BORING!«

Ich brauche bei einer Trennung Drama, ich brauche Kummer, ich muss mich reinsteigern und das Gefühl haben, dass mir der Boden unter den Füßen weggerissen wird. Erst dann ist die Trennung eine richtige Trennung. Vor allem ist das Gefühl, wenn du über eine harte Trennung endgültig hinweg bist, unbeschreiblich. Du fühlst dich wie neu geboren. Ich brauche die langen Gespräche mit meinen Freundinnen über meine Trennung. Ich brauche Abende, an denen ich extra an Orten auftauche, an denen mein Exfreund sein könnte. Einfach nur, um ihn vielleicht ganz zufälligerweise zu sehen. Wenn jeder im Guten auseinandergehen würde, dann gäbe es keine Liebesfilme, keine Liebeslieder, die in den Charts rauf und runter laufen. So eine abgefuckte Trennung tut vor allem dann weh, wenn du verlassen wirst. Jemanden aus eigenen Stücken zu verlassen ist definitiv angenehmer! Doch auch wenn das Verlassenwerden sehr schmerzhaft ist, es gibt uns Frauen oft noch mehr das Gefühl, wirklich lebendig zu sein. Denn wenn mit uns Schluss gemacht wird, fühlen wir sehr stark – besonders brennt die Frage in uns, was genau sich unser hässlicher Exfreund, der aussieht wie eine Eidechse mit Bierbauch, dabei denkt, eine Frau wie uns zu verlassen. Auch wenn wir am liebsten sein Auto zerkratzen würden. (Männer denken immer, dass die Autos von irgendwelchen neidischen Männern zerkratzt werden. In Wahrheit sind das alles Kratzer von Exfreundinnen, die ihren Hass ausleben.) Auch wenn wir abends Eis essend zu Hause rumliegen und zum tausendsten Mal Adeles »Hello« hören und zum Telefon greifen, um unseren Exfreund anzurufen, der gefälligst ranzugehen hat, fühlen wir in dieser Situation RICHTIG. Es gibt uns Frauen oftmals einen Motivationsschub. Egal, wie traurig wir sind, wir fühlen uns auch zugleich absolut lebendig.

Kopfkino nach der Trennung

Ich weiß nicht, wie es dir geht, aber immer, wenn ich frisch getrennt bin und mich gerade motivieren will, so schnell wie möglich über ihn hinwegzukommen, beginne ich mit dem Kopfkino. Ich stelle mir in meinen Gedanken vor, wie es sein wird, wenn ich in ein paar Jahren auf meinen Exfreund treffe, der es mega bereuen wird, mich verlassen zu haben. Ich stelle mir vor, wie viel erfolgreicher ich in zwei Jahren sein werde, wie viel besser ich in zwei Jahren aussehen werde und wie ich dann auf ihn treffe. Ich stelle mir sein Gesicht vor, wenn er mich in zwei Jahren sieht und in Schockstarre verfällt, weil er es nicht fassen kann, wie toll ich aussehe und wie erfolgreich ich bin.

Er soll mich in zwei Jahren sehen und sich denken: *Wie konnte ich diese wunderschöne Frau nur gehen lassen?*

Ich muss so lachen, wenn ich darüber nachdenke, wie oft ich mir nach der Trennung von Dennis überlegt habe, wie geil es wäre, irgendwann noch reicher zu sein als er, in sein Geschäft reinzukommen und zu sagen: »Hey Dennis, ich bin hier, weil ich all deine Läden kaufen möchte.« Er sagt zu und ich sage: »Okay, ab jetzt kannst du dich mit meinem Anwalt über die restlichen Schritte unterhalten und bitte mit meinem Finanzberater über das ganze Finanzielle.« Im nächsten Moment ruft mich mein zukünftiger Mann an und sagt: »Hi Schatz. Babe, ich liebe dich so sehr.« Seine Stimme am Telefon ist so laut, dass Dennis es natürlich hören kann, mich anschaut und denkt: *Oh Gott, dieser Glückspilz. Sie ist die krasseste Frau, die mir je begegnet ist, und jetzt so verdammt reich und erfolgreich.*

Du glaubst gar nicht, wie oft ich mir in meinen Gedanken ausgemalt habe, wie ich im Club bin, ein Hammer-Lied läuft, ich einfach perfekt gestylt bin und mein neuer, heißer Partner, der von allen Frauen angeguckt wird, mich auf die Tanzfläche zerrt und mit mir einen filmreifen »Shakira ft. Maluma«-Tanz hinlegt. Wir sehen zusammen so gut aus, dass der ganze Club neidisch in unsere Richtung schaut.

So viel Kopfkino, obwohl ich nicht mal tanzen kann und auch gar nicht wüsste, was ich mit Dennis' Läden machen sollte, wenn ich sie ihm abgekauft hätte. Aber das ist ja auch vollkommen egal. Es ist nur mein sinnloses Kopfkino, und hier kann ich das Drehbuch frei bestimmen.

Auf jeden Fall kommt Dennis, während wir tanzen, reingelaufen und ist am Boden zerstört. Er bittet mich um ein Gespräch und ich sage mit dramatischer Stimme: »Hey Dennis. Deine Zeit ist abgelaufen, ich habe dich mal geliebt, aber jetzt liebe ich einen anderen. Mehr, als ich je einen Mann geliebt habe.«

Dennis läuft eine Träne über die linke Wange. Ich stelle mir die Situation sehr oft vor und fühle dabei eine tiefe Befriedigung, weil der Trennungsschmerz sich in Motivation umwandelt.

Das sind die häufigsten Fragen, die ich meinen Mädels nach meiner Trennung stelle:

»Meinst du, er wird es bereuen, mich verlassen zu haben?«

»Meinst du, er wird wieder ankommen?«

»Was, wenn er schon eine Neue hat?«

Das Schlimmste für mich nach einer Trennung ist der Gedanke daran, meinen Exfreund mit einer neuen Frau zu sehen. Ganz nach dem Motto: Wenn ich ihn nicht haben kann, soll keine andere ihn haben. Also sind das die Antworten, die ich von meinen Mädels nach meiner Trennung erwarte:

»Der wird nie wieder was Besseres als dich abbekommen!«

»Er bereut es jetzt schon, dass ihr nicht mehr zusammen seid!«

»Er wird so schnell keine Neue finden!«

Das sind doch genau die Sätze, die wir nach einer Trennung von unseren Freundinnen hören wollen, oder?

Die Evolution der Trennung

1. DER ABSOLUTE KUMMER

Ganz ehrlich, ich kann nur von mir reden, ich stehe irgendwie auf diese Kummerphase.

Du bist noch im Schockzustand und kannst es gar nicht realisieren. Je nachdem, wer die Beziehung beendet hat oder wie die Beziehung ein Ende gefunden hat, leidest du erst mal ganz still und verstehst nur Bahnhof. Meistens reicht deine Kraft gerade noch so dafür aus, um eine deiner besten Freundinnen anzurufen oder ihr eine Nachricht zu schreiben, um sie darüber zu informieren. In der Kummerphase bist du leise. Das ist aber die Ruhe vor dem Sturm. Deine unterdrückten Gefühle sammeln sich gerade noch, um in ein paar Tagen dein Leben zur Hölle zu machen – und auch das Leben aller Menschen in deiner Umgebung. In der Kummerphase willst du mit niemandem reden, keinen sehen und einfach nur zu Hause sitzen, Eis essen und Liebesfilme sehen. Zum Beispiel Filme wie *Das Leuchten der Stille*, *Wie ein einziger Tag* oder *P.S. Ich liebe Dich*. Es müssen Filme sein, die dich noch mehr in deinen Schmerz führen, die dich weinen lassen. Denn du willst dich im Kummer suhlen. In dieser Phase siehst du immer nur die positiven Seiten der Beziehung und erinnerst dich an die schönen Momente und Dinge, die ihr gemeinsam hattet. Bis die Phase überstanden ist.

All deine Freunde haben großes Mitleid mit dir, fragen dich regelmäßig, wie du dich fühlst, und wollen wissen, ob du jemanden zum Reden brauchst. Ich schaue mir in der Kummerphase jedes Mal die oben genannten Liebesfilme an und stelle mir dann eine genauso romantische Beziehung zwischen mir und einem Typen vor. Eben genau so wie in dem Liebesfilm. Dann stelle ich mir noch vor, wie mein Exfreund mit 90 Jahren auf dem Sterbebett liegt und erzählt: *Noch nie habe ich eine Frau so sehr geliebt wie Negah. Negah Amiri. Die Frau, mit der ich über Whatsapp Schluss gemacht habe und der ich NIE wieder geantwortet habe.*

In dieser Kummerphase bist du nicht oft auf Social Media, und wenn du mal postest, sind es schnulzige Liebeszitate voller Schmerz. Du postest sie, weil du deinem Exfreund, der dich schon längst auf Facebook blockiert hat, zeigen willst, dass du unter der Trennung leidest. Dein Ex meldet sich natürlich nicht, aber einer deiner Facebook-Freunde, der einen auf Hero machen will und schreibt: »Hey, ist alles okay bei dir?« Du kommentierst zurück: »Alles ist okay. Das Leben geht weiter.« Ach so und natürlich dürfen die Quotes und

Lovesongs in den Storys nicht fehlen, in der Hoffnung, dass dein Ex-freund das sieht und sich denkt: *Wow, die Trennung muss sie echt geknickt haben. Ich muss mich um ihr Wohl sorgen und um sie kämpfen.*

Ob es bei mir je geklappt hat? Nein. Ich war nach der Trennung leider immer überall blockiert.

Besondere Hilfsmittel in der Kummerphase:

* Ben & Jerry's,
* Liebesfilme,
* Taschentücher,
* traurige Liebeslieder, die dich den Schmerz noch mal richtig fühlen lassen.

2. PURE WUT UND WIDERSTAND

Wenn du denkst, dass die schlimmste Phase überstanden ist, hast du falsch gedacht. Nach dem Kummer kommt die pure Wut und Widerstand regt sich in dir. Das ist der Moment, wenn du realisierst, dass es mit euch endgültig vorbei ist, und du leistest Widerstand, weil du es nicht wahrhaben willst. Dir fallen plötzlich alle negativen Dinge auf, die er dir je in der Beziehung angetan hat, und du wirst richtig SAUER. Du denkst, dass es noch so viele unausgesprochene Themen gibt, die ihr klären müsst, und möchtest das nicht so stehen lassen. Diese Erinnerungen, die dich nicht loslassen, müssen aufgeschrieben werden. Sie müssen raus. Wie machst du das am besten? Indem du ihm lange Texte schreibst. Romane, die er nie in Ruhe durchlesen wird. Plötzlich wirst du zu einer talentierten Autorin, die gar nicht mehr aufhören kann mit dem Schreiben. Diese langen Texte enthalten viele Genres. Romantik, Drama, Horror, Psychothriller, Action. Also bei mir war das zumindest so. Und wenn er mir darauf nicht geantwortet hat? Dann habe ich angefangen, ihn mehrmals hintereinander anzurufen. Wer hat darauf schon Bock? Dein Ex bestimmt nicht. Und das macht dich noch wütender! Jetzt rufst du ihn erst recht weiter an. Wenn er gar nicht reagiert, fährst du eben zu seiner Arbeit und wartest pünktlich zum Feierabend an der Tür auf ihn, um das Gespräch mit ihm zu suchen. Wenn alles nicht mehr zieht, überlegst du, was du an Gegenständen bei ihm zu Hause gelassen hast, und bittest darum, sie abholen zu können. Natürlich interessieren dich die Gegenstände gar nicht, du nimmst sie nur als Vorwand, um ihn so lange vollzutexten, bis ihm die Ohren bluten. Er soll dafür büßen, dass er diesen einen Fehler eurer Trennung begangen hat. Ich bin tatsächlich nach meiner allerersten Beziehung ohne eine Fahrkarte von Wiesbaden nach Karlsruhe gefahren, um meinen italienischen Exfreund aufzusuchen und ihn zu fragen, was ihm einfällt, mir auf meine langen Texte nicht zu antworten. Kleiner Tipp von mir: Tu es nicht. Er redet heute noch darüber, was ich für eine Psychopathin bin.

Besondere Hilfsmittel in der Widerstandsphase:

* Terroranrufe,
* Fake-Account,
* sich vor seinem Haus aufhalten,
* seine Freunde anschreiben,
* sich an Orten rumtreiben, an denen er regelmäßig ist.

3. DAS UNERWARTETE HOCHGEFÜHL

Nach Wut und Widerstand stellt sich irgendwann urplötzlich ein unerwartetes Hochgefühl ein. Du hast akzeptiert, dass eure Beziehung zu Ende ist, und fängst an, Hoffnung auf Ein neues Leben zu verspüren. Ab und zu denkst du zwar noch an die schlechten Phasen und auch an all das, was du mit ihm durchgemacht hast (und er mit dir), aber du denkst schon wie ein Motivationstrainer: Du sprichst davon, dass jeder Schmerz dich im Leben voranbringt. Du gehst zum Friseur, um dir einen »New Hair, New Me«-Cut verpassen zu lassen. Du stylst dich auf, kaufst dir neue Klamotten. Du spürst ein Licht am Ende des Tunnels. Es ist dir zwar klar, dass es ein langer Weg sein wird, aber du bist bereit, ihn anzutreten, um endlich als freier, unabhängiger Single durchzustarten. Du beginnst dich wieder mit dir selbst zu beschäftigen und liest ein Buch über Persönlichkeitsentwicklung. Wenn du bei Seite drei angekommen bist, machst du ein Bild vom Cover, postest es und schreibst drunter: »ME TIME«. Es soll demonstrieren, dass du nun kurz davor bist, endgültig wieder bei dir selbst anzukommen. Du machst zum ersten Mal Yoga und drehst dazu eine Story für Instagram, damit jeder weiß: SHE IS BACK IN THE GAME.

Besondere Hilfsmittel in der Hochphase:

* Bücher
* Youtube-Workouts,
* Insta-Storys,
* Friseurin,
* Kosmetikerin,
* Shopping.

4. DAS LETZTE MAL »DOWN«

Nach jedem Hoch kommt ein Tief und du fällst nach der Hochphase noch mal in ein tiefes Loch. Das ist mit Abstand der schwierigste Moment nach der Trennung. Doch die gute Nachricht ist: Du bist kurz davor, über die Sache ganz hinweg zu sein. Trotzdem ist diese Phase tricky. Denn du spürst alle Schmerzen noch intensiver als vorher. Denk dran: Es ist bald vorbei! Du kannst schon das Licht am Ende des Tunnels sehen. Du musst jetzt eigentlich nur stark bleiben. Wenn du durchhältst und nicht rückfällig wirst, hast du eure Trennung schon bald wirklich verarbeitet.

Wichtig in dieser Phase: Schreib deinem Ex auf gar keinen Fall. Wenn du kurz davor bist, es zu tun, schreib stattdessen deinen Freunden. Sonst erleidest du einen Rückfall. Trink in dieser Phase auf keinen Fall Alkohol und vermeide unbedingt, auf sein Insta-Profil zu gehen.

Dir gehen folgende Gedanken durch den Kopf:

* *War die ganze Sache echt umsonst?*
* *Wie kann ich ihm so egal sein?*
* *Das kann doch nicht alles gewesen sein?*
* *Wie soll mein Leben jetzt weitergehen, wenn er wirklich nicht der Richtige war?*
* *Werde ich je wieder so ein Gefühl mit einem anderen Mann haben?*

Halte DURCH! Du hast es bald geschafft. Während der Downphase kannst du Dinge unternehmen, die dir helfen. Lass dir zum Beispiel Blumen schicken. Am besten an deinem Geburtstag. Stell dir dein zukünftiges Ich vor und wie dein Ex auf Knien kriecht, wenn du ihm einen Korb gibst. Denk an seine schlimmsten Macken und sei froh, dass er nicht der Vater deiner Kinder wird. Deine Kinder sollen intelligent, schön und charismatisch werden. Sei dankbar. Seine Gene hätten alles zerstört.

Besondere Hilfsmittel im letzten Down:

* Youtube-Motivationsvideos,
* noch mehr Youtube-Motivationsvideos,
* joggen gehen und währenddessen Motivations-Podcasts anhören,
* ein Youtube-Video über die Youtube-Motivationsvideos machen und online stellen.

5. DIE WIEDERGEBURT

Du hast es geschafft! Du hast durchgehalten und bist nicht rückfällig geworden. Herzlichen Glückwunsch! Du bist zu einer wunderschönen Buddha-Lady erwacht. Ab jetzt beginnt für dich wirklich ein neues Leben. Es eröffnen sich ganz neue Wege und Möglichkeiten. Nun beginnt die Phase, in der alles einen guten Lauf nimmt. Es fließt Geld auf dein Konto, das vor Kurzem noch im Minus war. Die offenen Rechnungen, die du nicht bezahlt hast, bezahlen sich fast von allein. Du merkst, dass dich viele Typen anschauen, und fängst langsam an, wieder zu flirten, und hast Spaß dabei. Ich weiß noch, als ich damals plötzlich eine Art Erleuchtungsphase hatte und mir mein Exfreund auf einmal egal wurde. Ich konnte es genießen, allein zu sein. Ich ging stundenlang in der Natur spazieren und genoss das schöne Leben. Es war nur noch ein einziger Satz in meinem Kopf: »Wie geil, dass ich endlich über diesen Idioten hinweg bin.«

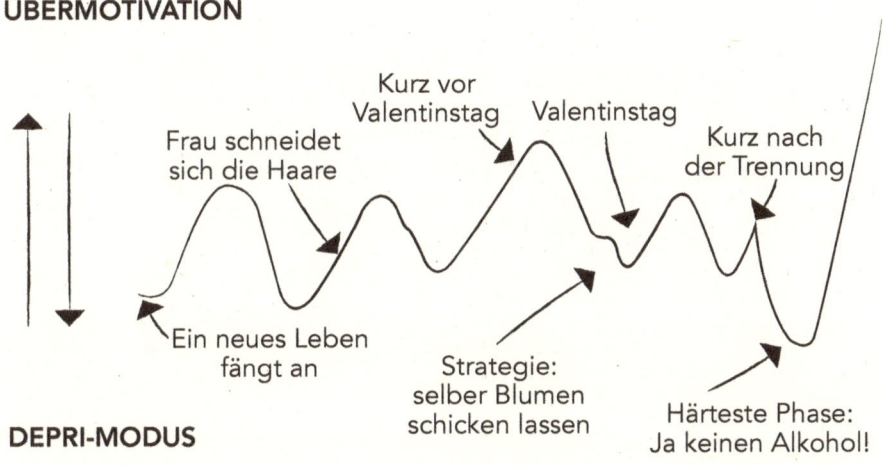

ÜBERMOTIVATION

Kurz vor
Valentinstag

Valentinstag

Frau schneidet
sich die Haare

Kurz nach
der Trennung

Ein neues Leben
fängt an

Strategie:
selber Blumen
schicken lassen

Härteste Phase:
Ja keinen Alkohol!

DEPRI-MODUS

So habe ich mich gefühlt, als mein Liebeskummer endgültig vorbei war:

Hier kannst du ein Bild von dir nach der Reinkarnation einkleben oder einfach dein Passbild. Und wenn du das gemacht hast, knipse gern ein Foto von dieser Seite und schick es mir per PM auf Social Media!

Lerne die verschiedenen Trennungstypen kennen

Es gibt ziemlich große Unterschiede dabei, wie jemand mit der Trennung umgeht. Ich habe in meinem Bekanntenkreis sechs Trennungstypen erleben dürfen, die stelle ich dir mal kurz vor. Ich bin gespannt, ob du dich darin wiederfindest.

DIE SPRINGERIN

Die Springerin springt von einer Beziehung in die nächste. Sie lässt sich nie Zeit, bis die alten Wunden verheilt sind. Sie hat immer eine Alternative auf ihrer Liste. Typen, auf die sie stets zurückgreifen kann. Schwups, schon hat sie es wieder auf einen Neuen abgesehen. Meine Freundin Almira ist genau dieser Typ. Sie hat mir in unserer Freundschaft so viele Männernamen und Exfreunde aufgezählt, dass ich mir die Namen schon seit Jahren nicht mehr merken kann. Sie schreibt sogar während der Beziehung mit anderen Typen. Ich nenne das »Back-up-Pläne«. Denn sie sind dazu da, um aktiviert zu werden, falls es mit ihrem Freund wieder mal nicht klappen sollte, sodass sie direkt einen neuen Typen daten kann. Die Springerin überspringt jedes Mal die Trauerphasen. Tief- und Hochphasen werden geskippt, um Schmerzen zu vermeiden. Ihre Beziehungen halten NIE länger als vier Monate, und wenn doch, dann nur als On-off-Beziehung.

Pro	Kontra
Sie ist nie allein.	Sie ist nie allein.
Sie lernt viel über Männer.	Aber wenig über sich selbst.

DIE ÜBERMOTIVIERTE

Die Übermotivierte lebt von Trennungen. Sie liebt es, sich in Beziehungen fallen zu lassen und sich dann zu trennen, um in der Trennung wieder zu sich selbst zu finden. Sie geht nach der Trennung joggen, trifft sich mit ihren Mädels und unterhält sich über die Trennung, als gäbe es kein anderes Thema.

Pro	Kontra
Sie hat oft eine neue Frisur.	Sie hört zu viel Beyoncé.

KUMPELINE

Sie rechtfertigt ALLES mit: »Hat halt nicht gepasst. Wir sind aber trotzdem noch gute Freunde.« Das ist die Frau, die als Erste eine Whatsapp-Gruppe aufmacht, wenn ihr Exfreund Geburtstag hat.

»Hey Leute! Lasst uns doch alle zusammenlegen. Da ich ihn nach drei Jahren Beziehung am allerbesten kenne …« Seine neue Freundin fügt sie als Letzte ein mit dem Kommentar: »Oops, hab dich ganz vergessen. Riesensorry!« Sie macht für den Geburtstag natüüüürlich seinen Lieblingskuchen. Sie nennt die Mutter beim Vornamen: »REGINA??? Weißt du, welche Yoga-Übungen total gut für den Rücken sind? Du hattest doch mal was mit dem Rücken.« Und schiebt danach noch den Satz hinterher: »So was merk ich mir doch, klar.«

Pro	Kontra
Jeder mag sie.	Nur nicht die neuen Freundinnen der Exfreunde.

DIE DEPRESSIVE ODER THE SAD GIRL

Meine Freundin Tine ist so ein Trennungstyp. Nach der Trennung von ihrer großen Liebe Ben schwelgte sie wochenlang in Erinnerungen an ihn. Man konnte ihr rein gar nichts erzählen, ohne dass es sie an Ben denken ließ. Ich habe ihr mal ein Glas Wasser gegeben und sie fing sofort an zu weinen. »Ben hat auch immer Wasser getrunken.« Egal, wo ich mit ihr hinging, alles stand im Zusammenhang mit Ben und erinnerte sie an ihn. Als ich ihr das nächste Mal statt Wasser ein Glas Cola gab und sie wieder anfing zu heulen, fragte ich natürlich: »Lass mich raten, er hat immer Cola getrunken?« Sie: »Nein, es erinnert mich an ihn, weil er eben NIE Cola getrunken hat.« Sie hat sich Liebeslieder angehört und ihre Whatsapp-Verläufe von der Anfangszeit rauf und runter gelesen. Sie hat mir sogar stundenlang daraus vorgelesen.

Pro	Kontra
Keine Ahnung.	Sie geht allen enorm auf den Keks.

DIE ZECKE

Sie beißt sich fest und ist nicht so leicht loszukriegen. Um sie loszuwerden, braucht es professionelle Hilfe. Die Zecke findet immer Gründe, ihrem Exfreund zu schreiben. Wenn sie ihre restlichen Sachen bei ihrem Expartner abholt, lässt sie absichtlich noch welche liegen, damit sie einen Grund hat, zurückzukommen.

> Hey du, ich finde meine Brosche nicht …

Wenn er nicht antwortet, schreibt sie:

> Ist die zufälligerweise bei dir?

Er antwortet …

> Es ist 3 Uhr in der Nacht!!! Wozu brauchst du jetzt eine Brosche?!

Sie lässt ihn extra zappeln, weil sie hofft, da geht noch was, und schreibt ihm erst nach zwei Tagen.

> Sie: Sorry. War busy und konnte nicht antworten. Würde gerne die Brosche abholen …

> Er: Okay, wie wär's mit nächster Woche?

> Sie: Oder jetzt? Weil ich stehe gerade zufällig an deiner Tür.

Sie: Gut, bis in 20 Minuten. Ich warte.

Wenn er ihr die Brosche dann nach 20 Minuten bringt, fragt sie ihn:

»Können wir noch ein bisschen reden?«

Nach dem Gespräch sagt sie beim Abschied zu ihm: »Okay, dann bis zur nächsten Brosche!«

Pro	Kontra
Muss sich nicht mit Tinder-Dates rumschlagen.	Hat eine einstweilige Verfügung wegen Stalking.
Spart sich das Geld fürs Online-Dating.	Wenig Geld auf dem Konto, weil sie ihren Job wegen zu vielen Fehlzeiten verloren hat.
Sie hat ein Fernglas und eine Perücke, die man sich ggf. leihen kann.	?

DIE RACHSÜCHTIGE ODER THE REVENGE GIRL

Dieser Typ will nur noch eines: sein Leben zerstören. Sie erzählt überall rum, dass er einen kleinen Penis hat. Sie ruft ihn Tausende Male an und beleidigt ihn. Das Schlimmste ist, wenn die Rachsüchtige sich mit anderen rachsüchtigen Exfreundinnen von ihm verbündet, um sein Leben zu zerstören. Eine aus dem Rachsüchtigen-Club ruft seine Neue an und erfindet Lügen, damit sie sich gleich wieder von ihm trennt. Sie tun sich zusammen und wollen ihn fertigmachen. Gemeinsam fühlen sie sich unverwundbar. Sie drucken Visitenkarten und lassen sich Club-Shirts drucken, auf denen sein Kopf durchgestrichen zu sehen ist.

Pro	Kontra
Bis jetzt keine gefunden.	Schlechtes Zeitmanagement.
Falls ihr welche habt, bitte schickt sie mir per Mail!	Verbringt zu viel Zeit am Handy, ist aber für ihre anderen Freundinnen kaum noch zu erreichen.
Dankeeeee!	Ist immer aggressiv.

Welcher Trennungstyp bist du? Oder war deiner gar nicht dabei? Wenn ich mich selbst einordnen soll, würde ich sagen: Ich bin ALLE!!! Da hilft nur noch das ultimative Trennungs-Survival-Kit …

DAS ULTIMATIVE TRENNUNGS-SURVIVAL-KIT

- ◯ Taschentücher
- ◯ Schokolade
- ◯ Ben & Jerry's
- ◯ Genug beste Freundinnen zum Teilen und Bildermachen
- ◯ Eine gute Kamera zum Selfiesschießen
- ◯ Eine Ringleuchte
- ◯ Alle Beyoncé-Songs
- ◯ Reichweite auf TikTok
- ◯ Extrem hohe Schuhe
- ◯ Online-Shopping
- ◯ Uplifting Frauenpower-Filme! Auf keinen Fall Batman, Spiderman & Co., denn … da sind die Männer die Helden.
- ◯ Siri, die man alle zwei Stunden fragen kann, ob sie einen liebt.

Wichtige Fakten über Frauen
nach der Trennung

1. In der Öffentlichkeit würden wir NIE sagen: »Er hat sich getrennt.« Entweder haben WIR uns von IHM getrennt oder wir wollten beide nicht mehr.

2. Am schmerzhaftesten ist der Moment, in dem wir den Whatsapp-Verlauf mit ihm löschen. (Info für ihn: Wenn sie deinen Whatsapp-Verlauf löscht, hast du zu 70 Prozent keine Chance mehr!)

3. Nicht der Mann entscheidet über die Trennung, sondern die Frau. Manche Frauen führen noch jahrelang Beziehungen mit ihrem Ex, ohne dass er es merkt. Erst wenn sie einen Besseren gefunden hat, ist eine endgültige Trennung realistisch.

4. Du bist nicht du, wenn du frisch getrennt bist. Freundinnen haben das größte Verständnis für eine Frau, die frisch getrennt ist. Sie hat Welpenschutz und darf sich die ersten zwei Monate alles erlauben. Weil: Sie ist ja frisch getrennt.

5. Eine frisch getrennte Frau hat ihren Exfreund imaginär überall dabei und er bewertet jede Situation und alles, was sie tut, in ihrem Kopf. *Du willst heute Abend wirklich wieder da feiern gehen, wo ich nie wollte, dass du feiern gehst? Falls ich es sehe, wird es endgültig aus sein mit uns. Das weißt du …*

6. Ein Mann sollte nie nach einer Trennung direkt eine Neue haben. Wenn die Ex das rauskriegt, wird sie alles dafür tun, um diese neue Beziehung zu zerstören.

7. Frische Trennungen sind der ultimative Beweis für wahre Freundschaft unter Frauen: Wenn eins meiner Mädels sagt, dass sie sich getrennt hat, gilt ALARMSTUFE ROT in unserer Clique! Alle Freundinnen müssen sofort alles stehen und liegen lassen und für sie da sein.

Die Zeit heilt alle Wunden

Frauen, die in ihrer Trennungsphase feiern gehen, sind sehr verwundbar. Es gibt Männer, die das schamlos ausnutzen. Sie gehen auf die Jagd und halten nach bereits angeschossenen Tieren Ausschau. »Was? Du hast dich vor Kurzem von deinem langjährigen Freund getrennt?« Dann nimmt er sein Gewehr in die Hand und sagt zum Baarkeeper: »Drei Tequilas für die Lady, bitte!« Und gibt uns, der waidwunden Schönheit, damit den Gnadenschuss.

In dem Moment, in dem wir diesem Mann im Club sagen, dass wir gerade durch eine schwierige Trennungsphase gehen und jetzt erst mal nur Spaß haben möchten, ertönt in seinem Kopf der Song »WE ARE THE CHAMPIONS«!!!

Nimm dich also gut in Acht und pass auf dich auf. Und nimm dir die Zeit, die du brauchst. Denn am Ende ist es doch so: Die Zeit heilt tatsächlich alle Wunden.

PS: Vergiss deinen Ex! Pfeffer mal deine rosarote Brille in die Ecke: Der sieht in Wahrheit eh aus wie Quasimodo!

—

KAPITEL 17

WARUM MELDET ER SICH NICHT MEHR?

Ich habe ja schon mal erzählt, dass ich gerne Selbsthilfebücher lese, in denen es darum geht, seine Personality zu entfalten und die beste Version seiner selbst zu werden. Ein Tipp, der in fast jedem dieser Bücher steht, ist, dass man unangenehme Situationen und Gedanken einfach aufschreiben soll, damit sie raus sind. Wenn man also innere Konflikte hat und am Grübeln ist, soll man einfach wie früher als Teenie ein Tagebuch führen und hin und wieder mal alles rauslassen, so entleert man den Kopf und ist danach wieder frei. Mir hilft es tatsächlich! Ich hatte letztens wieder mal eine Situation, in der ich es dringend gebraucht habe. Der Typ, mit dem ich zwei Monate lang geschrieben habe, hat sich auf einmal nicht mehr gemeldet und ich bin wieder mal durchgedreht …

Mein kleines »Mein Typ schreibt mir nicht«-Tagebuch

Wieso bin ich schon wieder in dieser Situation? Warum meldet er sich nicht bei mir?? Wie verhält man sich, wenn man geghostet wird und der Typ, mit dem man vorher täglich Kontakt hatte, sich plötzlich einfach nicht mehr bei einem rührt? Das fühlt sich gerade echt wie eine Katastrophe an! Ich bin heute Morgen aufgewacht und als Erstes habe ich Opfer direkt zu meinem Handy gegriffen und keine einzige Nachricht von ihm entdecken können. Ich hab sogar extra Whatsapp aktualisiert. Menno, ich habe mich echt schon so an ihn gewöhnt … Warum meldet sich dieser Pisser jetzt einfach nicht mehr??? Dabei war er doch derjenige, der MIR am Anfang so hinterhergerannt ist!? Bis vor Kurzem hat er mir noch ganze Romane geschrieben, bei denen ich mir dachte: *Junger Mann, jetzt mal ganz ruhig bleiben.* Wie blöd ich doch bin. Ich habe wieder mal einen Menschen in mein Leben gelassen und jetzt kann ich so schwer loslassen. Vor allem, wenn ER derjenige ist, der sich nicht meldet. Er sollte sich wenigstens noch ein letztes Mal melden, damit ich mich danach nicht mehr bei ihm melden kann. Dann bin wenigstens ICH diejenige, die IHM einen Korb gegeben hat. An sich ist er mir eigentlich egal, aber ich muss das letzte Wort haben. Das kann doch nicht das Ende gewesen sein? Wir schreiben monatelang durch und er hört auf, ohne dass jetzt was draus wird? Nicht mal ein Treffen ist daraus geworden. Soll das jetzt alles gewesen sein? Man sagt doch, jede Begegnung im Leben geschieht aus einem Grund. Mmh, gilt das auch für jede Begegnung via Whatsapp? Wir führen hier quasi eine moderne Brieffreundschaft und mittendrin hört die einfach auf? Was soll das? Wo ist der Sinn dabei? Ich versuche, einfach nicht mehr daran zu denken. Wenn das bloß so einfach wäre ...

8:30 Uhr – Ich mache mir ein Brot.
Was ich dabei denke: *Wieso meldet er sich nicht?*

8:45 Uhr – Ich meditiere, während ich daran denke, dass er sich nicht meldet.

8:48 Uhr – Ich meditiere und aktualisiere nebenbei Whatsapp. Er hat sich immer noch nicht gemeldet.

9:00 Uhr – Keine Nachricht von ihm, obwohl er eine Insta-Story gepostet hat. Von seinem Müsli auf der Arbeit. Warum ich das weiß? Weil ich sie mit einem Fake-Account angeschaut habe!

9:10 Uhr – Ich dusche.
Was ich dabei denke: *Vielleicht meldet er sich ja, während ich hier am Duschen bin. Das wäre ziemlich NICE.*

9:14 Uhr – Bin schon fertig mit Duschen. Hüpfe flott aus der Dusche und greife wie eine Süchtige sofort nach meinem Handy. Will sehen, ob er geschrieben hat. Jaaaaa, eine neue Mitteilung auf Whatsapp! Hoffnung. Schnell gucken! Von wem ist die? Von MEINER MUTTER! Na toll. Ich liebe dich, Mama, aber ich hätte viel lieber, dass mir jetzt mal der Typ schreibt, der sich nicht bei mir meldet.

10:00 Uhr – Ich schaue auf sein Whatsapp-Profilbild. Immer noch dieselbe Visage. Jetzt führe ich eine Konversation mit seinem Foto: »Hey, warum meldest du dich nicht bei mir?«

10:02 Uhr – Ich checke wieder sein Profil: Wann war er zuletzt online? Um 9:48 Uhr. Krass, bestimmt ein Zeichen. 7 + 3 + 8 ist 18 und 18 ist seine Lieblingszahl, vielleicht wird er sich ja doch noch melden.

Ich rufe meine Freundin Alina an.

Alina geht ans Handy und fragt direkt als Erstes: »Und, wie läuft es mit deinem neuen Typen?« Dafür liebe ich sie! Sie spürt schon, warum ich anrufe.

Ich: »SOS, der hat sich seit drei Tagen nicht gemeldet!«

Alina: »What? Was war denn das Letzte, das ihr geschrieben habt?«

Ich: »Warte, ich muss gucken.«

Alina: »Schick mir am besten einen Screenshot vom Verlauf!«

Ich: »Okay, warte, aber nicht, dass er sieht, dass ich einen Screenshot mache.«

Alina: »Haben das die letzten drei Typen gesehen? Nein. Also mach bitte einfach einen Screenshot.«

Ich screenshotte unseren Verlauf und schicke ihn ihr. Sofort schlüpft Alina in die Rolle (m)einer Notärztin. Sie analysiert: »Okay, an sich ist der Verlauf superharmonisch und gibt keinen Grund zur Besorgnis! Er schreibt noch mit Smileys. Seine letzten Worte an dich waren: ›Bis morgen‹ und dann ein Kuss-Smiley mit Herz. Es wirkt auf den ersten Blick nicht so, als ob er dich abwimmeln möchte. Das Gespräch hat ein natürliches und vor allem organisches Ende. Du hast zuletzt ›Gute Nacht‹ geschrieben mit einem Kuss-Smiley ohne Herz. Das könnte eher darauf hindeuten, dass du sein Herz nicht erwiderst. Aber auch noch kein Grund, um sich nicht mehr bei dir zu melden.«

Fünf Minuten nachdem wir aufgelegt haben, kommt sie zurück: die Unsicherheit. Und die innere Selbstzerstörerin …

Die innere Selbstzerstörerin: »Schon wieder meldet sich ein Typ nicht mehr bei dir? Du hast bestimmt Mist gebaut! Es liegt an dir, dass alle Typen abhauen!!!«

Was habe ich also falsch gemacht? Ich studiere noch mal unseren Chatverlauf und nehme jedes Wort genau unter die Lupe. Plötzlich fällt mir auf, was für dumme Sachen ich geschrieben und wie viele Schreibfehler ich gemacht habe. Manchmal habe ich einfach viel zu passiv und lustig geschrieben. Bestimmt hat er sich gedacht: *Das ist keine Frau, mit der man eine Zukunft planen kann. Sie macht immer auf lustig.*

Also höre ich mir auch noch meine eigenen Sprachnachrichten an ihn an.

Die innere Selbstzerstörerin: »WIESO REDEST DU OHNE PUNKT UND KOMMA? Wen interessiert es, was du alles zum Mittagessen hattest? Mädel, schämst du dich nicht? Hast du sie nicht mehr alle?«

Ich würde am liebsten im Erdboden versinken.

Die innere Selbstzerstörerin kommentiert weiter: »Du schickst nur Bilder von deinem Hund, obwohl er Bilder von DIR wollte! Wie egoistisch von dir. Anstatt ihm ein Bild von dir zu schicken, denkst du nur an dein Haustier. Vielleicht denkt er jetzt, dass du live so scheiße aussiehst, dass du deshalb spontan kein Bild von dir schickst. Dein letzter Satz im Chat hat ihn bestimmt abgeturnt. Du hast statt ›seid‹ ›seit‹ geschrieben. So was darf dir doch nicht passieren!!!«

Ich versetze mich in ihn hinein, um mir dann aus seiner Sicht mein eigenes Insta-Profil zehnmal anzuschauen.

Sehe ich irgendwo fett aus?

Und dann finde ich den Fehler! Der Pickel auf dem Bild von 2006, der war es. Oder war es doch das Partybild von 2003, das entstanden ist, kurz bevor ich total abgestürzt bin? Oder war es mein braves Outfit auf dem letzten Bild?

Plötzlich ein Blitzgedanke: *Ich weiß es. Er kennt einen der Typen, mit denen ich mal was hatte.*

Der schmale Grat zwischen Unsicherheit und Paranoia, ich habe ihn überschritten und fange an zu übertreiben.

Seine Freunde haben ihn bestimmt gegen mich aufgehetzt und gesagt: »Sie ist voll hässlich. Was willst du mit ihr?«

Vielleicht ist er aber auch wieder mit seiner Ex zusammen. Normalerweise stalke ich sie nur dreimal am Tag, aber jetzt könnte es locker mehr werden. Vielleicht entdecke ich ja gemeinsame Bilder und finde dadurch Orte heraus, an denen die beiden sich gemeinsam aufhalten könnten.

Dann fällt mir plötzlich wieder ein, dass er ja noch vor drei Tagen mit seinen Jungs unterwegs war.

Bestimmt hat er sich neu verliebt! Wer ist die Schlampe? Klar, natürlich eine, die genau sein Typ ist. Eine anständige, süße Rothaarige, die man sofort heiraten will. Oder vielleicht auch genau das Gegenteil. Eine

aufgetakelte sexy Blondine, mit der er bei seinen Jungs angeben kann.
Oh mein Gott, er hat einfach eine Neue kennengelernt. Sonst würde
er sich safe melden. Was soll es denn sonst für einen Grund geben, aus
dem Nichts einfach nicht mehr zu schreiben? Ich muss rausbekommen,
wer die Neue ist. Ich werde gucken, welchen neuen Frauen er gefolgt ist
und wessen Bilder er am meisten likt.

Ich rekonstruiere in meinem Kopf alle Infos, die er mir über seinen Frauengeschmack gegeben hat. Er hat mir beispielsweise mal
erzählt, dass er Scarlett Johansson mag. Ich sollte mich also erst mal
auf Blondinen konzentrieren.

Ich rufe wieder Alina an und zähle alle Verdachtsmomente, die ich
hier auch aufgezählt habe, ohne Luft zu holen, innerhalb von 40 Sekunden auf.

Alina: »Schatz, beruhige dich bitte! Vielleicht hat er gerade einfach
nur viel zu tun?«

Ich: »Alina, der hatte doch sonst auch VIEL zu tun und trotzdem hat
er 20 Stunden am Tag durchgeschrieben.«

Kurze Anmerkung: Wenn eine Freundin von euch in meiner Lage
ist, sagt nicht, dass er vielleicht viel zu tun hat. Viel zu tun zu haben
und IHR aus diesem Grund nicht zu schreiben ist nichts Beruhigen-
des. Wenn er mich wirklich will, würde er auch schreiben, wenn er
zu tun hat.

Denn wir Frauen haben auch oft zu tun. Aber das ist noch lange kein
Grund, ihm nicht zu schreiben. »Wer will, findet Wege. Wer nicht
will, sucht Gründe.« Ihr kennt den Spruch bestimmt. Ist ein Zitat
von Albert Camus.

Er hat »viel zu tun« ist genauso schlecht wie der Satz »Es liegt nicht
an dir, es liegt an mir«. Bla, bla, bla, es liegt nicht an dir … »Ich habe

einfach viel zu tun.« Was kann denn wichtiger sein, als mit der Frau zu schreiben, die ein Mann wirklich gut findet?

Aua, das ist genau der Punkt: *Wenn er mich wirklich gut fände, dann …*

Alina merkt, dass ihr Satz überhaupt nicht bei mir zieht, und schiebt einen Satz hinterher, den jede gute Freundin in dieser Situation sagen muss. Auch wenn wir beide genau wissen, dass sie ihn nur sagt, weil ich ihn hören möchte, glaube ich ihr in dem Moment.

Sie sagt: »ER WIRD SICH NOCH MELDEN.«

Musik in meinen Ohren.

Ich: »Was, Alina? Ich habe dich akustisch nicht verstanden.«

Alina: »Schatz, er wird sich NOCH MELDEN. Glaub mir.«

Und dann kommt der Satz, der immer danach kommt. Ich: »Meinst du? Sicher?«

Alina durchlebt eine schnelle Transformation von der Notärztin zur Wahrsagerin und sagt zu mir: »SICHER, SCHATZ. Guck dich doch mal an und dann guck ihn mal an. Der sollte Tag und Nacht von dir TRÄUMEN! Der wird 100 Prozent wieder schreiben. Warum sollte er nicht?«

Ich, die offensichtlich glaubt, Alina kann wirklich hellsehen: »Echt? Wann, glaubst du?«

Alina, die zwar keine Ahnung hat, aber so tun will, als hätte sie eine genaue Vorahnung: »Ich würde sagen, heute Abend.«

Zwei Stunden sind seitdem vergangen und ich habe es tatsächlich geschafft, nach Alinas beruhigenden Worten ein bisschen abzuschalten. Hierzu habe ich mir eine Serienkiller-Doku auf Netflix angeschaut. Doch dann muss ich wieder an ihn denken, weil er im Gegensatz zu dem Serienkiller echt ein wunderschöner Typ ist und ich es zu schätzen weiß, dass er kein Serienkiller ist.

Und plötzlich denke ich mir: *Ob er heute schon meine Instagram- und Facebook-Story angeschaut hat?*

Ich denke weiter: *Guck doch einfach mal nach, ob er deine Storys heute angesehen hat.*

Klar schaue ich sofort auf meine Storyviews und suche wie verrückt nach seinem Namen – vergeblich.

Ab jetzt habe ich ein neues Hobby: Ich gucke im 3-Sekunden-Takt, ob er sich meine Story angeschaut hat. Nicht nur, ob er die Story gesehen hat, sondern auch, wann genau. Und wie viele Storys er sich angeschaut hat. Es ist mir auf einmal vollkommen egal, wer sonst noch meine Story anschaut. Selbst Angela Merkel könnte sie anschauen, es würde mich nicht interessieren.

Und dann ist es so weit. ER hat sich meine Story angeschaut. Einerseits freue ich mich, andererseits denke ich mir: *Was? Er schaut sich meine Story an und reagiert nicht darauf? Was hat er darin gesehen? Früher kam doch immer irgendeine Reaktion. Er will mich sicher nicht mehr, der hat 100 Prozent einen Abturn bekommen.*

Ich rufe Alina an und sage: »Alina, der schaut sich meine Story an und reagiert nicht drauf. Was soll ich denn machen?«

Alina: »Ich habe dir doch gesagt, er wird sich schon melden, also bitte beruhige dich jetzt.«

Ich: »Nein, ich muss jetzt heiße Bilder posten, damit er sieht, was er verpasst! Der soll froh sein, eine wie mich daten zu können.«

Alina: »Ja, Schatz, du bist ein JACKPOT!!! Er wird nie wieder was Besseres wie dich finden und wird noch so was von angekrochen kommen. Mach ein paar schöne Bilder!«

Somit habe ich eine neue Mission: reizende Bilder produzieren, damit die Beute wieder heiß auf mich wird.

> **WIR FRAUEN MACHEN BILDER, DIE WIR NICHT BRAUCHEN, UM KOMMENTARE VON NOTGEILEN TYPEN ZU BEKOMMEN, DIE WIR NICHT WIRKLICH WOLLEN, UM EINEN TYPEN AUF UNS HEISS ZU MACHEN, DER SICH NICHT MEHR BEI UNS MELDET!**

Und mal ganz abgesehen von meinem Typen: Wir machen Fotos, die wir nicht brauchen, für Social-Media-Plattformen, die wir nicht mögen, um Menschen zu beeindrucken, die uns nicht interessieren.

Ich poste also mein neues Bild mit nur einer einzigen Intention: um dem Typen zu zeigen, was er gerade verpasst. Eine Frau, die sich sonntags grundlos aufstylt, mit Selbstauslöser ein Bild von sich im Badezimmer macht, um dieses dann auf Facetune zu bearbeiten, bis sie wie ein völlig anderer Mensch aussieht, dann noch mal paar Filter drüberzulegen, um es drei Stunden später auf Instagram zu posten. Ob ich mir dabei dumm vorkomme? Nein. Ich kämpfe um die Liebe und außerdem schaden gute Bilder nie. Auch nicht, um mal meinen Freunden zu zeigen, dass ich noch lebe. Ich mache 478 Bilder und 1 davon verwende ich tatsächlich. Ich habe nur noch eine Chance, um meinen Typen wieder von mir zu überzeugen, weil ich es so hart verkackt habe. Meine letzte Rettung: das perfekte Bild.

Wie ist das perfekte Bild, um sich wieder bei einem Typen interessant zu machen, der sich nicht mehr meldet?

* Es ist aufreizend, aber nicht zu aufreizend. Er soll ja nicht denken, dass ich billig bin, sondern eine Lady mit Ehefraupotenzial. (Was sagen Männer immer so gern? »Draußen Lady – zu Hause Bad Bitch.« Wobei es bei mir eher so wäre: draußen Bad Bitch – zu Hause Furie.)
* Ein neues, freshes Outfit muss her. Er soll ja von einer neuen Seite von mir überrascht werden. Er muss das Bild sehen und denken: *BÄM! Etwas Besseres als sie werde ich nie im Leben abbekommen!*
* Je nachdem, was für ein Typ Mann er ist:
  — Christ? Bild mit einer Bibel.
  — Spirituell? Ein Bild, auf dem ich Buddha umarme.
  — Aktivist? Ein Bild, auf dem ich einen Baum umarme.
  — Rocker? Ein Bild, auf dem ich headbange.
* Ein tiefgründiges Zitat als Bildunterschrift, damit er merkt, dass ich auch noch mehr zu bieten habe als nur mein gutes Aussehen.
* Eventuell ein Bild mit einem Baby auf dem Arm, das seine Vater-

instinkte weckt. Ich will ihm damit zeigen, dass ich die perfekte Mutter unserer zukünftigen Kinder bin.

* Kommentare von Freundinnen, die schreiben: »Du bist nicht nur schön, sondern hast auch ein reines Herz.« Denn wir wollen ja auch mit Charakter überzeugen.

Ich poste das perfekte Bild und schreibe in meine Mädels-Whatsapp-Gruppe:

»Mädels, ich habe ein neues Bild gepostet! Bitte sofort kommentieren!«

Meine Mädels eilen daher und geben GAS!!!

Isabella kommentiert: »Natural Model! Diese Ausstrahlung!!!« Smiley mit Herzaugen.

Mariam kommentiert: »Wäre ich ein Mann, würde ich dich direkt heiraten.« Herz.

Sina kommentiert: »WOW, SCHATZ, du wirst von Tag zu Tag schöner!!!!!!!!!« (Endlos viele Ausrufezeichen!)

Mariatou schreibt: »Beautiful inside and outside.«

Sani schreibt: »Schönste Frau.«

Melek schreibt: »Uffff, direkt heiraten.«

Meine Mutter schreibt: »Hallo Tochter, ruf mich an.« (Weil sie die Kommentarfunktion mit den DMs verwechselt hat.)

Notgeiler Typ namens »Thorsten 79 auf Grüner Heide«: »Tolle Beine und eine sexy Ausstrahlung.«

Fußfetischist: »Kann ich ein Bild von deinen Füßen haben?« (Schon wieder? Habe ihm doch erst gestern eins geschickt!?)

Alina (die über die gesamte Geschichte am besten Bescheid weiß): »Eine Frau wie dich im Leben zu haben ist ein Geschenk. Du bist nicht nur wunderschön, sondern auch lustig und einzigartig. So thankful for our supportive friendship! I love u, girl.«

Mein Fake-Account: ganz viele Doppelherz-Smileys.

Die ganze Welt kommentiert, gefühlt. Nur er nicht. Das macht mich noch mehr fertig. Ich kann einfach nicht stillhalten. Mich selbst bei ihm melden? Auf gar keinen Fall, ich bin doch keine Psychotante, die nicht loslassen kann. Moment, bin ich wohl, aber das darf er natürlich nicht mitbekommen. Er soll Verlustängste kriegen und sich Sorgen darum machen, dass ich sauer auf ihn sein könnte.

Was kann ich jetzt unternehmen? Ich hab's!

Der gute alte Trick: Ich nehme mein Profilbild aus Whatsapp raus, damit er denken könnte, dass ich eine neue Nummer habe, und sich bei mir meldet, um danach zu fragen. Oder er denkt, dass ich ihn blockiert habe, und schreibt mir, um das zu checken.

Ich lösche mein Whatsapp-Bild.

Das Ergebnis: Alle meine Freundinnen schreiben hysterisch eine Nachricht. »SCHATZ, IST ALLES OKAY? WARUM SEHE ICH DEIN PROFILBILD NICHT MEHR?«

Nur er schreibt nicht.

Jetzt hilft nur noch:

MEINE WAHRSAGERIN ZITA.

Ich rufe Zita an und sie nennt mir ein Datum, an dem er sich melden wird, und sagt mir, dass ich für ihn über allem stehe, seitdem unsere Hände sich zum ersten Mal berührt haben. Das Problem daran ist nur, unsere Hände haben sich noch nie berührt.

Ich bin müde. Also nehme ich ein Entspannungsbad und gehe schlafen, vielleicht meldet er sich ja morgen.

Eine Woche später:
Er hat sich immer noch nicht gemeldet!!!

KAPITEL 18

SO WIRST DU GARANTIERT JEDEN MANN LOS

Am Anfang ist alles perfekt. Er ist nett, aber nicht zu nett, sodass es dich schon wieder abtörnen könnte. Er ist interessiert und gleichzeitig nicht zu interessiert, so bleibt er interessant. Außerdem meldet er sich regelmäßig und ihr habt Hammer-Dates und richtig viel Spaß. Ihr kocht zusammen, er schaut dir in die Augen und du weißt: *Dieser Mann ist besonders! Bei ihm fühle ich mich geborgen und geliebt. Er ist anders als die ganzen Nieten, die ich vorher kennengelernt habe.* Du malst dir schon aus, wie es sein wird, wenn du deinen Beziehungsstatus bei Facebook änderst und eure gemeinsamen Urlaubsbilder postest. Wie süß eure Babys aussehen und dass sie seine Augenfarbe haben werden. Gedanklich dekorierst du schon seine Wohnung um, suchst dein Hochzeitskleid aus und stellst dir vor, wie du ihm das Jawort gibst und deine Mutter am Altar weint. Du bist zwar nicht sicher, ob deine Mutter weint, weil sie sich für dich freut oder weil du dich nicht für ihr altes Hochzeitskleid entschieden hast, das sie unbedingt an dir sehen wollte. Aber du bist dir absolut sicher: Dieses Mal wird es klappen – er ist es!

Doch dann kommt die überraschende Wendung: Plötzlich ist er ganz anders zu dir. Er distanziert sich – behauptet, er habe »private und persönliche Probleme«. Nach dem Pimpern bleibt er nicht mehr bei dir zum Kuscheln, sondern zieht sich an und geht nach Hause. Er schreibt keine liebevollen Gute-Nacht- und Guten-Morgen-Nachrichten und hat plötzlich gar keine Zeit mehr, weil er sooo viel zu tun hat. BOOM, eines Tages hörst du dann gar nichts mehr von ihm. Was ist bloß los mit ihm? Deine Intuition kann dich doch nicht so getäuscht haben? Den ganzen Tag musst du an ihn denken, checkst ständig Whatsapp und stalkst seine Profile auf Instagram und Facebook. Du willst wissen, warum er sich verdammt noch mal gar nicht mehr meldet: Hat er eine Neue? Hatte er einen schweren Unfall und liegt im Krankenhaus? Oder hat er plötzlich entdeckt, dass er doch auf Männer steht? Tief im Inneren hoffst du, er ist tot, denn dann kann er sich ja nicht mehr bei dir melden. Deine Gefühle schwanken zwischen »Es gibt bestimmt einen wichtigen Grund« und »Was kann denn schon wichtiger sein als ICH, du komischer

Kauz?«. Doch dann das: In seiner Instagram-Story hat er vor vier Minuten ein neues Foto gepostet, auf dem er mit Freunden und anderen Frauen (Moment, ist das nicht sogar seine Exfreundin da neben ihm???) gerade beim Racletteessen sitzt. Wo sind die da? Seine Wohnung ist es auf jeden Fall nicht. Verdammt, er sieht total glücklich aus – und leider auch gesund. Er darf nicht so glücklich sein, wenn du nicht dabei bist! Du willst am liebsten sofort hinfahren und ihn vor allen anderen zur Rede stellen, was ihm denn einfällt, sich nicht bei dir zu melden, während er hier quietschvergnügt Spaß hat.

Natürlich machst du das nicht. Du fährst nicht hin. Du kennst die Adresse ja gar nicht.

Stattdessen, da bin ich mir sicher, reagierst du auf eine der folgenden fünf Arten:

1. Du verkriechst dich ins Bett und heulst stundenlang bei Liebesliedern rum.
2. Du willst deinem Exfreund schreiben, um dich abzulenken, und musst dabei feststellen, dass der dich blockiert hat. (So war es bei mir!)
3. Du postest freizügige Fotos von dir, damit der Typ sehen kann, was er verpasst.
4. Du löschst dein Whatsapp-Profilbild, damit er sich fragt: »Oh, hat sie etwa eine neue Nummer?«
5. Du erstellst einen Fake-Account auf Instagram und schickst ihm eine Freundschaftsanfrage, um zu testen, ob er Interesse an anderen Frauen hat.

Eigentlich willst du einfach nur, dass es zwischen euch wieder so wird wie am Anfang. Als er noch so darum gekämpft hat, dich zu daten, dass es dir sogar fast zu viel wurde. Und jetzt sitzt der Idiot total happy mit seinen Freunden und seiner Ex (!!!) zusammen und in seinem Gesicht ist keine Spur davon zu erkennen, dass du ihm fehlst. Er schaut sich nicht mal mehr deine Storys an.

Aufgeben und ihn loslassen? NIEMALS. Dein JETZT-will-ich-ihn-erst-recht-Schalter glüht!

So was treibt uns Frauen in den Wahnsinn

Ich und meine Singlefreundinnen, die seit Jahren auf Partnersuche sind, beklagen uns immer wieder: Mir passiert ständig dasselbe! Erst ist der Mann hin und weg und dann will er auf einmal nichts mehr von mir. Mein Liebesleben ist wie verhext. Bei mir klappt das einfach nicht mit einer Beziehung! Ich fühle mich wie in einer Sackgasse, aus der ich nicht rauskomme. Wie kann es sein, dass die Männer erst so Gas geben und, sobald ich mich öffne, nicht mehr interessiert sind?

Und da fängt dann der Gedankenstrom in unserem Kopf an. Wir reden uns ein, es liege an der Social-Media-Gesellschaft, dass wir einfach jederzeit ersetzbar und austauschbar geworden sind. Wir meckern bei Freundinnen darüber: Alles ist so schnelllebig! Früher war es besser, da konnten die Männer nicht einfach so neue Frauen finden zum Daten. Aber heutzutage gibt es Zigtausende Dating-Apps mit Millionen Singlefrauen. Hat der Mann mal Zweifel: Zack, Smartphone raus, zack, auf Tinder und schwups tindert er völlig anspruchslos rum. Er muss nur mit seinem Finger nach rechts hochwischen und schon hat er die Möglichkeit, sich am reichhaltigen Single-Lady-Büfett zu bedienen. So nach dem Motto: Nehm ich, nehm ich auch noch, nehm ich klaro mit, sicher die auch, ja!, passt, noch eine, cool und so weiter … Und das Fatale daran ist: Er kann seine Größe und seinen Beruf faken! Am besten sind die Männer, die vor dicken Autos posen. Wobei ich mir denke: Soll ich jetzt DICH daten oder die Felge von deinem Mercedes?

Wir sagen uns: Früher mussten Männer einfach noch mehr um die Liebe kämpfen. Eine Frau durch echte Handlungen gewinnen, um die Eine zu finden. Heute reicht ein perfekt getuntes Profil, um gleich mehrere Frauen auf einmal von sich zu überzeugen.

Vielleicht sollte ich mich doch lieber auf mich selbst konzentrieren? Es gibt keine guten Männer! Das sind unsere Ausreden dafür, dass unser Liebesleben wie verflucht ist.

Gleichzeitig sehen wir da draußen ständig Pärchen, die einfach glückliche Beziehungen führen. Wie kriegen die das denn hin, fragen wir uns. Und dann liegen wir im Bett, immer noch allein. Angeblich suchen wir gar keinen Mann, aber wir scrollen uns trotzdem so lange durch Dating-Apps, bis uns das Handy aufs Gesicht fällt, weil wir wieder mal dabei eingeschlafen sind.

Es ist fast wie in einem Science-Fiction-Film: Nach und nach verschwindet eine Freundin nach der anderen aus deinem Freundeskreis, weil sie heiratet, Kinder kriegt und keine Zeit mehr für dich hat. Das ist dann ein typisches Gespräch zwischen euch:

Du: »Hey, lass uns in die neue Bar gehen, die aufgemacht hat! Heute arbeitet Paulo. Das heißt: 20 Prozent auf alles!«

Freundin: »Oh ne du, danke, lass mal. Ich bin heute auf der Babyshower-Party von Fiona! Sorry.«

Spätestens, wenn dir das mit sieben, acht Freundinnen passiert ist, denkst du dir: Ich muss das jetzt auch endlich hinkriegen! Ich muss mich binden, schwanger werden und dann gehöre ich wieder dazu. Dann werde ich auch zu den perfekt dekorierten Babyshower-Partys eingeladen, obwohl ich den Sinn dahinter noch nie verstanden habe.

Paula von nebenan

So ähnlich fühlt sich wohl auch meine Freundin Paula. Ich schätze sie sehr. Wir kennen uns schon seit der Schulzeit, aus der zehnten Klasse. Sie ist klug, gut organisiert, lustig und für jeden Spaß zu haben. Noch dazu ist sie eine attraktive Frau mit einer tollen Ausstrahlung. Selbst meine Mutter sagt über Paula: »Paula ist immer schick, immmer!« Sie ist eine dieser Frauen, die schon seit Jahren DEN EINEN Mann suchen und gerne verheiratet wären. Schon damals auf dem Schulhof konntest du kaum ein Gespräch mit ihr führen, das nicht mit einer Geschichte über einen Mann geendet hat.

Deshalb sind wir uns auch alle einig gewesen, dass sie den perfekten Mann finden und früh heiraten würde! Auch ich habe erwartet, dass sie heute einen Ring am Finger trägt, ihr Traummann ihr die Sterne vom Himmel holt und ihr die Fußnägel lackiert, während sie bei Zalando geile Klamotten shoppt und ihre gemeinsamen bildhübschen Kinder fröhlich um sie herumspringen. Aber NEIN! Sie ist immer noch Single.

Seit über 14 Jahren ist Paula jetzt aktiv auf der Suche nach dem passenden Partner. Bestimmt wäre sie längst in einer gesunden Beziehung, wäre da nicht ein klitzekleines Problem, und zwar, dass sie einfach jeden Mann vergrault! Es ist nicht so, als hätte am Anfang kein Mann Interesse, ganz im Gegenteil, es haben sogar sehr viele Interesse an ihr. Man kann es nicht mal darauf schieben, dass sie immer denselben Typ Mann datet. Vertrau mir, ihre Männer hätten verschiedener nicht sein können. Da war wirklich ALLES dabei! So wirklich ALLES, wenn du weißt, was ich meine ... Selbst die Männer, die bei *Bauer sucht Frau* hätten mitmachen können und weit unter Paulas Marktwert waren, hatten nach ein paar Dates genug von ihr und wendeten sich ab. Sie hat eigentlich immer was am Laufen. Datet einen Typen nach dem anderen. Ich bewundere ihre Schnelligkeit und dass sie sich ihre Namen noch merken kann.

Ich würde schon längst durcheinanderkommen. Paula hat nicht nur einen Plan A, sie hat auch einen Plan B, C, D – und immer mehrere Typen auf der Reservebank. Wenn es mit dem einen nicht klappt, kommt sofort der nächste ins Spiel. Paula ist auch eine dieser Freundinnen, die von der Bildfläche verschwinden, sobald sie einen neuen Typen kennengelernt haben. Sie taucht dann vollkommen in ihre Liebeshöhle ab und meldet sich nicht mehr. Es sei denn, sie und ihr Neuer haben Zoff oder es ist aus. Vor drei Wochen war es wieder mal so weit, da hat die liebe Paula einen neuen Typen kennengelernt und rief mich an … Ihre Freunde haben Wetten abgeschlossen, wie lange es dieses Mal dauern wird, bis sie ihn vergrault hat. Es ist gemein, aber für alle anderen ist schon von vornherein klar, dass es sowieso nicht klappen wird. Weil es doch immer so war bisher.

Was, verdammt, passiert da? Gehen wir der Sache auf den Grund!

TELEFONAT 1: ER IST SO PERFEKT

Mein Handy klingelt. Es ist Paula.

Was ich denke: *Es ist gerade so schön friedlich hier beim Spazierengehen, ich will jetzt eigentlich gar nicht telefonieren …*

Was ich sage: »Hey, Paula-Schatz, wie schön, dass du anrufst! Wie geht's?«

Was Paula denkt: *ICH MUSS ES IHR JETZT ERZÄHLEN!*

Was Paula sagt: »Heyyyyyyy, Schaaaatziiii, gut und DIR?«

Was ich denke: *Ooh no, sie ist übereuphorisch, sie hat 100 Prozent einen neuen Typen kennengelernt oder im Lotto gewonnen – nein, sie spielt doch gar kein Lotto.*

Was ich sage: »Auch ganz gut, bisschen im Stress.«

Was Paula denkt: *ICH MUSS ES IHR JETZT ERZÄHLEN!*

Was Paula sagt: »Schön, Schatz (passt überhaupt nicht dazu, dass ich gerade gestresst bin, aber der Paula ist es egal), bin gerade nach Hause gekommen von 'nem Date.«

Was ich denke: *HACH, wusste ich´s doch!*

Was ich sage: »Echt? Wie war's? Wie heißt er denn? Was hat er angehabt?? Welche Nationalität? Von Beruf? Will er Kinder? Kennt man ihn vom Sehen? Wann stellst du ihn mir vor?«

Was ich denke: *Würden Männer nie machen, so viele Fragen. Die würden nur zwei Fragen stellen: »Sieht die geil aus?« und »Läuft schon was?«.*

Was Paula denkt: *Oh mein Gott, jetzt will sie wissen, wie er heißt. Hoffentlich kennt sie ihn nicht über drei Ecken oder weiß was Negatives über ihn. Vielleicht hat er seine Exfreundin geschlagen? Vielleicht hatte er schon was mit der halben Stadt …*

Was Paula sagt: »Lars, 34 Jahre alt, Bänker, gut gebaut, hat keine Kinder und kommt aus Frankfurt. Er war echt TOTAL nett und richtig großzügig.«

Was ich denke: *Klingt ja super, aber sollte Paula sich nicht erst mal von den letzten gescheiterten intensiven Dates erholen? Ich kann mir die Namen ja schon nicht mehr merken, weil es so viele sind.*

Was ich sage: »Hammercool, kenne ich nicht. Hast du ein Bild von ihm?«

Was Paula denkt: *Zum Glück, sie kennt ihn nicht. Gute IDEE mit dem Foto. Ich will unbedingt wissen, wie sie ihn findet!*

Was Paula sagt: »Schau mal auf Whatsapp, ich hab dir ein Bild von ihm geschickt. In live sieht er aber viel besser aus!«

Was ich denke: *Ja, ja. Okay, der sieht ja mal richtig schmierig aus und hat schon 'ne Halbglatze mit nur 34. Typisch Bänker halt. So einen hätte sie doch früher nie gedatet, oder? Kann es sein, dass Paulas Ansprüche sinken? Aber das sag ich ihr lieber mal nicht, sonst denkt sie am Ende, ich würde ihr den neuen Typen nicht gönnen.*

Was ich sage: »Er hat 'ne megaschöne Krawatte an und wirkt reifer als 34. Sicher, dass er 34 ist?«

Was Paula denkt: *Okay, die findet ihn hässlich. Ich muss sie von ihm überzeugen! Ich muss ihn ihr schmackhaft machen, damit sie mit mir gut über ihn redet und mich bestätigt.*

Was Paula sagt: »Er ist echt ein toller Geschäftsmann, liebt Kinder und ist superlustig. Du würdest dich auch mit ihm vor Lachen wegschmeißen! Außerdem war er extrem fürsorglich und konnte so gut zuhören.«

Was ich denke: *Das tun alle Männer bei ihr die erste Zeit, interessanter ist es zu hören, was sie in paar Wochen über ihn zu erzählen hat.*

Was ich sage: »Ich hoffe sehr, dass es mit euch klappt, wann seht ihr euch wieder?«

Paula: »Übermorgen.«

Dann höre ich erst mal NICHTS MEHR von Paula. Erst zwei Wochen später ruft sie mich wieder an.

TELEFONAT 2: ICH BIN IHM ZU GUT

Was Paula denkt: *Ich brauche sofort eine Freundin, die mein Ego pusht und mit mir gegen den Typen hetzt!*

Was Paula sagt (bedrückt): »Hey, wie geht's?«

Was ich denke: *Mir ging es bis eben gut. Doch jetzt werde ich wieder in die Zwickmühle geraten, weil ich entweder mitziehen muss, damit sie nicht gleich anfängt zu heulen, oder die Wahrheit sage, aber dann ist sie sauer auf mich.*

Was ich antworte: »Mir geht's gut, danke der Nachfrage! Und dir? Was gibt es Neues?«

Was Paula denkt: *Ich kann nicht sofort anfangen, über den Typen zu reden, deshalb brauche ich eine gute Überleitung.*

Was Paula sagt: »Nichts Besonderes, alles okay.«

Was ich denke: *Okay, ich spreche es einfach direkt an.*

Was ich sage: »Wie läuft es mit deinem Typen? Wie hieß er noch mal? Max, äh ne, das war der davor. Ich meine Mo, wie läuft es mit Mo?«

Was Paula denkt: *Zum Glück fragt sie mich!*

Was Paula sagt: »Du meinst Lars? Mo war der vor zwei Monaten. Ach, frag nicht!«

Was ich denke: *Von wegen frag nicht, du rufst mich doch nur deswegen an! ;-)*

Was ich sage: »Echt? Aber du warst doch Feuer und Flamme und meintest, dieses Mal ist es der Richtige?«

Was Paula denkt: *Das will ich gar nicht hören, sie soll anfangen, mit mir den Typen zu bashen, damit ich das Gefühl habe, dass ich richtig liege und dass er eh hässlich war. Aber mittlerweile schäme ich mich, dass es schon wieder nicht geklappt hat und meine Beziehungen so oft scheitern.*

Was Paula sagt: »Ach, also, ehm … na ja … hmmm … ach … Weißt du … Ich weiß nicht, war doch nicht so das Richtige für mich, wir passen nicht so zusammen.«

Was ich denke: *Okay, ich merke, es ist ihr unangenehm, weil der neue Kerl – Mo? Lars? Ach, wie auch immer er heißt – wieder abgehauen ist. Ich muss sie aufbauen, indem ich es darauf schiebe, dass sie zu gut für ihn ist.*

Was ich sage: »Ach, weißt du, Schatz, er war eh total unattraktiv und hatte eine Halbglatze, ich wollte es dir erst so nicht sagen, aber du verdienst was viel Besseres. Die Männer haben einfach Angst vor dir, du bist zu schön und selbstbewusst und stark, damit kommen die nicht klar.«

Was ich denke: *OMG, jetzt fehlt nur noch #frauenpower #Wirbrauchenkeine Männer, dann wären die letzten Sätze ein perfekter Instapost.*

Was Paula denkt: *Yes, meine Liebe, es liegt nicht an mir, sondern an ihm! Mach jetzt bitte stundenlang so weiter, dann brauche ich mich nicht mehr schlecht fühlen und schämen.*

Was Paula sagt: »Ja, das Gefühl hatte ich auch, ich glaube echt, ich bin ihm einfach zu gut …"

Was ich denke: *Prima, jetzt habe ich ihr gesagt, was sie hören wollte.*

Dass es vielleicht auch mit ihr zu tun haben könnte, dass er schon wieder weg ist, davon will sie ja eh nichts wissen.

Der Fall ist klar: Paula ist eine typische DRUCKMACHERIN. Und damit steht sie nicht allein da. Ungefähr die Hälfte aller Frauen macht diesen Fehler. Die andere Hälfte zähle ich zu meinem Typus EISKÖNIGIN. Das andere Extrem! Beide Frauentypen haben eins gemeinsam: Sie vergraulen auf jeden Fall nette potenzielle Partner.

Typus Paula: DIE DRUCKMACHERIN

Wie kann es sein, dass Paula es schafft, wirklich alle Typen zu vergraulen? Ich würde ihr am liebsten schon am Telefon sagen: »Paula, wach endlich auf! Es kann nicht immer nur an den Typen liegen.« Als ihre gute Freundin habe ich ein paarmal versucht, ehrlich zu ihr zu sein, aber sie hat sofort ablehnend reagiert. Ich erlebe es jetzt seit Jahren mit, denn ich kenne sie ja nicht erst seit gestern. Deshalb weiß ich, sie ist eine coole Frau, aber sie hat bestimmte Verhaltensmuster, die jeden Mann früher oder später dazu bringen, abzuhauen. Frauen wie Paula zähle ich zum Typus DRUCKMACHERIN.

Woran du eine Druckmacherin erkennst:

* Sie scheitert immer wieder daran, dass sie einen Mann sucht, den sie perfekt kontrollieren, besitzen und zu Hause einsperren kann.
* Er muss einen guten Job haben, damit er sie heute schick zum Essen einladen und später das Reihenhaus abbezahlen kann.

* Natürlich muss er noch genug Zeit für sie und die Kinder haben.
* Er soll gut erzogen sein und ein Familienmensch, aber bitte keinen zu engen Kontakt zu seiner Mutter oder zu seinen Exfreundinnen pflegen. Das fände Paula scheiße, denn sie soll der einzige, wichtigste Mensch in seinem Leben sein.
* Seine Fehler sieht sie schon voraus, bevor er sie macht.
* Sie geht mit einer Sträflingskette zum Date, sagt dem Typen sofort, dass sie keine Zeit mehr zu verschwenden hat und dass sie sich nicht nur aus Spaß mit ihm trifft.
* Wenn er dann trotzdem noch Bock hat, sie näher kennenzulernen, versaut sie es sich, indem sie seinen Lebensstil kritisiert und meint, er habe »schlechten Umgang« oder dass seine Kumpels langweilige Couch-Potatoes seien, weil er mit ihnen am liebsten Fußball schaut und Bier trinkt.
* Sie ist extrem eifersüchtig und macht ihm Vorwürfe – zum Beispiel, dass er zu oft anderen Frauen nachschaut und auf Instagram neuen Frauen folgt.

Die Liste an abstrusen Vorschriften, die Paula ihrer neuen Flamme macht, ist endlos. Was gibt sie ihrem Mann im Gegenzug? Eine Beziehung oder Partnerschaft sollte ja schließlich aus Geben und Nehmen bestehen … Also auf Paulas Konto gehen bombastisch gutes Aussehen gepaart mit einer enorm hohen Erwartungshaltung, dabei viel Unzufriedenheit und jede Menge offene Rechnungen, die der Typ bezahlen darf.

Irgendwann kippt natürlich die Stimmung. ER fühlt sich unwohl, unter Druck gesetzt und haut ab. Und Paula wundert sich, warum sich der Typ nicht mehr bei ihr meldet. Meistens redet sie sich die Situation schön und sagt sich: »Ich bin einfach zu gut für ihn! Er hat mich nicht verdient!«

Typus Negah: DIE EISKÖNIGIN

Ich kann hier groß reden, aber wenn ich mein Beziehungsleben anschaue, ist das auch nicht grad der Brüller. Ich bin zwar keine Paula, die zu sehr will und so die Männer in die Flucht treibt, aber ich vergraule die Männer auch. Gleich erzähle ich dir, wie.

Ich bin seit 3,5 Jahren Single und verschließe mich immer mehr der Liebe. Seit der letzten Geschichte bin ich noch vorsichtiger geworden. Einen chronischen Lügner, der parallel mehrere Frauen hat, brauche ich nämlich nicht noch mal.

Aaaaber: Wenn ich bei meinen Dates mit unterschiedlichen Männern stets dasselbe erlebe, sollte ich mich doch einmal fragen, ob nicht etwa ich selbst das Problem bin. Könnte es vielleicht sein, dass ich eine klitzekleine Scheißseite an mir habe? Und dass ich an meinem Verhalten und meiner Einstellung etwas ändern muss?

Zum Beispiel kann oder will ich mich gar nicht erst festlegen, ob ich mich binden möchte, und habe je nach Tageszeit eine ganz andere Meinung zum Thema Beziehung und Liebe. Willst du ein Beispiel haben? Hier:

Ich morgens: *Ich bin eine unabhängige Frau, die keinen Mann braucht, um glücklich zu sein. Ich bin frei wie ein Vogel und muss niemandem Rechenschaft ablegen.*

Ich mittags: *Ich bin eine unabhängige Frau, die nichts dagegen hätte, einen Mann zu haben, der ihr ein bisschen Alltagslast abnimmt.*

Ich nachmittags: *Ich suche jetzt aktiv einen Typen, der für mich da ist.*

Ich frühabends: *Ich bin eine einsame Frau, die allein im Bett liegt und einsam sterben wird.*

Ich kurz vorm Schlafengehen: *Oh, der Typ, auf den ich stehe, ruft mich an.* Der Typ am Telefon: »Wollen wir uns morgen treffen?«

Ich in Gedanken: *Das geht mir alles zu schnell. Er setzt mich viel zu sehr unter Druck, ich möchte doch lieber Single bleiben.*

Ich am nächsten Tag: *Ich bin eine unabhängige Frau, die keinen Mann braucht, um glücklich zu sein. Ich bin frei wie ein Vogel und muss niemandem Rechenschaft ablegen.*

Meine Antwort auf die Frage, warum die Männer keine Beziehung mit mir wollen, ist: Ich signalisiere offenbar, dass ich keinen Bock auf eine Beziehung habe, und strahle Ablehnung aus. Obwohl ich in Wahrheit gar nicht abgeneigt wäre, einen festen Partner zu haben! Aber ich verschrecke alle potenziellen Kandidaten, indem ich ihnen das Gefühl gebe: »Mit der wird das nix! Entweder ist die lesbisch, asexuell oder hat schon einen Freund.«

Ich gehöre zu der Kategorie Frau, die, wenn sie einen Typen trifft, der ihr gefällt, plötzlich in eine Art Schockstarre verfällt und eiskalt und distanziert wird, ohne es selbst zu merken. Oft frage ich meine Freundin dann sogar noch: »Hey, ich war aber eben nicht zu nett, oder? Nicht dass der meint, ich steh auf ihn!« Und meine Freundin so: »Nee, keine Sorge, dem hast du schon deutlich gemacht, dass er bei dir nicht landen kann.«

Das ist die Wahrheit. Er selbst kommt natürlich aufgrund meines Verhaltens echt null auf die Idee, dass er mir tatsächlich gefällt. Ich kriege zurück, was ich ausstrahle!

Negah trifft heißen Kerl …

Der heiße Kerl sagt etwas, und das hört sich gar nicht mal so schlecht an! Er lispelt nicht und hat auch keinen iranischen Akzent. Haha. (Ehrlich Leute, es gibt doch nichts Schlimmeres, als wenn jemand saugut aussieht und dann nicht richtig Deutsch kann. Zwinker, zwinker.)

Das Selbstschutz-Programm übernimmt und verhindert Beziehungen, bevor sie überhaupt angefangen haben. SO läuft das dann ungefähr ab:

NEGAH, AAAACHTUNG: DIESER TYP GEFÄLLT DIR!

ALARM, ALARM, ALARM: MODUS INNERER SELBSTSCHUTZ WIRD AKTIVIERT

… 3, 2, 1 …

PIEP, PIEIEP, PIEIEIEP: SELBSTSCHUTZ IST AKTIVIERT!

Mir ist klar geworden, dass auch ich mich (wie Paula, nur anders) völlig bescheuert benehme und mein Verhalten nicht das bringt, was ich eigentlich will: nämlich eine coole Beziehung auf Augenhöhe, in der ich als starke Frau gleichzeitig meine Unabhängigkeit bewahren kann.

Frauen wie mich zähle ich zum Typus EISKÖNIGIN. Willst du wissen, was eine typische EISKÖNIGIN ausmacht?

Das passiert, bevor eine Eiskönigin einen Typen datet:

* Gencrell bleibt sie passiv und schreibt nie jemanden selbst an.
* Wenn ihr einer schreibt, geht sie als Erstes ihre innere Checkliste durch.
* Wenn der Typ ihren Männer-TÜV besteht, sucht sie nach Feh-

lern an ihm, um sich zu beweisen: Ach, der kann doch nicht der Richtige für mich sein.

* Ihr innerer Selbstschutz wird umgehend aktiv!
* **Wenn eine Eiskönigin dann doch mal einen Typen datet, passiert Folgendes:**
* Sie setzt ihr Pokerface auf: Beim Date zeigt sie keine Emotionen und spricht auf keinen Fall ihre wahren Gefühle aus.
* Nach dem Date macht sie sich rar! Wenn er ihr schreibt, antwortet sie mindestens 72 Stunden lang nicht.
* Sie ist launisch und wechselhaft: Heute will ich ihn, morgen nicht mehr.
* Manchmal macht sie beim ersten Treffen auch gleich klar, dass sie eigentlich gar keinen Mann braucht und keinen sucht.
* Sie zeigt ihm deutlich, dass sie als unabhängige, selbstständige Frau ein Kerl nur ablenken würde.
* Oder sie spielt Hobby-Psychologin und therapiert sein Kindheitstrauma. Beim Abschied sagt sie zu ihm: »Hey, wenn du noch mal Hilfe brauchst, melde dich jederzeit gern wieder bei mir!«

Ich wundere mich dann – ähnlich wie Paula – tatsächlich auch, warum sich der Typ nicht mehr bei mir meldet. Oft bin ich traurig und rede mir ein, dass die Männerwelt nicht mehr um die Frauen kämpfen möchte. Wenn er der Richtige wäre, dann würde er spüren, wie ich mich fühle. Ich gehe wirklich davon aus, dass der Richtige schon spüren wird, dass ich ihn gut finde, und wenn er das nicht tut, dann war er eben nicht für mich gedacht. Mein guter Kumpel Björn hat mir einmal gesagt: »Negah, wir Männer brauchen klare Signale!« Die Männer schaffen es nicht, deine inneren Wünsche, Sehnsüchte und Gefühle zu lesen. Erst recht nicht, wenn du dich, so wie ich, so vor ihnen verschließt. Wenn du einen Kerl wirklich gut findest, dann ZEIG es, sonst CHECKT er es nicht! Wenn ich solche Tipps wie von Björn bekomme, nicke ich jedes Mal zustimmend und sage mir: »Beim Nächsten werde ich netter sein!« Aber sobald es in die Praxis geht, bin ich wieder die typische Eiskönigin, die zwar innerlich ganz weich ist, aber eine so dicke

Eisschicht um sich herum hat, dass kaum ein Mann sie durchdringen oder auftauen kann.

Vielleicht geht es dir ähnlich und du hast dich in einem der beiden Frauentypen wiedererkannt? Bist du eher die DRUCKMACHERIN oder die EISKÖNIGIN? So oder so, beide schaffen es, jeden anfänglich noch so interessierten Mann zu verscheuchen.

In diesen fünf Schritten wirst du garantiert jeden Mann los

Kennst du diese Youtube-Tutorials, in denen Männer (!) Frauen erklären: »So gewinnst du sein Herz – In 10 Schritten schaffst du es, ihn verrückt nach dir zu machen.« Vergiss es! Vergiss es! Und: Vergiss es! Bringt alles nichts. Ja, wir Frauen wissen eigentlich genau, was wir tun sollten, um den Mann verrückt nach uns zu machen. ABER WIR TUN ES NICHT!!!

Männer wünschen sich doch meistens Ruhe, dass es unkompliziert ist, sie eine lange Leine haben und viel, viel, viiiel guten Sex. Warum geben wir ihnen das nicht einfach? Weil die Muster und Sabotage-Programme in uns viel dominanter sind. Ich glaube, es gibt zwei Hauptgründe, warum manche Frauen jeden Mann verscheuchen, noch bevor etwas entstehen kann.

Grund 1: TOO MUCH!

Der Typ merkt, dass sie ZU VIEL und ZU SEHR will, und ist abgeschreckt.

Grund 2: FALSCHES SIGNAL

Er hat das Gefühl, dass die Frau keinen Bock auf ihn hat, und kriegt Schiss, eine Abfuhr zu kassieren.

In beiden Fällen hauen die Typen ab, weil die Frauen nicht die richtigen Signale senden. Das große Problem ist, dass wir diese Muster selbst oft gar nicht bemerken, weil sie schon so tief in uns drin sind. Verdammt! Diese Sabotage-Programme, die da in uns ablaufen, drängen sich zwischen uns und eine gesunde Beziehung. Sie sind der Grund dafür, warum wir jeden Mann verscheuchen. Darum sitzen wir dann stundenlang vor unseren Handys und fragen uns: Wieso meldet er sich nicht mehr bei mir? Was wir nicht haben können, wird umso reizvoller.

Hier kommt die ultimative LISTE, wie du garantiert jeden Typen vergraulst.

SCHRITT 1: GEH MIT UNERFÜLLBAREN ERWARTUNGEN ZUM ERSTEN DATE

* Plan schon vor dem ersten Date deine Zukunft mit ihm.
* Stell dir im Detail vor, wie der Abend ablaufen wird, und steigere dich so richtig rein.
* Setz dich selbst ordentlich unter Druck und sag dir mehrmals vor eurem Treffen: Dieses Mal muss es unbedingt klappen, ich habe keine Zeit mehr zu verlieren – meine biologische Uhr tickt!!!
* Vergleich ihn beim Date ständig mit deinem Exfreund: »Ah ja, dieses Auto hatte mein Exfreund auch, aber das neuere Modell.«
* Sei nicht du SELBST! Verstell dich und schlüpfe in eine Rolle, die dir nicht entspricht.
* Vermeide Leichtigkeit.
* Sag zu allem Ja und Amen und hab bloß keine eigene Meinung.
* Oder mach es umgekehrt: Sag aus Prinzip zu allem Nein und zettel mit ihm eine Diskussion an.
* Bau Druck auf – zum Beispiel mit folgenden Aussagen »Magst du Kinder auch so gerne wie ich? Wo würdest du am liebsten heiraten? Deine Wohnung ist ja eigentlich viel zu klein für uns

beide ... Morgen stelle ich dir meine Eltern vor! Könntest du mir deine Kreditkarte leihen?«

* Kritisiere ihn schon bei der ersten Begegnung. »Hättest du nicht ein Hemd anziehen können? Findest du keinen besseren Job für dich? Trinkst du immer so viel Alkohol? Du isst ja ganz schön viel. Ich hätte mir dich größer vorgestellt!«
* Hab sofort Sex mit ihm, damit er merkt, dass du auf diesem Gebiet absolut professionell unterwegs bist.

SCHRITT 2: LASS IHN DEINE GEBALLTEN EMOTIONEN SPÜREN

* Wenn er sich nicht meldet, ruf ihn so oft wie möglich hintereinander an.
* Frag ihn ständig, wann ihr euch das nächste Mal trefft.
* Mach ihm Vorwürfe, dass er keine Zeit für dich hat.
* Schreib ihm laaaaaaaaaaaaaaaaaaange Texte und teil dabei all deine Gefühlszustände und Erwartungen mit.
* Wenn du ihn nicht erreichst, ruf seinen besten Kumpel an oder fahr zu seiner Arbeitsstelle.
* Blockiere ihn mehrmals und gib ihn wieder frei.
* Lösch dein Profilbild und tu so, als ob sich deine Nummer geändert hätte.
* Wenn all das nicht zieht, ruf ihn »aus Versehen« mit unterdrückter Nummer an. (Bei dem Gedanken daran, dass ich das tatsächlich mal gemacht habe, will ich gerade vor mir selbst abhauen!)
* Mach Bilder mit anderen Männern und lade sie in den sozialen Netzwerken hoch, um ihn eifersüchtig zu machen.
* Triff dich mit vielen anderen Männern und teil ihm das mit.
* Schreib ihm, dass die Männer Schlange stehen, um dich zu bekommen.

SCHRITT 3: STEIGERE DICH VOLL REIN!

* Sei dir noch vor dem ersten Date sicher: Er ist dein Traummann!
* Rede dir ein, dass er dich retten und all deine Probleme lösen wird.
* Mal dir den ganzen Tag in den schönsten Bildern aus, wie eure glorreiche gemeinsame Zukunft aussieht.
* Sag allen: Ich spüre es, er ist der Richtige!
* Teil ihm das alles auch mit.
* Red mit deinem Umfeld nur noch über ihn. Es soll kein anderes Gesprächsthema mehr für dich und deine Freundinnen geben.
* Versuch, ihn zu verändern. Nach dem Motto: »Er wird sich für mich ändern!«
* Wenn ihr euch trefft: Quatsch ihn zu. Und red möglichst immer nur über dich.

SCHRITT 4: NUTZE SOCIAL MEDIA ZUM STALKEN

* Folge ihm und kommentiere all seine Bilder, um dein Revier zu markieren.
* Beobachte sein Like-Verhalten.
* Frag ihn, warum er anderen schönen Frauen folgt.
* Schreib alle Frauen an, die er kennt und die eine potenzielle Gefahr darstellen.
* Adde seine Mutter und Schwestern.
* Poste ungefragt gemeinsame Bilder.
* Erstelle einen Fake-Account und teste seine Treue.
* Teil ihm mit, dass es dein Fake-Account war.

SCHRITT 5: LASS BLOSS NIE LOS

* Tauche an Orten auf, an denen er ist.
* Teil ihm mit, dass du eifersüchtig bist.
* Verbiete ihm, mit anderen Frauen zu reden.
* Sag ihm, dass du es todernst meinst, und bestehe auf einer festen Bindung.

* Triff dich nachts ab 1 Uhr mit ihm für Sex.
* Sei jederzeit erreichbar und zeig ihm, dass du nur für ihn lebst.
* Stress ihn immer wieder mit: »Schatz, wir müssen reden.«
* Fahr zu ihm und warte vor seiner Haustür.
* Triff dich mit seiner Ex.
* Täusche eine schwere Krankheit oder Schwangerschaft vor.

Zwischen Heiratsantrag und Hauskauf – von null auf 100!

Es ist immer wieder witzig, wenn ich auf andere Mädels treffe, die sagen: »Die Sachen, die du sagst, habe ich exakt so erlebt und getan.« Und mal ganz ehrlich: Ist das nicht geil, dass wir nicht allein damit sind? Es ist doch so verdammt erleichternd zu wissen: Hey, nicht nur ich habe in Bezug auf Beziehungen einen an der Klatsche, es geht vielen anderen Frauen genauso.

Wenn wir zu versessen darauf sind, unsere eigenen Wunschvorstellungen wahr werden zu lassen, wird auch dem dämlichsten Kerl irgendwann klar, dass er nur eine Spielfigur in unserem »Spiel des Lebens« ist, dessen weitere Züge – vom Heiratsantrag bis zum Hauskauf – von uns bereits minutiös durchgeplant und festgelegt wurden. Sollte er von unserem geplanten Kurs abweichen, ist auf unserer Seite mit Kritik, Enttäuschung, Wut und Drama fest zu rechnen, denn unsere Erwartungen sind ja gesetzt. Werden sie nicht erfüllt, ist der Typ einfach scheiße. Wir leben in einer schnelllebigen Gesellschaft und wollen alles SOFORT. Wenn du dabei bist, einen süßen Mann kennenzulernen, und deine Konditionierung wieder »zuschlägt« und versucht, sich ein Bild von ihm zu machen, das am Ende eh nicht stimmen wird, dann steig bewusst aus! Mach dir nicht so viel Kopf und lass dich einfach auf ihn ein. Du bist keine Wahrsagerin, die in die Zukunft sehen kann. Bleib im Hier und Jetzt. Ich weiß, das klingt jetzt total nach Buddha, es ist auch von Buddha geklaut. Lach.

KAPITEL 19

WAS SINGLES NICHT HÖREN WOLLEN

Ladys und Gentlemen, wenn man, wie ich, seit Jahren Dauersingle ist und den ganzen Tag nichts Besseres zu tun hat, als Menschen zu beobachten und darüber Comedy zu machen, um den fehlenden Körperkontakt durch Unterhaltung zu kompensieren, dann fallen einem sehr viele Dinge auf. Ich kann euch mit Sicherheit nicht sagen, wie man seinen Traummann findet. Aber ich kann euch sagen, wie man ihn nicht findet. Denn im Nichtfinden habe ich ganz, ganz viel Erfahrung. Darin bin ich Profi. Ich bin der Michael Jordan im Nicht-den-Traummann-Finden. Keiner kann mir diesbezüglich das Wasser reichen.

Warum Single?

Sind es Bindungsängste?
Die Angst davor, verletzt zu werden?
Ein zu hoher Anspruch? Zu wählerisch?
Oder ist es einfach nur Pech?

Was davon ist es bei dir? Bei mir ist es alles davon. Ich bin das »Acht Kostbarkeiten« des Singleseins. Du weißt nicht, was »Acht Kostbarkeiten« ist? Es ist das Gericht beim Chinesen, in das einfach alle Zutaten reingeworfen werden, die es so gibt. In meinem Fall alle oben genannten Gründe und noch mehr.

Frauen, die ganz lange Single sind, legen sich IMMER ein Haustier zu. In meinem Fall ist es ein kleiner Chihuahua namens Pino.

Man erkennt eine Singlefrau oft am verzweifelten Haustier. Es wirkt, als plane das Tier bald seine Flucht nach Mexiko. Einige sind so lange Single, dass sogar der Hund keinen Bock mehr hat.

Männer hingegen, die zu lange Single sind, bekommen Mitleid: »Oh, der Arme, der findet hoffentlich bald wieder eine. Eine ganz Nette!« Oder aber es wird vermutet, dass er schwul ist. Bei uns Frauen denken alle, mit uns stimmt was nicht. Plötzlich fallen allen viele Dinge auf, die sie darauf schließen lassen, dass wir crazy sind.

»Pinoooo!!! Wo bist du?!!!«

Sorry, Pino hat gerade versucht abzuhauen. Aber ich habe ihn. Wo war ich stehen geblieben?

Eine gute Freundin und Comedy-Kollegin hat mir vor Kurzem die Augen geöffnet. Wir saßen gechillt zusammen auf der Couch in einem Hotel und ich fragte sie, ob sie meint, dass ich irgendwann mal einen guten Typen finde.

Sie schaute mich an und sagte: »Ganz ehrlich, wenn du so weitermachst, dann nein. Du willst doch überhaupt keinen Typen! Jedes Mal, wenn dich ein Mann auch nur anschaut, haust du ab! Hier im Hotel gibt es so viele gut aussehende Männer und du guckst die alle nicht mal an. Du kriegst doch gar nichts mit.«

Ich musste schmunzeln: »Mmmh, vielleicht hast du ja recht!?«

Sie legte noch einen drauf: »Ist doch so, wir sind im besten Hotel in ganz Köln, hier sind extrem attraktive und erfolgreiche Kollegen und du läufst durch den Gang und schaust dir nicht mal einen Typen an. Du beobachtest deinen kleinen Hund auf Schritt und Tritt und machst nach dem Gassigehen eine Kaka-Analyse.«

Jetzt musste ich lachen: »Erwischt! Haha, bitte hör auf, ich hab's verstanden ...«

Sie hörte immer noch nicht auf (natürlich nicht, sie ist Comedienne!): »Du wunderst dich, warum du allein bist, während dein ganzes Leben nur aus einer 90-minütigen Morgenmeditation und Pinos Kacke besteht. Hübsche Kerle laufen an dir vorbei, sprechen dich an und du bückst dich, schaust, was Pino gerade wieder in den Mund genommen hat, und kontrollierst, ob Pinos Kacke heute weich oder hart ist. Wach auf, Mädel.«

(Das sind übrigens für mich gute Freunde. Jene, die dir die Augen öffnen und die Wahrheit hart, aber lustig auf den Punkt bringen können.)

Kurz zusammengefasst: Wenn du keinen Traumpartner findest, dann verhältst du dich vielleicht, ohne es zu wissen, nicht so, als würdest du überhaupt einen Partner suchen. Falls du deinem Traummann noch nicht begegnet bist, könnte es mit den folgenden Gründen zu tun haben. (Wenn mehr als eine der folgenden Typbeschreibungen zu dir passt, weißt du im Anschluss wenigstens schon mal, wie du deinem Traumpartner **nie** begegnen wirst. Falls du deinen Traummann schon gefunden hast: Herzlichen Glückwunsch. Lies den nächsten Absatz und denk dir: *Gott sei Dank habe ich diese Probleme nicht.*)

Du hast eine Date-Phobie!

Mir selbst ist das letztens mit großer Deutlichkeit klar geworden: Ich bin Single, weil ich eine Date-Phobie habe. Es ist diese Anfangsphase, die ich, wie ein Level im Videospiel, einfach nicht schaffe. Ich scheitere schon beim Gedanken an ein Date. Allein wenn ich mir diese verkrampfte Dating-Situation nur vorstelle, macht mich das fertig. Wenn ich daran denke, dass mich der Mann, wie das ein echter Gentleman eben so macht, abholt und mir vorher schreibt: »Ich freue mich auf unser Date!«, stellen sich mir die Haare auf (und ich als Iranerin habe viele davon). Allein der Begriff »Date« bedeutet für mich übersetzt »Druck«.

Je romantischer, desto schlimmer. Obwohl so viele Freundinnen von mir immer wieder davon schwärmen, dass sie »das kleine Schwarze« angezogen und sich mit ihm zu einem Candle-Light-Dinner getroffen haben, es total schön und romantisch war, will ich nur bei dem Gedanken schon wegrennen. Ich bin die Person, die lieber am McDrive von McDonald's Essen holen würde, um dann mit ihm im Auto zu chillen. Für mich hört sich das viel besser an, als verkrampft beim Italiener zu sitzen und sich von allen Menschen drum herum beobachtet zu fühlen. Die spüren doch ganz genau, dass das gerade ein erstes Date ist. Abgesehen davon sind mir die Überlegungen vor dem Date schon viel zu anstrengend.

Was ziehe ich am besten an?

Wo treffe ich mich mit ihm?

Wie wird das Date wohl ablaufen?

Wird er mich beim Essen beobachten?

Falls er mich beim Essen beobachtet, wäre es eh unser letztes Date, weil ich einfach nicht essen kann wie ein normaler Mensch. Kann ich einfach nicht. Selbst meine guten Freunde sagen mir immer: »Triff dich lieber beim ersten Date nicht zum Essen.« Am schlimmsten ist aber die Angst davor, dass beim Date eine peinliche Stille entstehen könnte. Oh mein Gott, das wäre so schlimm. Ich stelle mir vor, ich sitze mit einem Kerl beim Essen und wir haben uns nichts mehr zu sagen. Wie soll man denn da reagieren?

Falls du dich damit identifizieren kannst, leidest du definitiv an einer Date-Phobie. Da es eine ziemlich seltene Krankheit ist und auf diesem Gebiet noch nicht wirklich viel geforscht wurde, gibt es nicht viele Behandlungsmethoden. Du kannst mir aber gerne einfach schreiben und wir können dann eine Gruppe gründen und versuchen, diese Phobie gemeinsam zu bekämpfen.

Woran du erkennst, dass du eine Date-Phobie hast? Daran, dass du immer wieder anfängst, mit potenziellen Kandidaten zu schreiben,

Sprachnachrichten hin- und herzuschicken, aber sobald euer erstes Treffen kurz bevorsteht, zögerst du und erfindest Ausreden dafür, warum jetzt noch nicht der richtige Zeitpunkt ist. Meine Cousine hört mir schon nicht mehr zu, wenn ich ihr Bilder von neuen Typen schicke, mit denen ich schreibe. Sie sagt immer wieder wie ein Mantra: »Triff dich mit ihm.« Sie weiß ganz genau, worauf es hinausläuft. Letztens meinte sie sogar zu mir: »Du willst überhaupt keinen Typen haben. Du brauchst nur einen Mann zum Telefonieren und Schreiben.« Ganz ehrlich, ich glaube, sie hat recht. Es ist wirklich so. Ich liebe es einfach, einen Typen zu haben, den ich über mein Leben volllabern kann und der mir übers Telefon zuhört. Zum Treffen kommt es aber meistens nicht. Das muss an meiner Date-Phobie liegen. Ich habe einmal mit einem Mann geschrieben, der meiner Meinung nach mein Seelenverwandter war. Wir sind mehr oder weniger in derselben Branche und verstehen uns blendend. Ich habe mich ewig lange nicht mit ihm getroffen und habe unser Treffen so lange hinausgezögert, wie es ging. Irgendwann habe ich unsere Sternzeichen gegoogelt und da stand, dass »der Stier-Mann und die Jungfrau-Frau« megagut zusammenpassen. Also dachte ich mir: *Komm, dem schreibst du jetzt, dass wir uns endlich treffen können.* Was ist passiert? Er war mittlerweile in einer Beziehung. Natürlich auch noch mit einer wunderschönen Frau, die eine megageile Figur hat und den ganzen Tag Chiasamen isst und ganz zufälligerweise auch Jungfrau ist.

Das Problem an der ganzen »Schreiben, aber nicht treffen«-Geschichte ist der Punkt Zeit. Du investierst so viel Zeit und Kraft beim Schreiben und verliebst dich übers Telefon (und ja, man kann sich auch übers Telefon verlieben). Dabei weißt du nicht mal, ob ihr euch im Reallife überhaupt verstehen würdet.

Meine Cousine hat mir den besten Tipp aller Zeiten gegeben: »Mach nicht lange am Telefon rum und triff dich direkt mit ihm! Danach kannst du Zeit ins Schreiben und Telefonieren investieren. Du musst den Mann riechen können, du musst seine Körpersprache sehen und erst dann weißt du, ob es der Richtige zum Kennen-lernen ist.«

Würde ich ja megagerne umsetzen, aber ich habe keine Zeit dafür. (Wieder mal eine faule Ausrede.)

Du bist zu wählerisch

Bestes Beispiel für diesen Grund ist meine Freundin Sina. Sie ist gerade 40 Jahre alt geworden und erwähnt immer wieder: »Ich habe Torschlusspanik. Was, wenn ich nie einen Mann bekomme?« Sie wundert sich immer wieder, warum sie nicht den Traumtypen findet.

Als wir zusammen im Park spazierten, war sie mal wieder mega-traurig darüber, dass sie noch keinen Mann und keine Kinder hat.

Ich habe sie gefragt: »Was für einen Mann suchst du denn genau?«

Sie: »Einen guten Mann, der zu mir passt.«

Ich: »Es kommen so viele Männer, die auf dich stehen und dich gut finden, aber jedes Mal hast du etwas auszusetzen. Einmal ist der Mann nicht groß genug, einmal nicht jung genug, dann ist er nicht reich genug und der nächste hat zu viele Falten. Jedes Mal, wenn du einen neuen Typen triffst, findest du ein anderes Manko. Beim letzten Mal war es (kein Scherz), dass er beim Sprechen einfach zu oft gelacht hat. Du hast immer was zu bemängeln. Deine Ansprüche sind mittlerweile nicht mehr realistisch, mein Schatz. Komm, zähl mir auf, was der perfekte Traummann für dich mitbringen sollte.«

Sie: »Es ist wirklich nicht viel. Okay, warte, wir zählen zusammen auf. Mein Traummann muss gut aussehen, aber nicht zu gut, er muss et-was Unnahbares haben, er sollte eine gute Position haben, ein Mann, der Macht hat, aber zu mir soll er sich sanft verhalten und keine Macht ausüben. Er sollte mindestens seit zwei Jahren Single sein und keine Kinder aus vorheriger Ehe haben. Er muss charmant und lustig sein und mich IMMER zum Lachen bringen. Er muss immer nüchtern sein und soll keine Rauschmittel zu sich nehmen. Er muss größer als 1,80 Meter sein, aber kleiner als 1,93 Meter. Mein Traummann sollte viel Geld verdienen und muss viel Zeit für mich haben. Er muss einen tollen Körper haben und durchtrainiert sein, aber mit einem kleinen Wohlstandsbauch. Er muss blaue Augen haben und dunkle Haare und mich sofort sexuell anziehen. Gut kochen können muss er auch. Nicht zu religiös sollte er sein, aber trotzdem an Gott glauben. Er darf keine Sprachfehler haben. Er sollte eine kleine Nase haben, aber einen großen Dödel und er sollte rhetorisch sehr gut sein.«

Leider ist es so, dass deine Ansprüche immer größer werden, je länger du Single bist, weil du den Bezug zur Realität verlierst. Falls du wieder mal das Gefühl hast, dass deine unerfüllbaren Erwartungen dein Date crashen *(bäh, seine Schnürsenkel sind irgendwie nicht schön geschnürt, das turnt mich echt ab!«)*, halt kurz inne und frag dich: *Kann ich die Erwartungen, die ich gerade an den Typen habe, selbst erfüllen?*

Meistens haben wir mehr Ansprüche an andere als an uns selbst.

Du suchst an den falschen Orten

Du bist sauer darüber, dass du immer den falschen Männern begegnest. Die Männer, die du triffst, gehen zu oft feiern, sind alle Fremdgeher und konsumieren zu viele Rauschmittel. Wenn du jedes Mal an den Orten nach deinem Traummann suchst, wo sich genau solche Männer aufhalten, dann brauchst du dich nicht wundern. Es gibt ein gutes Sprichwort, das dazu passt: »Wie man sich bettet, so liegt man.« Die Frankfurter Szene ist für mich eins der besten Beispiele. Es gibt da so viele Partys, bei denen es nur um »Sehen und Gesehenwerden« geht. Ein großer Teil dieser Partys läuft nach dem Motto: Sex, Drugs and Rock 'n' Roll. Und ein paar meiner Mädels suchen dort nach der großen Liebe. An solchen Orten die wahre Liebe fürs Leben kennenzulernen ist genauso unwahrscheinlich wie in einem italienischen Restaurant ein persisches Gericht serviert zu bekommen.

Du antwortest nicht

Manchmal kommen echt tolle Nachrichten von coolen Typen, bei denen ich mir denke:

Alter, der ist ja mal HOT! Seine Augen passen perfekt zu dem Hochzeitskleid, das ich so schön finde.

Ich stalke sein Profil und alles stimmt!

Meine innere Pusherin schreit: »GIRL, GO FOR IT. Er ist HOT AF. Check ihn dir ab.«

Dann aber schreibe ich einfach nicht zurück, weil ich das Gefühl habe, ich könnte zu hungrig wirken. Einem Typen zu antworten fühlt sich für mich manchmal an, als würde ich eine Straftat begehen. Ich suche Gründe dafür, warum ich es nicht tun sollte. Es könnte ja voll der Reinfall werden. Ich überdenke alle Konsequenzen, die meine Antwort haben könnte. Was denkt der Typ denn von mir, wenn ich jetzt direkt schreibe: »Ja, ich möchte dich kennenlernen!« Was, wenn er mehrere Frauen anschreibt, ich eine Kettennachricht bekommen habe und nur eine von vielen bin? Was, wenn das ein Fake-Account ist und einer meiner Exfreunde mich heimlich anschreibt, um zu testen, ob ich leicht zu beeindrucken bin? Es hört sich idiotisch an, aber ich überdenke eine einfache Nachricht wie »Ich finde dich gut, wir können uns gerne kennenlernen!« so lange, bis ich gar nicht mehr antworte und mir denke: *Wenn er der Richtige ist, dann wird uns das Schicksal schon zusammenbringen.* Meine bereits erwähnte Comedy-Freundin würde dazu sagen: »Ja, genau. Dann begegnest du ihm beim Gassigehen und antwortest nicht, wenn er dich anspricht, weil du gerade Pinos Kacke analysierst.«

Du bist geldgeil

Eine Sache, die mir immer häufiger auffällt, ist, dass wir Frauen zunehmend in die Oberflächlichkeit versinken. An dieser Stelle jetzt ein bisschen Realtalk. Wenn man uns fragt, worauf wir bei Männern stehen, kommen meistens Schlagworte wie Treue, Humor, Charakter, Intellekt, soziale Kompetenz, Feinfühligkeit, Sensibilität, Manieren, Kommunikationsfähigkeit, gutes Aussehen. Umso mehr wundert es mich ehrlicherweise, warum manche Frauen genau diese Männer ignorieren und auf Typen abfahren, die rein gar nichts davon besitzen. Dafür aber Geld haben. Wenn du nur darauf wartest, einen Millionär zu finden, der dir schöne Hermès-Taschen und teure Rolex-Uhren kauft, und du deshalb Single bist, dann stehen die Chancen sehr gut, dass du auch Single bleibst. Du schließt also erst mal ganz viele andere Männer aus, die eigentlich perfekt zu dir passen könnten, und das nur, weil sie nicht genug Geld haben. Meine Freundin Fine ist so eine Frau. Sie hat Medizin studiert und ist jedem sympathisch. Was das Thema Männer betrifft, bin ich aber jedes Mal sprachlos. Sie hat sich schon ziemlich oft wortwörtlich von Typen »aushalten« lassen. Eines Tages hat sie mich, am Boden zerstört, angerufen. Sie war total traurig und hörte sich so gar nicht gut an.

Fine: »Schatzi, ich wurde von einem Typen mega hintergangen!«

Ich: »Was ist denn passiert? Du Ärmste!«

Fine: »Es ist einfach unglaublich, was der Türke mit mir abgezogen hat, den ich gedatet habe.«

Ich: »Was hat er denn abgezogen?«

Sie: »Er hat mir versprochen, dass er mir eine Chanel-Tasche kauft, wenn ich mit ihm schlafe.«

Ich denke: *Oh mein Gott, kann ich einmal mit Fine telefonieren, ohne dass es um Chanel, Hermès, Gucci oder Rolex geht?*

Was ich sage: »Okay. Und? Was ist dann passiert?«

Fine: »Ich bin einfach so dumm, Negah. Ich habe mit ihm geschlafen, bevor er mir die Tasche gekauft hat, und er hat mir die Tasche danach nicht gekauft. Ich bin quasi in Vorleistung getreten, und das für nichts! Ich finde es so unfair!«

Ich war sprachlos. Sollte ich lachen? Weinen? Oder beides? Allein ihre Wortwahl!!! »Ich bin in Vorleistung getreten« … Ich mag sie und toleriere ihre Wünsche. Aber dass sie tatsächlich um eine 8000 Euro teure Tasche trauert, die sie nicht bekommen hat, obwohl sie schon sieben Stück davon von anderen Typen finanziert bekommen hat, gibt mir zu denken. Zumal ich immer wieder gehört habe, dass die Männer sie genauso behandelt haben, wie sie die Taschen behandelt. Eben wie Objekte. Wenn du Männer als Portemonnaie siehst, das es dir ermöglicht, schöne Gegenstände ohne Herz zu kaufen, dann wirst du genauso behandelt. Wie ein schöner Gegenstand ohne Herz.

Fine hat auch tatsächlich in Frankfurt, und das ist kein erfundener Comedy-Gag, Folgendes gemacht: Sie wollte unbedingt einen reichen Investmentbanker kennenlernen. Also ist sie in die Nähe der großen Banken gezogen und hat ihren Tinder-Radius auf 1 Kilometer beschränkt. So war die Wahrscheinlichkeit sehr groß, einen Investmentbanker kennenzulernen. Zur großen Freude von Fine hat das auch geklappt. Sie hat sich aber immer wieder gewundert: *Warum will keiner dieser Männer, die ich finanziell ausnutze, mit mir eine ernsthafte Beziehung führen?* Ihr passierte es immer wieder, dass sie – »auf einmal« – nicht mehr angerufen wurde. Selbst die Typen, die sie dann auch mal ausnahmsweise wirklich mochte, wollten mit ihr nach kurzer Zeit nicht mehr viel zu tun haben, weil sie dachten: *Die ist doch eh nur auf mein Geld aus.* Und das stimmte ja auch.

Fines Lieblingsspruch ist:

GELD MACHT NICHT GLÜCKLICH? WAS FÜR'N SCHWACHSINNS-GELABER! ICH SITZ LIEBER HEULEND IM SPORTWAGEN ALS HEULEND AUF 'NEM KLAPPRIGEN FAHRRAD.

Ich bin anderer Meinung. Ich sitze lieber auf einem klapprigen Fahrrad, das ich mir selbst erarbeitet habe, als in einem Sportwagen, den mir ein Typ finanziert und den er mir jederzeit wegnehmen kann. Wenn du dich also angesprochen fühlst und bei den Männern immer nur aufs Geld schaust, hast du ziemlich wahrscheinlich deshalb noch nicht die »Liebe deines Lebens« gefunden.

Manifestiere deinen Traummann

Oh mein Gott, eine Sache muss ich dir unbedingt zeigen. Ich bin vor Kurzem darauf gestoßen und meine Mädels und ich fahren voll darauf ab: Wünsche manifestieren. Falls du das Buch *The Secret* gelesen oder den gleichnamigen Film gesehen hast, kannst du dir schon etwas darunter vorstellen. Es geht folgendermaßen: Man soll sich ein klares Bild davon machen, was man sich wünscht, welche Umstände und Personen man in seinem Leben haben möchte. Dann soll man es sich bis ins kleinste Detail vorstellen, darüber meditieren und quasi eine »Bestellung ans Universum« aufgeben. Wenn du Probleme damit hast, deinem Traumpartner zu begegnen, dann ist es eine gute Möglichkeit, durch die Kraft deiner Gedanken den perfekten Mann in dein Leben zu holen. Es gibt diverse Meditationen dazu, bei denen es darum geht, dass die eigenen Wünsche in Erfüllung gehen.

Das Ganze funktioniert in den folgenden drei Schritten:

1. Du stellst dir deinen Traumpartner mit allen Eigenschaften, die er haben sollte, vor. Meistens merkst du währenddessen, dass du eigentlich etwas ganz anderes willst, als du immer dachtest. Dann stellst du dir vor, wie dieser Traummann dir begegnet. Damit gibst du deine Bestellung ans Universum auf.
2. Jetzt stellst du dir vor, dass dieser Traummann schon in deinem Leben ist.
3. Zum Schluss lässt du deinen Wunsch mental los, vertraust und wartest darauf, bis er Realität wird.

Bei zwei Freundinnen von mir hat es tatsächlich geklappt. Die beiden haben genau so einen Partner bekommen, wie sie ihn sich gewünscht und manifestiert haben. Ich habe es als Erstes mit beruflichen Erfolgen und mit Geld gemacht und muss sagen, ich konnte tatsächlich ein paar coole Sachen erreichen.

KOMM, WIR MANIFESTIEREN ZUSAMMEN DEINEN TRAUMPARTNER:

(1) Wie sieht er/sie aus? Welche Haarfarbe? Welche Augenfarbe? Haarlänge?

_____

(2) Welche tollen Eigenschaften hat er/sie?

_____

(3) Wie kleidet er/sie sich?

_____

(4) Welche Sprache spricht er/sie?

_____

(5) Wie führt ihr die Beziehung?

_____

(6) Welche Dinge würdest du gerne mit ihm/ihr unternehmen?

_____

(7) Wie sieht eure Wohnung/Haus aus?

_____

(8) Welches Gefühl hast du, wenn du mit ihm/ihr zusammen bist?

_____

Bestellung ans Universum

Hol dir jetzt einen Stift und beantworte alle Fragen. (Aber bitte übertreib dabei nicht so wie meine Freundin Sina. Wir müssen schon realistisch bleiben, das Universum kann uns ja keinen Außerirdischen schicken!)

Wenn du alles ausgefüllt und aufgeschrieben hast, lies es dir noch einmal durch und dann mach deine Augen zu und fühl dich richtig rein, als wäre all das schon da. Jetzt bedanke dich!

Danke, dass mein Traumpartner schon da ist.

Und dann lass los und sei dir sicher, dass er unterwegs zu dir ist. Du kannst die Manifestation regelmäßig wiederholen, dir immer wieder in Ruhe deinen Traummann vorstellen. Du kannst auch andere Sachen manifestieren. Personen in deinem Leben, Ereignisse, Situationen oder Gegenstände.

Bitte schreib mir, wenn es bei dir geklappt hat, und wie du das findest!

Ich manifestiere und meditiere seit drei Monaten für einen Traumpartner und er kam noch nicht. Immerhin weiß ich jetzt aber genau, was ich will. Und zwar ganz genau.

Mein Traummann sollte zwischen 32 und 40 Jahre alt sein, 1,79 Meter groß (ich bin 1,63 Meter groß) und weltoffen, längere blonde Haare und einen tiefgründigen Blick haben, am besten eine schicke Steppjacke tragen, eine Frau ehren und mir den Freiraum gönnen, den er selbst nicht von mir zugestanden bekommt.

HA HAA HAAA HAAAA …

KAPITEL 20

DIE PERFEKTE BEZIEHUNG

... gibt's nicht!

DANKE

… an **Erwin Kistler**, meinen Manager, weil du an mich und mein Talent glaubst, mir immer den Rücken stärkst und dafür sorgst, dass ich meine Ideen und Visionen in die Tat umsetzen kann.

… natürlich auch an **Maria Löffler-Kistler** und **Nadine Kistler** für all eure Unterstützung – ihr seid wie meine second family.

… an meine liebe **Sarah Oppenberg** sowie **Marcus Nessler** und das gesamte Team von Banijay Lab für den tollen Support.

… an den **Verlag YES PUBLISHING** und sein Team für die tolle und ehrliche Betreuung und das Vertrauen, mir ein so spannendes Projekt in die Hände zu geben.

… an meine großartige Lektorin **Isabella Kortz**. Du hast mich während des Schreibens durch alle verschiedenen Gefühlsekstasen begleitet, mich gestärkt, ermutigt und motiviert. So geduldige und empathische Menschen wie dich braucht die Welt!

… an **Sania Hashemi** für die genialen Grafiken, die du grandios und superschnell umgesetzt hast.

… an meine Freundin **Alina Hoffmann**, weil du mir bei Schreibblockaden so geholfen, mich mental unterstützt und dafür gesorgt hast, dass ich bei meiner eigenen Sprache bleibe. Special thanks dafür, dass ich bei dir übernachten durfte, als ich zu Hause keinen Kopf dafür hatte, zu schreiben.

… an meinen tollen Stand-up-Comedy-Mentor **Dominik Jozwiak** dafür, dass du auch zum Buch öfter mit mir gebrainstormt hast.

... an die bisher größte Liebe meines Lebens, meinen kürzlich verstorbenen **Opa Hossein Nikbakht**, dafür, dass du mir in jeder Lebenssituation hilfst. Denn auch wenn du physisch nicht mehr da bist, trage ich dich immer in meinem Herzen.

Und zu guter Letzt möchte ich der stillen und unsichtbaren göttlichen Kraft danken, die mich immer zu den richtigen Menschen sowie Situationen führt und alles Gute in mein Leben zieht.

Love and light,

NEGAH

PS: Der allergrößte Dank geht an meinen Exfreund, der mich für eine bessere Frau verlassen hat. Ohne dich hätte ich nie mit »dieser Kunst« angefangen. (Cool, dass du meine Bilder immer noch likst. Kommentieren wäre aber noch besser.)